本书受到西南交通大学马克思主义学院学术著作出版专项经费资助

中共一大代表李汉俊年谱

马先睿　编著

人民出版社

前　言

“今或无人忆及李汉俊矣”，这是茅盾在 1941 年 9 月缅怀李汉俊时发出的感慨。确实，相较“南陈北李”的佳话美谈，李汉俊这位茅盾口中“品性、学问实有足多者”的重要创党人物，在今天许多人的头脑中未必留有清晰的印象。这不能不说是一种遗憾。实际上，在中国共产党诞生的伟大历程中，李汉俊与陈独秀、李大钊等党的主要创始人一样，曾发挥过不可替代的重要作用。特别是在党的酝酿和筹备阶段，李汉俊作为上海共产党早期组织的最初发起者以及筹组中共一大的主要联络人，其历史贡献尤为卓著。然而，囿于种种因素，党史学界虽自 20 世纪 80 年代以来先后涌现了诸多版本的陈独秀、李大钊及李达、董必武等中共一大代表的年谱作品，但至今仍未出现一部完整意义上的李汉俊年谱，仅有少数传记及附录年表存世。这一情况的存在，不仅与李汉俊在中共创建史以及马克思主义传播史上的重要地位极不相称，同时也难以满足学界同人在相关领域中日益深化的客观研究需要。本书的编写工作，正是基于这样的考量着手开展的。

1890 年 4 月 28 日，李汉俊出生在湖北潜江的一个清贫知识分子家庭，初名书诗，1910 年取字人杰。在他一生的理论和革命生涯中，亦曾先后使用先进、镜湖、汗、厂晶、海镜、李漱石等笔名或化名。幼时的李汉俊深受父亲李远来的影响，在入读其父私塾期间，通过父亲的讲授深刻了解了鸦片战争、太平天国、甲午风云等国家的辛酸过往，在幼小的心中埋下了爱国为民、探索富国强兵之道的种子。因不满足于所学，李汉俊要求父亲送其前往潜江县城入读新式学堂，并开始有系统地学习国语、算术、自然、历史、地理等现代课程。得益于自身的聪颖天资与刻苦勤奋，他自幼便打下了坚实的文化基础，为其后来在中国舆论舞台上大放异彩埋下了伏笔。

1904年春夏之交，李汉俊兄长李书城顶替浙江人“丁人俊”之名，准备离开武昌再次东渡日本。在兄长挚友吴禄贞的资助下，年仅14岁的李汉俊随兄同往，第一次踏上了异国他乡的土地。由此开始，李汉俊在日本度过了整整14年的漫长学生时代。在日期间，他先后入读经纬学堂、晓星中学，并且由于“天资聪敏而又极好学，在各校的成绩均优秀，常被举当级长”。与此同时，受到兄长革命活动的影响，年轻的李汉俊也结识了一批与兄长一样志在救亡图强、改造社会的革命志士。1911年，辛亥革命的号角响彻华夏，留日学生如浪潮般涌回中国。也正是在这一年，曾资助李汉俊留学的恩人吴禄贞因准备在京畿发动武装起义，被袁世凯派人刺杀于石家庄火车站。怀着沉痛的心情，李汉俊踏上了回国吊唁的旅途，并在南京加入了改组为公开政党的同盟会。

中华民国建立后，李汉俊以革命有功人士子弟的身份，获得中华民国官费，入读日本第八高等中学校，学习工学科。不久，国内形势丕变，李书城因讨袁失败受通缉逃亡日本，并由宫崎寅藏接待。其间，来东京看望兄长的李汉俊与随父接待中国流亡者的宫崎龙介相识，并结为挚友。受此影响，李汉俊开始对日本的社会主义运动情况产生浓厚兴趣。此后，他又陆续结识了堺利彦、高津正道、河上肇等一批日本社会主义者，逐渐树立起用社会主义来改造中国的思想。

1915年9月，《新青年》在“尊孔”与复辟的喧嚣中吹响了中国新文化运动的号角。重洋之外的李汉俊，也在同月迈入了在日求学的最后一段路程——进入日本最高学府东京帝国大学修读土木工程科。求学期间，日本社会主义运动风起云涌，马克思主义在日本得到了迅速传播。这给李汉俊研读社会主义著作，特别是追随河上肇学习马克思主义理论提供了重要契机。不久，俄国十月革命爆发，广大志在探索救国真理的中国知识分子深受震撼。对比欧美诸国在战后的萧条与混乱，目睹俄国革命显示出的勃勃生机，李汉俊第一次从世界范围内感到资本主义制度已丧失光明的前途和魅力，进一步坚定了走社会主义道路的信念。他不禁感慨，“俄国波尔雪夫政府的基础，意外巩固，中欧的天地，被社会主义支配了”！

1918 年岁末，从东京帝国大学毕业的李汉俊踏上了回国的旅程。此时的他，不仅精通日、英、德、法四国语言，并且已从马克思主义那里认识到，光凭“民主与科学”的口号是救不了中国的。返抵国门后，李汉俊前往上海投奔兄长李书城，并在居沪期间，结识了同为湖北老乡的詹大悲、董必武、张国恩，“成为研究马克思主义的好朋友”。李汉俊特别向他们介绍了日本的物质文明和科学技术，并赠其日文版的《黎明》《新潮》等著作。在同李汉俊的交往中，董必武等人逐渐确立了马克思主义的信仰。后来每忆及此，董必武总称李汉俊是“我的马克思主义老师”。

就在李汉俊回国后不久，五四运动带着辛亥革命不曾有的姿态，翻开了中国近代历史的新篇章。从 1919 年 5 月开始，中国的反帝、反封建运动逐步达于高潮，斗争的实际需要催生了空前的思想解放。在这种情况下，短短半年内，全国便出现超过 400 种以研究各种社会主义思想为主题的进步刊物。其中，由革命党理论家创办的《星期评论》，为李汉俊在中国舆论界崭露头角提供了最初的舞台。在该刊第 11 号上，李汉俊发表了自己的处女作《怎么样进化?》，一开始便显示出较强的马克思主义理论倾向。他在文中明确指出，“那富强的国家，荣华的富人，骄傲的贵客，他们的享乐”，这一切都是工人的劳动创造出来的。劳动群众本应获得与他们付出相对等的回报，但却一无所有。要改变这种状况，关键在于“把机器的所有权，普及于一般运用机器的人”。也就是说，必须把生产资料的所有权从资本家手中夺回，还给工人群众。

此后一直到中国共产党正式成立时，李汉俊在舆论舞台上愈趋活跃。他不仅要忙于《星期评论》的编撰工作，还先后在《建设》《民国日报》《新青年》《劳动界》《小说月报》《共产党》等报刊上发表了数十篇文章和译文，着重介绍和阐释马克思主义，探讨中国革命的相关问题，成为这一时期中国马克思主义理论传播阵线上最具影响力的思想家之一。其中，他所撰写的《改造要全部改造》《我的“考试毕业”观》《强盗阶级底成立》《浑朴的社会主义者底特别的劳动运动意见》《社会主义与自由批评》《劳动者与“国际运动”》等文章，在当时产生了广泛的舆论回响。1920 年 9 月，李汉俊将日本文泉堂出版的远藤无水所著之《通俗马克思资本论》翻译成《马格斯资本论入门》一书，交付“社会主义研究社”印行。或为掩藏之故，他在书中将马克思之名译为“马格斯”，有别于其之前在其他刊物撰文时对马克思姓名的翻译。这是《资本论》最早的中文读本之一，对马克思主义在中国的早期传播起到了巨大的推动作用。

在理论活动渐进高潮的同时，李汉俊也迎来了人生的重要转折点——参与筹组中国共产党。1920 年 4 月下旬，俄共（布）远东局代表维经斯基一行悄然来到上海，并在位于白尔路三益里 17 号的李汉俊家中与陈独秀、戴季陶等舆论界翘楚举行了座谈。经此一晤，李汉俊等人“更加明白了苏俄和俄共的情况，得到了一致的结论，‘走俄国人的路’”。受会谈氛围影响，1920 年 5 月，陈独秀偕李汉俊等共同发起上海马克思主义研究会，旨在将马克思主义真正用于中国社会的改造。其间，李汉俊主持的星期评论社还特别邀请马克思主义研究会成员陈望道出面翻译《共产党宣言》，并经李汉俊、陈独秀二人的反复校对，通过又新印刷所以“社会主义小丛书第一种”的名义刊行于世。这是《共产党宣言》第一部中文全译本，为上海共产党早期组织的创建以及中国共产党的最终诞生提供了重要的理论指导。

1920 年 6 月，李汉俊与陈独秀、俞秀松、施存统、陈公培 5 人在环龙路老渔阳里陈独秀寓所开会，正式成立“社会共产党”，是为上海共产党早期组织。李汉俊草拟了党的第一个纲领，提出以“劳农专政，生产合作”的手段达到“社会主义革命的目标”。同年8月，他又与陈独秀、俞秀松、施存统等8人在新渔阳里6号发起中国社会主义青年团。12月中旬，由于陈独秀突然决定应陈炯明之约到广州任教育委员会委员长兼大学预科校长，李汉俊代理上海共产党早期组织书记，全面负责党的工作，并与陈望道、李达、沈雁冰共同主编《新青年》，继续宣传马克思主义与革命思想，为中国共产党的诞生大造舆论。李汉俊也被共产国际驻华代表马林赞为“最有理论修养的同志”。

1921年6月，经马林、尼柯尔斯基与陈独秀、李汉俊等人多次磋商，尽速召开全国代表大会、成立中国共产党成为多方共识。从是月起，李汉俊开始与李达共同负责中共一大的筹备和联络工作，并函请各地共产党早期组织各派两名代表来沪参加代表大会，接待提前到达上海的各地代表。其间，李汉俊特别租下法租界内的博文女子学校空屋作为一大代表的住宿之用。7月23日，中国共产党第一次全国代表大会在上海法租界贝勒路树德里李汉俊寓所召开，庄严宣告了中国共产党的诞生。在中共一大会议上，李汉俊结合客观实际提出了关于党的行动方针的若干意见，如共产党员经批准可以参加国会、经批准可以与其他党派合作、主张援助国民党及组织职业工会等，但遭到了张国焘等人的“坚决反对及否定”。8月初，中共一大在浙江嘉兴南湖举行闭幕会，陈独秀、李达、张国焘被选举为中央局成员，李汉俊则仅获得刘仁静投给他的一票。会后，李汉俊与董必武共同起草了呈交给共产国际的报告《中国共产党第一次代表大会》。值得一提的是，中共一大会议进行到第7天时，突遭法租界密探闯入会场。李汉俊不顾个人安危，主动留下与法国巡捕周旋，掩护其他代表平安撤离，显示出了非凡的革命勇气。

党成立后的半年里，李汉俊与书记陈独秀、组织主任张国焘在党建问题上的分歧愈加严重。围绕要不要搞“集中制的问题”，双方之间龃龉不断。加之李汉俊始终坚持认为“想靠少数人去争取大多数群众是策略上的错误”，主张先对知识分子进行理论上的引导，这使他在党内的生活举步维艰，感到“更加灰心”。1922 年初，借由受聘汉口督办商场建筑事宜处总工程师，李汉俊怀着复杂的心情，“卸脱一切责任地位，返鄂专心教授及劳动运动”。

离开上海回到武汉后，李汉俊一边继续从事马克思主义的理论研究，一边积极投身教育工作。其间，他先后在《民国日报》副刊《觉悟》《武汉星期评论》《小说月报》上发表了《汉口人力车夫罢工底教训》《唯物史观不是什么?》《读张闻天先生底〈中国底乱源及其解决〉》《研究马克思学说的必要及我们现在入手的方法》《欢迎中国思想界的寒暑表兼晴雨计的梁启超先生》等文章，科学阐释了马克思主义的基本原理，有力抵制了基尔特社会主义等思潮对马克思主义的不实攻击。与此同时，他还相继在武昌高等师范学校、武昌文华大学任教，利用讲台进一步宣介唯物史观等马克思主义理论内容。湖北女师风潮发生后，李汉俊积极帮助学生复课，并无偿为女师学生自发成立的“妇女读书会”担任教师，为其讲解《雇佣劳动与资本》等马克思主义经典著作。在他的教导下，这些女师学生逐渐确立起马克思主义的信仰，如袁溥之、李文宜等后来都加入了中国共产党，成为党在湖北开展妇女运动的重要力量。

1923 年 1 月 30 日，为进一步指导工人运动，同时增长青年人的实践经验，李汉俊带领学生任开国、赵春珊、张作范、徐孝祥等赴郑州参加京汉铁路总工会成立大会，并与李大钊、董必武等组织筹划了 2 月 4 日至 7 日的京汉铁路大罢工。其间，李汉俊与张国焘因观点不同多次发生矛盾。尽管这次罢工行动极大鼓舞了工人运动的士气，但在帝国主义支持下，吴佩孚调集两万余军警对沿线罢工工人进行血腥屠杀，是为“二七惨案”。惨案发生后，李汉俊遭当局通缉，连夜北上赴兄长李书城处暂避。到京后，他很快同李大钊及苏联驻华使馆内的共产国际代表取得联系，并加入中共北京地方委员会党支部过组织生活。

在京期间，李汉俊借助兄长的关系，在北京政府外交部谋得秘书一职。利用此身份，他与耿丹等联络策动湖北籍国会议员胡鄂公等在国会提出“查办吴萧案”，介绍铁路工人代表向国会请愿，推动劳动立法。不久，李汉俊又接连在北京政府教育部、农商部任职，并以部分收入资助从武汉到北京求学的女共产党员徐全直、夏之栩和陈碧兰。然而，党内处分突如其来，让积极奔走的李汉俊倍感错愕。党中央表示，因在北京政府“做官”，给予李汉俊党内通告批评。1923 年 5 月 5 日，李汉俊致信中央，单方面宣布脱离中国共产党。翌月，中共三大召开。李汉俊在缺席大会的情况下，被选举为第三届中央候补委员。会后，马林委托李大钊向李汉俊转交了自己的亲笔信，申明党已取消了批评其任职北京政府的“错误的命令”，并认为之前党内“左派”在一大会议上对他的态度是“错误的”，冀其继续为党工作。这是党的高层领导首次明确表态为李汉俊“平反”，肯定了他在中共一大上的正确主张。

1924 年，李汉俊正式被中国共产党除名。此后，他仍然热衷于宣传马克思主义，积极投身革命，成为国共合作政策的坚决执行者。1925 年五卅惨案发生后，李汉俊第一时间参与筹组湖北各校教职员沪案外交研究会，并发表第一次公开宣言。同年 6 月汉口惨案爆发后，他立即组织学界外交研究会，亲自指导群众运动。为此，李汉俊再度遭到当局通缉，后经多方斡旋担保，缉捕令方被撤销。尽管外部风声鹤唳，他始终坚持为五卅惨案和汉口惨案的受害者奔走，要求“英政府向我中央政府及本案发生地地方政府道歉”。同年 8 月，经李大钊介绍，李汉俊赴张家口任西北军干部学校教员兼翻译。其间，他应冯玉祥邀请与之晤谈，向其讲述俄国革命情形，赞扬苏联社会主义制度，并为其部下讲解马克思主义理论的相关内容。不久，李汉俊返回武昌大学任教，有传言称他与熊德山等人秘密组建

"社会党"。

1926年春，李汉俊应陈独秀之邀，赴沪任上海大学社会系教授，接替郑超麟在社会学系的教学工作，负责讲授唯物史观。6月间，经张国恩、董必武介绍，李汉俊正式加入中国国民党。虽非跨党党员，他却自觉接受中国共产党的指示，为推动国共合作、共谋北伐大业贡献自己的力量。同年夏天，李汉俊以湖北教育界代表身份参加中共湖北区委组织的湖北各界欢迎北伐军代表团，与董必武分任正、副团长共赴长沙。9月23日，他被任命为湖北政务委员会委员兼教育科长。利用职务之便，李汉俊将共产党员李文宜等安排进教育科任职。这一年底，中共湖北区委特别开会讨论了恢复李汉俊党籍一事，由张国焘主持。尽管与会者一致赞成恢复李汉俊党籍，但未获中央批准。与此同时，为打击李汉俊的声势，张国焘撰写了《谁认李汉俊是我们的同志》小册子，并于各处散播。无心插柳，这本小册子后来却作为李汉俊掩护之用，使其能够暗中为中国共产党继续工作。

1927年1月1日，广州国民政府迁至武汉。同一天，李汉俊被选为国民党湖北省党部执行委员。不久，他以湖北省政委会代表、中山大学委员身份出席了湖北省农民协会第一次代表大会开幕式，与毛泽东等8人共同被聘为大会名誉主席。在致辞中，李汉俊明确表达了农民运动应与工人运动相结合的思路，呼吁广大农民团结起来，共同投身革命。同年4月10日，湖北省政府宣告成立，李汉俊任省政府委员兼教育厅长。然而，时隔一日，蒋介石即在上海发动反革命政变，大肆捕杀工人群众及共产党员。奉系军阀亦在京捕杀共产党员，李大钊、陈延年、赵世炎、汪寿华、萧楚女、熊雄等先后就义。此后，蒋介石在南京建立国民政府，同武汉政府遥相对峙。经过这次政变，武汉内部开始愈发不平静。5月，驻守宜昌的国民革命军独立第十四师师长夏斗寅借口国民政府已被李汉俊等"共产党徒"把持、遂行苛政，发表反共通电，公开叛变。7月初，国民党右派又在武汉成立"湖北省清党委员会"，并发表《湖北清党委员会宣言》。这一系列变故，为汪精卫集团实施“分共”埋下了伏笔。

1927年7月15日，汪精卫集团召开国民党中央常务委员会扩大会议，正式宣布与中国共产党决裂，是为“分共”肇始。在“宁可枉杀千人，不使一人漏网”的口号下，武汉弥漫“白色恐怖”，大批共产党员遭到逮捕和杀害，致使第一次国共合作的局面彻底破裂，轰轰烈烈的大革命流于失败。当此关键时刻，李汉俊接中共中央军委李富春指示，与邓初民、孔庚等继续留在“清党”后的国民党湖北省党部工作，董必武和其他共产党员则转入地下。七一五反革命政变发生后，李汉俊迁往日租界居住，每日与董必武、詹大悲等会面，商谈时局及对策。同时，他聘请刘弄潮为武昌中山大学代理预科主任，继续从事革命教育工作。随着武汉革命形势愈趋严峻，李汉俊指示国民党武昌市党部组织部长、共产党员刘弃逸逮捕“三民社”反共头目罗贡华及刘叔模，并以湖北省政府名义将当时在汉关押的两三百名共产党“嫌疑犯”全部释放，营救保护了一大批中国共产党干部。不久，他又发动学生到工厂联络工人反对军阀统治，被武汉卫戍区司令胡宗铎以共产党“赤色分子”罪名进行通缉。

李汉俊的革命活动终于触怒了反动军阀。1927年12月17日傍晚，李汉俊正在汉口日租界家中与詹大悲、潘怡如、危诰生等晤谈。武汉卫戍区司令胡宗铎派遣汉口公安局长林逸圣会同日本巡捕突然闯入，将他们逮捕。当时董必武正在李家斜对街吃饭，幸免于难。事发后，李妻陈静珠即刻奔赴汉中胡同向李汉俊兄长李书城求救，董必武亦为此四处奔走。李书城闻讯，急忙让傅光培找出张国焘当年曾用以诬陷李汉俊的小册子《谁认李汉俊是我们的同志》，并加写长信送往故交程潜的指挥部，托其派人赴公安局提人。然而，众人的行动还是晚了一步。当晚9时，未及程部到达，李汉俊与詹大悲就在未经审讯的情况下，被公安局押赴济生三马路枪决，英勇就义，李汉俊年仅37岁。次日，卫戍司令部贴出布告，称“照得詹大悲、李汉俊为湖北共产党首领，罪恶昭著，业经拿获执行枪决”。

李汉俊牺牲后，碍于当局阻挠，李书城等人只能将其遗体寄灵于武昌东大门长生观。直到1932年10月26日，经南京政府行政院议恤，李汉俊家人及故交才在抱冰堂为其举行了隆重的丧礼，并于翌日将李汉俊遗体重新安葬于武昌伏虎山北麓卓刀泉庙，以“烈士”设奠。当时，前往祭奠的党政军各界人士达数百人，收到挽联千余副，武汉人民亦自发举行路祭。李书城亲写挽联：“枭鸟九头，死在泉壤难瞑目；荆楚三户，终是暴秦掘墓人。”曾与李汉俊一同筹建上海共产党早期组织的陈望道大书“欲哭无泪”四字，以寄哀思。李汉俊革命友人耿丹之兄耿伯钊亦赠挽联：“天上枭鸟九头，污秽名声难洗涤；地下若逢仲弟，为道乃兄奠家邦。”1952年8月15日，中华人民共和国主席毛泽东亲自签发0011号《革命牺牲工作人员家属光荣纪念证》，内写：“查李汉俊同志在革命斗争中光荣牺牲，丰功伟绩永垂不朽。”此后，李汉俊的革命友人董必武、包惠僧、茅盾等以及曾受其指导的刘弄潮、夏之栩、袁溥之等都对李汉俊常有怀念。

李汉俊的一生是光辉的一生，是为改造中国社会、复兴中华民族矢志奋斗的一生。作为马克思主义在中国的播火者之一、中共一大代表，李汉俊在苍黄翻覆、陵谷变迁的大时代下，以卓越的努力、坚韧的品格，为中国的革命事业做出了不可磨灭的贡献，为我们留下了宝贵的精神遗产。饮水思源，在中国共产党走过百余年征程的今天，我们不应忘记他的功绩。正如习近平总书记所说，“在一百年的非凡奋斗历程中，一代又一代中国共产党人顽强拼搏、不懈奋斗，涌现了一大批视死如归的革命烈士、一大批顽强奋斗的英雄人物……要教育引导全党大力发扬红色传统、传承红色基因，赓续共产党人精神血脉，始终保持革命者的大无畏奋斗精神，鼓起迈进新征程、奋进新时代的精气神”。在和平盛世的今天，本书的编写正是为了铭记李汉俊等党的先贤为国为民的奋斗事迹。那一段筚路蓝缕、以启山林的峥嵘岁月，将永远镌刻在人民心中！

目　录

编 著 说 明

一、本谱引用资料，包括谱主活动、言论、著述，均按发生时间依次排列，日期难考者，或系于月末、年末、是月、是年，或冠以“约”字，系于相应位置。

二、日期一律采用公元纪年表述。其中，1911 年及以前各年份，于公历月日后加标农历月日，1912—1927 年，不再标注农历。

三、每年正谱前，简要列出本年度与谱主活动相关之国内外重大事件及背景信息，正谱内亦适当编入部分与谱主活动相关之事件史料，便于读者理解谱主活动因果关系，理解其思想发展变化与客观环境的联系。

四、本谱引文尽量使用谱主著述原稿、档案原件或第一发表处文字，其余史料亦尽可能使用谱主活动事件发生当时之报纸、刊物、日记等第一手材料，佐以相关当事人之回忆材料等。原稿有无法辨别之字，以“□”表示；明显错、讹、衍、脱字，以“()”改正之，置于其后。

五、为便于读者查考，相关条目注明来源出处，列于当页下方。

六、一些需要说明的人物、事件背景或补充材料，以脚注形式处置。若同一事件不同资料来源记述有差者，亦于脚注中加以说明。

七、谱主为五四时期中国知名学者、政治家、翻译家，在 1919—1920 年间著述极多，且篇幅通常较长，思想发展迅速。为省篇幅，并避免曲解谱主观点，其活动中涉及文章著述发表者，皆照录之，但仅引其核心概要。

八、谱后“后世对李汉俊的悼念及缅怀”按资料发表时间及活动发生时间先后编排。

九、谱后“主要关系人物简介及索引”按人物姓氏汉语拼音次序编排，字号、别号、别称系于人物全名后，不另设条目。欧美人以通用汉译名、日本人以姓氏汉字第一字汉语拼音次序与中国人合排。

十、谱后“李汉俊著述、译作、讲演、出版物一览”分“著述”“译作”“讲演”“出版物”四类别，按资料发表时间及活动发生时间先后编排。

十一、谱后“主要参考文献”除报纸按本书正文使用顺序编排外，其余资料按发表时间依序编排。

1890年　诞生

3月17日（二月二十七日丁酉），《中英会议藏印条约》签订。清廷承认哲孟雄（今锡金）归英国保护，并划定中国与哲孟雄的边界。

3月19日（二月二十九日己亥），清海军衙门、户部会奏议复将张之洞筹办之广东枪炮厂移设湖北汉阳。1894年建成，次年开工。主要制造枪炮、子弹、火药。1908年改称汉阳兵工厂。

3月24日（闰二月四日甲辰），张之洞奏请将其在广东筹设之织布纺纱官局机器迁湖北武昌，设湖北织布局。

3月31日（闰二月十一日辛亥），《中英烟台条约续增专约》签订，开四川重庆为商埠。

9月5日（七月二十一日己丑），江南制造局工人举行大罢工。

9月9日（七月二十五日癸巳），清道员李经方使日。

9月17日（八月四日辛丑），湖南澧州哥老会起义，23日旋败。

11月7日（九月二十五日壬辰），石埭会党起义，旋败。

是岁，张之洞在湖北汉阳设汉阳铁政局。

4月28日　湖北潜江坨埠垸袁家桥（今潜江市园林办事处辖袁桥村二组）的一户农家院落中，李汉俊诞生。初名书诗，又名人杰，有长兄书麟（早夭），次兄书城。祖父李家明以务农为生，父李远来为私塾先生，母王氏为远来续弦之第三位夫人，颇贤德。

关于汉俊家世，其姻伯父甘鹏云曾在《潜江李府君墓表》中有记：“李有子三人，长书麟先卒，次书城，次人杰。”[①]汉俊兄长书城亦曾回忆：“汉俊出生的家庭：其祖父家明先生是潜江县坨埠垸的中农，父亲凤亭先生是一个秀才，在潜江县城作私塾的教师。”[②]

汉俊父亲李远来，又名金山，字凤亭，生于1844年1月11日，卒于1919年3月12日。共育三男四女，汉俊为三子。早年家贫，发奋苦读，38岁始中童试秀才，先后于袁桥李家台和县城金莲庵开设学堂，终身“以陶淑人才为事”。远来善以历史人物事迹讲学，重开阔学生视野，树建功报国之心，先后成功培养出傅慈祥、刘静庵等多位革命先驱。乡中少年子弟多追随远来学习，皆“曰李先生真吾师也”。[③]汉俊、书城自幼入读父亲私塾，深受远来影响。

汉俊兄长李书城，字晓园，又名筱垣、小垣，汉俊诞生时年七岁。六岁始，书城入其父私塾，晓“四书”“五经”，后中秀才。因头后长辫常扎一根红绒绳，里人皆称“红绒绳辫子小秀才”。受其父影响，书城自幼抱负远大，留日后追随孙中山投身反清救国活动。辛亥革命胜利后，先后出任北洋政府内阁陆军部总长、总统顾问、国务院参事等职。后避居上海，倾力支持汉俊的革命活动，对汉俊一生发展产生了重要影响。

汉俊诞生地袁家桥又名袁桥，位于潜江城西，民风淳朴，有袁、李两大姓。明洪武年间，沙洋镇守使李君德将其女爱圆许配下属袁文礼，双方结为姻亲，和睦相处多年，遂使两姓人丁锐增。君德认为文礼兴旺两家有功，故而以其姓将当地命名为袁家桥。据袁家桥长者讲述，“袁姓始祖袁文礼，是李姓始祖、沙洋镇守使李君德手下的一个文官。君德生一女嫁文礼，郎舅同居，六十年后，人丁浩繁，两姓合为袁李，同一‘袁李氏宗祠’，但又各自保留单一的姓氏”[④]。

---

① 甘鹏云：《潜庐类稿》（卷六十一），台北文海出版社1976年版，第469页。

② 《李书城致觉明的一封信》，《革命史资料》1981年第2辑。

③ 甘鹏云：《潜庐类稿》（卷六十一），台北文海出版社1976年版，第467—468页。

④ 毛道海：《袁家桥出了李汉俊、李书城两弟兄》，《文史春秋》1996年第3期。

1891年　1岁

6月5日（四月二十九日壬戌），湖北广济县千余人焚武穴教堂，杀教士。湖广总督张之洞捉捕二人抵命，赔恤费四万元、教堂费二万五千元。

9月2日（七月二十九日辛卯），湖北宜昌群众焚毁法国及英、美教堂。

是岁，张之洞在湖北大冶开办铁山铺铁矿、王三石煤矿，在湖北江夏县开办马鞍山煤矿。

是年　湖北前学政赵尚辅等捐廉俸，将经心书院迁回学署右舍（今武汉市警官学校处），更名为经心精舍，由学政在各县中亲自选拔调取学生入学。汉俊兄长书城后入读该校，并从该校派至日本求学。

1892年　2岁

5月，日本横滨正金银行设立上海分行。此后又陆续在中国天津、汉口、芝罘、北京、营口、大连、旅顺、铁岭、长春等地设立分行，在中国发行纸币，参加对华贷款的帝国主义银行团。

11月20日（十月二日丙辰），张之洞创办之武昌织布局，是日开织。

12月26日（十一月八日壬戌），湖北宜昌再度爆发反对外国侵略者的群众运动。

是年　汉俊家附近新泗港、花土地等地决堤，河水四溢，造成东荆河畔颗粒无收。洪涝灾害频仍，使当地人民生活日益困苦，百姓苦不堪言。[①]

---

① 潜江市地方志编纂委员会编：《潜江县志》，中国文史出版社1990年版，第78页。

1893年　3岁

10月12日（九月三日壬午），中俄订立《收回巴尔鲁克山文约》。

10月29日（九月二十日己亥），湖北汉阳炼铁厂建成。

12月26日（十一月十九日丁酉），毛泽东诞生于湖南湘潭韶山冲。

11月　湖广总督张之洞奏设武汉大学前身自强学堂。汉俊后执教于该校（国立武昌大学），并任校务维持会主任。

1894 年　4 岁

1 月 1 日（十一月二十五日癸卯），中俄订立管辖哈萨克等处条款。

2 月 8 日（正月三日辛巳），朝鲜东学党起义在全罗道古阜郡爆发，朝鲜国王向宗主国清廷乞援，日本借机派兵至朝鲜，蓄意挑起战争。

6 月，孙中山北上天津上书李鸿章，提出“人能尽其才，地能尽其利，物能尽其用，货能畅其流”的变法自强主张。李鸿章未予理会。

7 月 25 日（六月二十三日戊辰），丰岛海战爆发，揭开甲午中日战争序幕。

10 月 31 日（十月三日丙午），湖广总督张之洞奏增设湖北纺纱厂。

11 月 2 日（十月五日戊申），张之洞在武昌设湖北缫丝局。

11 月 24 日（十月二十七日庚午），孙中山在檀香山建立兴中会，发表《兴中会宣言》，以“驱除鞑虏，恢复中华，创立合众政府”作为奋斗纲领。

是岁，张之洞在武昌设湖北制麻局。

是年　甲午中日战争爆发，给汉俊父亲李远来带来极大震撼。此后，远来在课堂上常以鸦片战争、太平天国、甲午风云等授业于徒，激励学生勤奋学习，掌握富国强兵之道。

1895年　5岁

4月17日（三月二十三日甲午），《中日马关条约》签订。

4月23日(三月二十九日庚子)，俄、德、法驻日公使联合照会日本，“劝告”其放弃辽东半岛。10月19日，三国和日本在东京成立协定，约定清政府支付偿金后三个月内，日军全部撤出辽东半岛。

5月2日（四月八日己酉），康有为、梁启超等联合十八省举人一千三百余人签名上书，请拒和、迁都、变法。史称“公车上书”。

8月，湖北枪厂成立。

9月，湖北炮厂成立。

10月3日（八月十五日癸未），中德订立汉口租界条约。

10月27日（九月十日丁未），兴中会谋广州起义事败，孙中山逃亡日本，设兴中会分会于横滨。

是年　汉俊入父亲所办私塾，始学识字。

1896年　6岁

3月20日（二月七日壬申），清廷批准设立邮政官局，命海关总税务司赫德兼总邮政司。

4月24日（三月十二日丁未），清廷命王文韶、张之洞督办芦汉铁路。

5月24日（四月十二日丁丑），直隶津海关道盛宣怀招商接办湖北汉阳铁厂。

6月3日（四月二十二日丁亥），《中俄密约》在莫斯科签订。

7月21日（六月十一日乙亥），中日签订《通商行船条约》。

10月1日（八月二十五日丁亥），湖北沙市开埠。

10月11日（九月五日丁酉），孙中山在伦敦被驻英使馆诱捕。经英国友人康德黎等奔走营救，于24日恢复自由。孙中山旋用英文写成《伦敦蒙难记》，记述被囚经过。

是岁，盛宣怀于上海创设交通大学前身南洋公学。

9月　《中俄密约》签订消息经披露后，引发全国知识界一片愤慨。当月，汉俊姻伯父甘鹏云愤而写下《记中俄密约》一文，痛陈密约对国家和人民的危害："中俄密约也，亡国之祸胎于此矣。自许俄人有东三省筑路权利，然后俄人得伸张其国力于我领土以内，而我乃无完全领土权；铁路附近林矿彼得采伐之，而我乃无山林权；铁路界内税务彼得干涉之，而我乃无征税权；流通者彼之货币也，而我乃无行币权；守卫者彼之兵队也，而我乃无警察权；我之领土人统治之，而我不能谓为不亡不可得矣。

十数年来，祸变日亟，事故日多，有一不基于中俄密约者乎？”①

是年　汉俊开始习读《三字经》《幼学》《千家诗》《论语》等书籍，接受启蒙教育。

① 甘鹏云：《潜庐类稿》（卷六十一），台北文海出版社1976年版，第385—386页。

1897年　7岁

2月4日（正月三日癸巳），中英订立《西江通商专约》及《滇缅重定界约专条》。

5月27日（四月二十六日乙酉），清督办铁路大臣盛宣怀与比利时银行团代表在武昌签订《芦汉铁路借款合同》。翌年，经更订，清廷同意由比国银行团派员监造铁路、经理铁路营业；修筑铁路所需材料，除湖北汉阳铁厂供给一部分外，皆归比国银行团承办。比国银行团受俄、法支持，俄、法借以控制河北、河南、湖北三省铁路及其沿线地区。

9月6日（八月十日丁卯），中俄订立《陆线续约》。

12月15日（十一月二十二日丁未），俄舰队驶入旅顺湾，占旅顺。

2月　商务印书馆于上海创立。汉俊后来留学归国旅沪期间，曾与商务印书馆建立密切联系，并以该馆为基地积极传播马克思主义。1920年后，商务印书馆出版《妇女之过去与将来》《妇女运动与组织》等多部汉俊著作。中国共产党第一次全国代表大会召开期间，曾有巡捕至汉俊寓所搜查。为掩护同志撤离，汉俊曾向巡捕称“我兼任商务印书馆的编辑，什么书都要看”[①]。1921年，汉俊介绍时任商务印书馆《小说月报》主编的沈雁冰（茅盾）加入中国共产党。

---

① 陈公博：《回忆中国共产党的成立》，见中国社会科学院现代史研究室等编：《“一大”前后：中国共产党第一次代表大会前后资料选编》（二），人民出版社1980年版，第422页。

3 月 1 日　湖北武备学堂正式设立。汉俊父亲李远来的弟子傅慈祥、兄长书城的挚友吴禄贞同年入该学堂学习，接受日本式军事训练，并相互传阅《盛世危言》《天演论》等进步书籍。

是月　汉俊家乡潜江县多次发生荒民聚众滋事，县府即调驻防军队镇压，月底旋平。[①] 这深刻反映了汉俊家乡官民矛盾之深、人民生活之困苦。

① 《潜江滋事》，《字林沪报》1897 年 3 月 20 日。

1898年　8岁

3月6日（二月十四日戊辰），中德订立《胶澳租界条约》。

3月27日（三月六日己丑），中俄订立《中俄会订条约》。

4月12日（三月二十二日乙巳），康有为等于北京粤东会馆发起保国会，各省举人和官僚参加数百人。此后，保滇会、保浙会、保川会等相继在京成立。

4月16日（三月二十六日己酉），张之洞奏准于湖北武昌设立农务工艺学堂暨劝工劝商公所。

6月11日（四月二十三日乙巳），光绪帝颁诏“明定国是”，宣布变法。其间共发改革令数十道，至戊戌政变止，共历时一百零三日。

9月21日（八月六日丁亥），慈禧太后发动政变，再出“训政”，于是日起在便殿垂帘听政。变法失败。

11月7日（九月二十四日甲戌），湖北利川县哥老会举事，焚毁教堂、育婴堂及教民房屋。

是年　汉俊兄长书城准备入县城应考，汉俊继续在父亲远来训育下学习。因不满足于所学，要求父亲送其去县城入读新式学堂。

是年　日本“社会主义研究会”于东京成立，拉开了近代日本社会主义运动的帷幕。同年，日本社会主义先驱河上肇入东京帝国大学法科大学政治科。汉俊赴日后，积极阅读日本社会主义著作，师从河上肇并深受其影响，遂逐渐转变为马克思主义者。[①] 后与汉俊共同投身革命事业的陈独秀、李大钊、李达、陈望道、施存统、杨匏安等，最初都是从日文中学习马克思主义的。

关于汉俊与河上肇之关系，汉俊亲友多有记述。

包惠僧曾有记："李汉俊先生随其长兄李书城先生留学日本，在帝国大学肄业时，与河上肇氏以师生关系往来，他信仰共产主义得河上肇之启发甚多。"[②]

汉俊长女李声馥曾回忆："父亲在日本帝国大学学的是工科，可是他最喜欢阅读社会学、哲学等政治方面的书籍。当时父亲对正在西方蓬勃发展的社会主义思潮十分留心，对马克思主义和共产主义在世界各国的发生和发展，更是悉心观察和研究。有一点是特别值得一提的，就是日本共产主义先驱河上肇先生对我父亲的影响。父亲在日本学习期间，认识了教授政治经济学的老师河上先生，受到河上先生的启迪。河上先生曾把马克思的《资本论》译成日文，并著有《资本论入门》等马克思主义著作。他的一些书后来传入中国，对马克思主义在中国的传播起了很大推动作用，父亲后来信仰马克思主义，可以说是受了河上肇先生的影响。"[③]

汉俊学生赵春珊（瑞麟）亦曾谈道："李汉俊先生……留学日本帝国大学学工程，曾受业于帝大教授河上肇博士，对河上博士极为崇敬，这就是李先生具有进步思想的来历。"[④]

---

① 关于李汉俊与河上肇是否有过师生关系，李汉俊曾外孙女李丹阳女士持不同看法。她认为，河上肇当时是京都帝大教授，李汉俊不大可能从东京跑到京都去听河上肇的课。其次，河上肇在 1918 年底以前"尚未转变为马克思主义者"，故李汉俊在日本不可能受他影响而接受马克思主义。参见李丹阳：《李汉俊日本留学情况的实证研究（下）》，《中共创建史研究》2018 年号。

② 包惠僧：《怀念李汉俊先生》，《党史资料丛刊》1980 年第 1 辑。

③ 李声馥：《我的父亲李汉俊》，见中国人民政治协商会议湖北省武汉市委员会文史资料研究委员会编：《武汉文史资料》（第 3 辑），1981 年版，第 35 页。

④ 赵春珊：《关于李汉俊先生》，见罗仲全编：《中共一大代表李汉俊》，四川人民出版社 2000 年版，第 141 页。

1899年　9岁

2月，张之洞于湖北铁政洋务局下设学堂所，为全国首个新型教育行政机构。

3月22日（二月十一日己丑），南京开埠。

3月，德军占领兰山、日照、即墨、沂州等地，镇压当地爱国运动。清廷派兵与德军“会同弹压”，激起反抗。是月，朱红灯和心诚和尚率领义和拳众在山东恩县、平原一带起义，列队千人，开放大炮，屡败清军。后演变为全国性的大规模农民起义运动，是为“义和团运动”。

4月28日（三月十九日丙寅），中日订立《福州口日本专用租界条款》，附《另约章程》。

5月7日（三月二十八日乙亥），中俄订立《勘分旅大租界专条》及《辽东半岛租地专条》。

7月20日（六月十三日己丑），康有为在加拿大千岛与侨商李福基等创立“保救大清皇帝会”，简称保皇会。

11月，兴中会邀哥老会、三合会各首领集会于香港，议定成立兴汉会，举孙中山为总会长。

是年　汉俊入潜江城关新式小学堂，开始学习国语、算术、自然、历史、地理等现代课程。在当时，湖北地区承担小学教育实施任务的基本皆为私塾，但在甲午中日战争后，伴随中国国力日弱，以“四书”“五经”为主要内容的私塾教育已远不能适应湖北地区的近代化发展需要。个别新式小学堂因之建立，但学生无多，均仅 30 名上下。截至汉俊入读时，湖北全省 7—16 岁约两百万学龄人群中，受过新式小学教育者仅占 0.1%。[①]

是年　汉俊兄长书城中秀才，成为潜江历史上年龄最小的秀才。

是年　经省学使王同愈保荐，汉俊兄长书城入武昌经心书院就读。

---

① 熊贤君编：《湖北教育史》（上卷），湖北教育出版社 1999 年版，第 209 页。

1900年　10岁

5月28日（五月一日辛丑），公使团议定调兵来京，武装干涉义和团运动。31日，英、法、美、意、日、俄派军336名侵入北京。6月2日，德、奥又派军80名侵入北京，枪击团民。俄、英、德、日、美、法、意兵船24艘泊渤海湾和大沽口外示威。

8月14日(七月二十日己未)，八国联军侵入北京，北京失陷。此后，国家陷入空前灾难，险遭瓜分，是为“庚子国变”。

8月，唐才常于湖北汉口组织“自立军”，拟运动张之洞在两湖独立，并乘机发动武装起事。21日晚，张派兵包围自立会机关，捕唐才常、林圭、傅慈祥等20余人，翌日加以杀害。

9月10日（八月十七日丙戌），慈禧太后挟光绪帝逃至太原。

10月1日（闰八月八日丁未），俄军侵入盛京（今辽宁沈阳），东北三省全境沦陷。

10月8日(闰八月十五日甲寅)，惠州归善(今广东惠阳）农民起义，旋败。

10月13日（闰八月二十日己未），法军侵入保定，保定沦陷。

12月24日（十一月三日辛未），八国外交团向清廷提出《议和大纲》十二条。27日，慈禧发上谕，对十二条大纲一概照允。

是年　八国联军侵华，各地起义运动相继发生，国内政局动荡。同年，汉俊父亲远来弟子傅慈祥为清廷捕杀。身在武昌经心学院求学的书城受到极大震动。

1901年　11岁

4月21日（三月三日己巳），清廷设“新政”办事机关督办政务处。1906年改称会议政务处。1907年并入内阁。

8月29日（七月十六日己卯），清廷命自次年始，乡会试及岁科试策论，废八股，改以中国政治史事及各国政治艺学命题。废武科，停止武生童考试及武科乡会试。

9月7日（七月二十五日戊子），清政府与英、美、俄、德、日、奥等十一国公使在北京签订《辛丑条约》。

9月16日（八月四日丁酉），清廷令各省选派学生出洋留学。

10月，两江总督刘坤一、湖广总督张之洞会奏变法，议兴学堂，先行设局编译教科书。

12月11日（十一月一日癸亥），政务处、礼部奏请变通科举，废八股，改试策论，并拟定章程十三条。

12月，蔡元培、张元济等创办《外交报》于上海。

是年　留日学生吴禄贞因大通起义之事潜回武昌，为张之洞所捕。汉俊兄长书城以其为豪侠，屡入监探视。禄贞获释后，书城再度探望，两人相谈甚欢，遂成莫逆。后来禄贞因书城之故与汉俊结识。

1902年　12岁

1月7日（十一月二十八日庚寅），慈禧太后返京回宫。

1月30日（十二月二十一日癸丑），英日同盟成立。

2月8日（正月一日壬戌），梁启超主编之《新民丛报》在日本横滨创刊，为资产阶级改良派重要刊物。初期着重介绍西方资产阶级社会及其政治学说，后反对孙中山领导的国民革命，与《民报》就革命与保皇、民主立宪与君主立宪、“土地国有”等问题进行了激烈论战。1907年冬停刊。

4月8日（三月一日辛酉），中俄订立《交收东三省条约》。

4月，蔡元培、蒋智由等在上海集议发起中国教育会。蔡元培为会长。

8月，清廷颁布《钦定学堂章程》，亦称“壬寅学制”。规定：儿童自六岁起受蒙学四年。十岁入寻常小学，修业三年。此七年定为义务教育。十三岁入高等小学，三年卒业。

9月2日（八月一日戊子），湖北武昌官办织布、纺纱、缫丝、制麻四局，概归粤商应昌公司集股承租接办。

10月5日（九月四日辛酉），清廷命各省督抚筹款选派学生赴西洋游学。

是岁，青年会在日本东京成立，系留日学生中首个革命团体。

5月　湖北全省学务处成立，新型高等小学堂始建。汉俊由潜江城关新式小学堂改入武昌新式高等小学堂读书。因聪慧过人，汉俊受到其兄书城挚友吴禄贞赏识，并鼓励其赴日留学。

对于此事，汉俊亲友多有记述。

汉俊兄长书城曾回忆："舍弟汉俊在武昌住小学时，年仅十二岁。他很想赴日本留学，吴禄贞知道他的志趣后，极力怂恿他去日本。"①

汉俊挚友傅光培（养荪）表示："汉俊少极聪颖，吴禄贞极爱之。"②

汉俊长女李声馥在回忆其父生平时亦特别提到："他少年时代就胸怀大志，十二岁随兄长李书城在汉读书时，就得到吴禄贞（当时曾任护国全军总练习、武普通学堂会办）的赏识，允许他考取官费，留学日本。"③

是月　湖广总督张之洞从两湖、经心、江汉三书院选派优秀学子 31 人赴日本东京弘文书院速成师范学习，定期 8 个月毕业。汉俊兄长书城位列其中。汉俊欲同往，未成行。④ 同年，书城先后结识湖南黄兴、浙江周树人（鲁迅）等，并在黄兴影响下，结识民主革命先驱孙中山，对其反清的革命主张十分信服，认为"要救亡图存，必须首先推倒清廷"，由是开始偕同孙中山从事反清、反帝、爱国的革命宣传活动。⑤

---

① 李书城：《我对吴禄贞的片段回忆》，见中国人民政治协商会议全国委员会文史资料研究委员会编：《辛亥革命回忆录》（第 5 辑），文史资料出版社 1981 年版，第 454 页。

② 傅光培：《忆李汉俊烈士》，见潜江县政协文史资料研究委员会编：《潜江文史资料》（第 4 辑），1987 年版，第 181 页。

③ 李声馥：《我的父亲李汉俊》，见中国人民政治协商会议湖北省武汉市委员会文史资料研究委员会编：《武汉文史资料》（第 3 辑），1981 年版，第 35 页。

④ 部分学者认为李汉俊 1902 年 12 岁时就随兄前往日本留学。其依据主要源自李书城和李汉俊长女李声馥的回忆。但 1902 年李书城首次赴日时是作为张之洞派遣的官费留学生身份，在当时的情况下，不可能带其弟同去。另外，由东京留日学生监督处发行的《官报》第三十八期所附之《各校各生履历清册》上亦清晰记载，"李人杰"（即李汉俊）的"到东年月"为"光绪三〇年五月"，即 1904 年 5 月。

⑤ 李书城：《辛亥前后黄克强先生的革命活动》，见中国人民政治协商会议全国委员会文史资料研究委员会编：《辛亥革命回忆录》（第 1 集），中华书局 1961 年版，第 180—181 页。

1903年　13岁

2月，绍兴籍留日学生周树人（鲁迅）等27人在东京开同乡恳亲会，发表公开信《绍兴同乡公函》，主张“年少之士，亟宜游学”，寻求救国救民真理，鼓励乡人“愤思奋发”“更新国政”。

3月13日（二月十五日庚子），两江总督张之洞奏请递减科举。

4月8日（三月十一日丙寅），俄国及期违约，拒不交还营口。

4月27日（四月一日乙酉），寓沪各界绅商在张园召开拒俄大会。

4月30日（四月四日戊子），京师大学堂学生召开拒俄大会。

5月21日（四月廿五日己酉），蒙自锡矿主周云祥率众起义，占临安、石屏州。

6月25日（闰五月一日甲申），广西起义军攻占东兰州。

8月，孙中山在东京青山设立革命军事学校，聘请日本军事学家及退役军人教授军事，训练干部。入学誓词为：驱除鞑虏，恢复中华，创立民国，平均地权。

10月6日（八月十六日丁卯），湖广总督张之洞奏定《出洋学生约束章程》《奖励章程》及《自行酌办立案章程》。

10月8日（八月十八日己巳），中美订立通商行船条约，中日订立通商行船续约。

是岁，陈天华著《猛回头》《警世钟》在日本东京出版。

1月29日　汉俊兄长书城在东京创办爱国学生报刊《湖北学生界》

月刊。此后，书城在该刊相继发表《告同乡书》《学生之竞争》等文章，并撰写《潜江李书城与友人书》印成单行本寄回国内，宣传爱国反清的思想。这些文章传至湖北，对启迪包括汉俊在内的广大湖北青年思想、唤起民族感情起了很大作用。

4 月 29 日　留日学生在东京锦辉馆集会，成立拒俄义勇队。书城与黄兴等 130 余人签名入队，接受军事训练。

5 月　汉俊兄长书城等被遣回国。同月，书城偕好友吴禄贞、张继熙、李廉方等在武昌创立湖北地区最早的民主革命团体“武昌花园山机关”，并从潜江老家带出刘静庵从军。① 其间，在武昌读高小的汉俊结识了书城的革命同志，并对他们的革命活动有所了解。

汉俊后来在 1923 年 10 月 31 日致《江声日刊》信中曾提到：“鄙人向有‘可留则留，不可留则去’之洁癖，不愿有所言，故于黄君未曾有若何之表文！恰因校长（即张继熙，编者注）为聘请鄙人之直接责任者，故才有‘我无论教多少钟点，都非照约为专任教授不可’之声言，当得校长‘我既聘你为专任教授，当然不论钟点多少，皆照约为专任’之声明，鄙人乃留。又因李君廉方为考试委员长并事务主任，且为鄙人二十年来所兄事之人，才有忠告之表示。”上述信件内容表明，汉俊与张继熙、李廉方关系匪浅，且从“二十年来所兄事之人”推之，汉俊 1903 年就与张、李等武昌花园山机关骨干相识了。

6 月 21 日　汉俊家乡潜江再度遭遇重大水患。“潜江所属各民堤均被浸没，遂成泽国”②。及至 7 月末，灾情仍呈未减之态，水势“汹涌异常”，当地百姓苦不堪言。③

---

① 李书城：《我对吴禄贞的片段回忆》，见文史资料研究委员会编：《辛亥革命回忆录》（第 5 辑），文史资料出版社 1981 年版，第 455 页。

② 《要闻》，《新闻报》1903 年 6 月 21 日。

③ 《时政汇纪》，《北洋官报》1903 年第 178 期，第 11—12 页。

10月 应黄兴约，书城与吴禄贞、耿觐文（伯钊）赴长沙，商议在湖南筹划革命事宜。其间，以黄宗浩之介，书城至抚署会见赵尔巽（次珊），并协助黄兴参与了革命团体华兴会的筹建工作。[①]

---

① 李书城:《我对吴禄贞的片段回忆》,见文史资料研究委员会编:《辛亥革命回忆录》（第5辑），文史资料出版社1981年版，第455页。

1904年　14岁

2月6日（十二月二十一日庚午），日本对旅顺口俄国舰队发动突然袭击，日俄战争爆发。12日，外务部宣布日俄开战，中国严守局外中立，并将辽河以东划为“交战区”。

2月15日（十二月三十日己卯），黄兴等在长沙成立革命团体华兴会。

3月11日（正月二十五日甲辰），《东方杂志》在上海创刊。

7月3日（五月二十日戊戌），湖北革命团体武昌科学补习所成立。

7月6日（五月二十三日辛丑），英军攻陷西藏江孜。

8月3日（六月二十二日己巳），英军侵入西藏拉萨，劫走大批珍贵文物。

9月7日（七月二十八日甲辰），英军上校荣赫鹏强迫西藏哲蚌、色拉、噶尔丹三大寺寺长罗生戛尔曾等人在拉萨非法签订《拉萨条约》。清政府拒绝签字，并派代表与英国交涉。

10月11日（九月三日戊寅），张之洞扩充湖北汉阳枪炮厂，改湖北兵工厂。

10月23日（九月十五日庚寅），黄兴、马福益策划长沙起义，未发事泄，署湖南巡抚陆元鼎下令搜捕，黄兴等逃亡日本，马福益被捕遇害。

11月，蔡元培、龚宝铨等于上海成立革命团体光复会。

3月　汉俊兄长书城和吴禄贞由长沙回武昌。禄贞时接北京练兵处电调，离武昌前，鼓励书城返日学习军事，并资助汉俊旅费及学费，让其随兄赴日留学。[①] 对此，汉俊长女李声馥曾回忆说："由于伯父（李书城）的好友吴禄贞的帮助，我父亲得到了官费留学生的资格，于是，从中学到大学，一直在日本读书。"[②]

4月　书城顶替浙江人"丁人俊"之名，离开武昌，再次东渡日本。汉俊首次与兄同往。[③]

5月　汉俊、书城抵东京。据东京留日学生监督处发行的《官报》第三十八期所附之《各校各生履历清册》记载，"李人杰"（即汉俊，"人杰"为汉俊成年后所取的字）的"到东年月"为"光绪三〇年五月"，时年14岁。[④]

9月　汉俊入日本经纬学堂读书。该学堂由日人吉田义静创办于东京，特为教授中国、朝鲜留日青年学生而设，以东亚先圣大道为经，以西洋学术为纬，故定名经纬学堂。学堂由樋口秀雄统管，受明治大学经管，分刑律、警务、师范、商业各科，学制十个月至二年不等，附设临时速成各科。教员主要有纪平正美、上田敏等人。汉俊翌年离校时，学堂约有200名在校生。[⑤]

关于汉俊入读之学校，其曾外孙女李丹阳有考："不少人认为李汉俊到日本上的第一所学校是晓星中学……然而，受我委托在日本查询李汉俊在日留学资料的冯爱珠2005年发来东京晓星中学高等学校田代事务长提供的晓星中学《学籍簿》李人杰注册页，上面记载他入学日期是'明治三十八年四月十日'，即1905年4月10日；'入学前的学历'上写的是'在

① 李书城:《我对吴禄贞的片段回忆》，见文史资料研究委员会编:《辛亥革命回忆录》（第5辑），文史资料出版社1981年版，第454页。

② 李声馥：《回忆我父亲李汉俊烈士》，《潜江文史资料》1987年第4辑。

③ 李书城：《辛亥前后黄克强先生的革命活动》，见中国人民政治协商会议全国委员会文史资料研究委员会编：《辛亥革命回忆录》（第1集），中华书局1961年版，第181页。

④ 留日学生监督处：《各校各生履历清册》，《官报》1909年第38期。

⑤ 李喜：《中国留学史论稿》，中华书局2007年版，第247页。

经纬学堂修业’。”[1]

11 月 13 日　日本社会主义者幸德秋水和堺利彦在《平民新闻》上合译了马克思、恩格斯的《共产党宣言》。该版本后收录于日本《社会主义研究》创刊号，由戴季陶带回中国，并通过其与汉俊共同主持之《星期评论》翻译成中文。1920 年 3 月，该社委托当时《民国日报》的助理编辑陈望道进行翻译，4 月底方成。后陈将译本带回《星期评论》社，交由汉俊等人校对，并于同年 8 月出版，是为中国第一部《共产党宣言》中文全译本。

① 李丹阳：《李汉俊日本留学情况的实证研究（上）》，《中共创建史研究》2017 年号。

1905年　15岁

4月25日（三月二十一日甲午），上海华新纱厂工人为反对盛宣怀将该厂卖给日本人，举行罢工。27日，上海集成纱厂工人为反对工头压榨，举行罢工。29日，北厂工人响应罢工，罢工人数达四千六百余人。

5月8日（四月五日丁未），清廷查禁《浙江潮》《新民丛报》等书刊。

5月10日（四月七日己酉），因美国寻求续订《中美会订限制来美华工保护寓美华人条款》事，上海爆发反美爱国运动。留日学生及海外华侨纷起响应。7月20日，上海商务总会分电全国各大商埠抵制美货。

6月，黄兴、宋教仁、陈天华等在日本东京创办《二十世纪之支那》杂志。

9月2日（八月四日甲辰），直隶总督兼北洋大臣袁世凯奏请立停科举，推广学堂。清廷诏准自丙午（1906）科为始，所有乡、会试一律停止，各省岁科考试亦即停止，并责成各省督抚实力通筹，于乡城各处遍设蒙小学堂。

10月2日（九月四日甲戌），中国第一条自建铁路京张铁路开工。

11月13日（十月十七日丙辰），卢沟桥至湖北汉口的卢汉铁路修成。

11月18日（十月二十二日辛酉），清廷命政务处王大臣等筹定立宪大纲。

11月26日（十月三十日己巳），中国同盟会机关报《民报》在日本东京创刊。

12月4日（十一月八日丁丑），中国留日学生抗议日本文部省颁布取缔留学生规则，实行总罢课。

4 月 10 日　汉俊从日本经纬学堂肄业，化名“李定”入日本法国教会晓星中学读书，为该校当时唯一的中国留学生。晓星中学始建于 1888 年，由来自法、美两国的玛利亚会天主教传教士在东京创立，先有小学，后设中学。学校旨在用天主教“爱的精神”去培养学生，使其成为德、智、体全面发展的“全人”。汉俊入校时，全校共 233 名学生。由于该校课业繁重，汉俊遂将精力主要集中于主科学习上，并努力学好法语和日语。

7 月 30 日　汉俊兄长书城出席在日本友人内田良平家召开的同盟会筹备会并与孙中山见面，成为同盟会的创始人之一。其余出席者还包括黄兴、张继、陈天华、宋教仁、冯自由、马君武、朱执信、阎锡山、汪精卫、秋瑾、宫崎寅藏、内田良平等 70 余人。8 月 20 日，同盟会于东京赤坂区灵南坂坂本金弥住宅召开正式成立大会，书城以孙中山所赐之喻名“李唐”入盟。① 在兄长书城影响下，汉俊对孙中山的民族、民主革命思想耳濡目染，后来在南京加入了同盟会。

① 邹鲁：《中国国民党史稿》（第 1 册），中华书局 1960 年版，第 47—49 页。

1906年　16岁

2月，刘静庵在湖北武昌成立日知会。

4月16日（三月二十三日庚寅），卢汉铁路全线通车，定名为京汉铁路。

4月28日（四月五日壬寅），《民报》与《新民丛报》展开大辩论，全面披露革命派与改良派之间的原则分歧。随后，革命派与改良派的海外二十多个报刊全部投入论战，一直延续到1907年。

7月31日（六月十一日丙子），日本改旅顺、大连租界地为“关东州”，设置“关东总督”。10月18日，日本改关东总督为关东都督府。

9月1日（七月十三日戊申），清廷颁发上谕，宣布“仿行宪政”。

11月21日（十月六日己巳），清廷定严禁鸦片章程，谕十年废禁鸦片种植。

11月27日（十月十二日乙亥），《民报》在东京开周年纪念会，孙中山及新出狱的章炳麟等发表演说，共六千人到会。

是岁，孙中山与黄兴、章炳麟等制订同盟会《革命方略》，包括《军政府与各国民军之条件》《军政府宣言》《招军章程》《招降清朝兵勇条件》《招降满洲将士布告》《略地规则》《对外宣言》《扫除满洲租税厘捐布告》等八个文件，备革命党人起义时用。

1月　同盟会成员朱执信以“蛰伸”笔名于《民报》第2号上发表《德意志社会革命家列传》（亦作《德意志社会革命家小传》），第一次比较详细地介绍了马克思的生平活动，并初步译介了《共产党宣言》《资本论》的大致要点。该文发表后，在当时留日学生中产生较大影响，开始将科学社会主义以及《共产党宣言》的精神带入中国青年头脑中。汉俊归国后，积极传播马克思主义，并参与了首部《共产党宣言》中文全译本的出版工作。

3月19日 汉俊兄嫂薛文淑出生于松江府娄县修竹乡（今上海市松江区五厍农业园区曹家浜村）一雇农家庭。初名吴阿藕，后因家贫被金山朱泾镇一薛姓人家领养，改名薛文淑。养父母去世后，薛文淑投奔武汉姑母家，其间结识汉俊兄长书城，后与之结婚。中共一大召开期间，薛文淑应汉俊要求为会议提供了力所能及的照应。

1907 年　17 岁

1 月 13 日（十一月二十九日壬戌），湖北武昌日知会遭清政府破坏。

2 月 9 日（十二月二十七日己丑），中日订立扩展湖北汉口日租界专约。

8 月 31 日（七月二十三日壬子），留日学生张继、刘师培（光汉）在东京发起“社会主义讲习会”。

8 月，同盟会张伯祥、焦达峰及日知会孙武等人在日本东京成立共进会，以同盟会之纲领为纲领，策划长江流域起义。嗣后于湖北、湖南、江西等省相继建立共进会组织，1909 年又在武昌设立共进会总部，辛亥革命时成为湘、鄂、赣三省起义的主要领导力量。

是岁，日本三井财阀先后在上海、天津、青岛、汉口、大连、安东、哈尔滨等地设立三井洋行，掠夺重要资源，收集中国政治、经济、军事情报。

3 月　汉俊兄长书城加入黄兴组建之同盟会“丈夫团”，欲归国后起事。辛亥武昌起义后，在南北各省举兵响应、充任都督及军、师、旅、团长的人，“多属丈夫团的同志”①。

5 月　清军时任龙州边防教导团总理钮永建（上海革命志士，与书城

① 李书城：《辛亥前后黄克强先生的革命活动》，见中国人民政治协商会议全国委员会文史资料研究委员会编：《辛亥革命回忆录》（第 1 辑），文史资料出版社 1961 年版，第 180 页。

同年加入同盟会）到日本东京考察军事，至汉俊、书城家中探望，并嘱书城毕业后约集一批可靠同志赴广西任教。[①]

① 李书城：《辛亥革命时期广西的陆军干部学堂和陆军小学堂》，见中国人民政治协商会议广西壮族自治区委员会文史资料研究委员会编：《辛亥革命在广西》（上集），广西壮族自治区人民出版社 1961 年版，第 92 页。

1908年　18岁

2月，盛宣怀合并湖北汉阳制铁厂、大冶铁山、萍乡煤矿为汉冶萍煤矿公司。

3月5日（二月三日己未），上海公共租界有轨电车通车。

3月27日（二月二十五日辛巳），黄兴率同盟会会员二百余人，组成中华国民军南军，自任总司令，入钦州境。4月2日，占据马笃山，队伍增至六百余人。转战四十余日，屡败清军，声威大震。因孤军深入、弹尽援绝，无法坚持。黄兴等走安南，余部多遣归十万大山。

5月13日（四月十四日戊辰），湖北汉口警察局禁止设摊，小贩万余人捣毁巡警局，全镇罢市。

7月26日（六月二十八日壬午），湖北军队同盟会成立，入会者四百余人。

10月19日（九月二十五日丁未），日本东京警视厅封禁同盟会机关报《民报》。至此，《民报》共出24期。1910年2月，《民报》在日本续出，秘密印刷，仅出两期至第26期停刊。

12月2日（十一月九日辛卯），宣统帝溥仪即位，定明年为宣统元年。翌日，清廷宣布立宪预备，以宣统八年（1916）为限。

12月13日（十一月二十日壬寅），湖北新军革命党人黄申芗、杨王鹏等将湖北军队同盟会改组为“群治学社”，在新军士兵中宣传革命，发展革命力量。1909年接办湖北汉口《商务报》。

10月 汉俊兄长书城以优异成绩毕业于日本陆军士官学校，并携带大量日本军用秘密书籍和图册，离日赴广西担任由蔡锷任总办的广西陆军干部学堂监督。书城带回的这些秘密军事图籍中，一部分由其译为中文，后散佚，另一部分由同盟会遣熊成基带至东北，欲售予俄国以换取革命经费。

是年 汉俊继续在晓星中学校刻苦学习，获班级“第二等优等赏”。这个班共有四名学生获奖，除名次在他之前的“第一等优等赏”外，之后还有第一和第二等褒状。其勤学刻苦，给周围同窗及友人留下了深刻印象。李延禧曾回忆，“汉俊天资聪敏而又极好学，在各校的成绩均优秀，常被举当级长”①。

① 李延禧:《我对李汉俊烈士的回忆》，转引自李丹阳:《李汉俊日本留学情况的实证研究（上）》，《中共创建史研究》2017年号。

1909年　19岁

1月，孙武、焦达峰在湖北武昌设立共进会总部，编现役军队为七军，编会党为三镇，谋划武装起义，均未果。武昌起义后无形解散。

3月6日（二月十五日乙丑），清廷诏谕实行“预备立宪、维新图治”。

9月4日（七月二十日丁卯），中日订立《图们江中韩界务条款》。

10月26日（九月十三日己未），日本首相伊藤博文在哈尔滨被朝鲜人安重根刺杀身亡。

是岁，湖北汉口砖茶厂近万人同盟罢工，反对工头盘剥，要求增加工资。

2月　汉俊兄长书城兼广西陆军小学堂监督。李宗仁、白崇禧等皆成其徒，并受其发展加入同盟会，准备为革命起事。书城计划待李宗仁等毕业后，将其“编成一个陆军混成协，作为革命的基本队伍，同时与广东、湖南的同志取得联系，以这三个省作为革命根据地，再向全国扩展，最后夺取北京”①。

是年末　汉俊兄长书城拟借陆军小学堂学生毕业典礼之机，刺杀广西抚台张鸣岐，举行起义，不料风声走漏，遭通缉离开广西。

① 李书城：《〈黄兴上孙中山革命计划书〉跋》，见中国人民政治协商会议湖南省委员会文史资料研究委员会：《湖南文史资料选辑》（第4辑），湖南人民出版社1963年版，第235页。

1910年　20岁

1月30日（十二月二十日乙未），清廷诏准黎大钧等呈请商办鄂境粤汉、川汉铁路。3月26日，英、美、法、德代表到外务部抗议湖北铁路商办。

2月6日（十二月二十七日壬寅），上海瑞顺丝厂罢工获胜。

2月12日（正月三日戊申），倪映典发动广州新军举义，旋败。

2月，光复会在东京成立总部，推章炳麟、陶成章为正副会长。

4月13日(三月四日戊申)，长沙爆发抢米潮，焚毁巡抚衙门。18日，英、美、法、日、德等国派军舰配合清军镇压，捕数百人。舆论大哗，全省沸腾，各地群众“相继而起”。清政府被迫罢免巡抚岑春煊，旋平。

5月16日（四月八日辛巳），同盟会会员胡鄂公（荣铭）等在保定成立“共和会”。后又在北京、天津、通州、太原、广州、桂林、武昌等地设立分会。1911年11月，该会合并于同盟会京津保支部。

8月22日（七月十八日己未），日韩合并条约签订，日本正式侵占朝鲜。

9月18日（八月十五日丙戌），湖北新军革命团体群治学社改组为振武学社。10月11日，该社在武昌黄鹤楼开第一次代表会议时，社员已达240余人。后被协统黎元洪觉察，改为文学社。

12月，詹大悲等在湖北汉口创办《大江报》。

2月　汉俊兄长书城经吴禄贞推荐，离桂进京，任清政府军咨府科员兼官报局副局长。

3月29日 汉俊从晓星中学毕业。或因升学之故，将年龄改小两岁，其学籍簿上的“生年月日”从光绪十六年改为十八年（1892）。

4月28日 汉俊满20岁，依中国传统习惯给自己取字“人杰”。晓星中学学籍簿注册姓名改为“李人杰”。

是月 汉俊兄长书城在北京与同乡进士甘鹏云之女甘世瑜结婚。

12月29日 戴季陶于《天铎报》连发两封告海外同胞书，痛陈时局利害，号召中国留学生回国参与革命。与此同时，戴季陶还特别强调了文化救国的重要性，指出“吾同胞若尚自知其为中国人，祖国之历史、文字，语言，非可一刻去怀者也。吾同胞其勉旃”①。这两封告书在留日学生中产生了广泛影响。

① 戴季陶：《敬告海外同胞》《再告海外同胞》，见唐文权、桑兵编：《戴季陶集（1909—1920）》，华中师范大学出版社1990年版，第204页。

1911年　21岁

1月18日（十二月十八日戊子），黄兴抵香港，受孙中山委托主持广州起义筹备工作。月底，成立革命军统筹部，黄兴任部长，赵声副之。

1月23日（十二月二十三日癸巳），湖北武汉各界数万人集会，抗议汉口英租界巡捕房枪杀人力车工人。

1月30日（正月一日庚子），湖北革命团体振武学社改名文学社，在武昌召开成立大会。翌月，出版《大江报》。

3月，中国国民总会在上海成立，后与国民党合并。

4月27日（三月二十九日丁卯），同盟会在广州武装起义，史称“黄花岗之役”。

5月5日（四月七日乙亥），孙中山出席同盟会芝加哥分会会议，设立“革命公司”，筹款以图再举。会后，孙中山写《革命公司缘起》一文。

5月9日（四月十一日己卯），清廷宣布铁路国有政策。20日，邮传部大臣盛宣怀与英、法、德、美四国银行团在北京订立《湖广铁路借款合同》二十五款，以铁路国有为名，出卖已集股兴工的粤汉、川汉铁路权利，激起川、鄂、湘、粤四省人民的反对。保路运动随之兴起，成为武昌起义前奏。

7月31日（闰六月六日壬寅），中国同盟会中部总会于上海成立。

7月，詹大悲在湖北汉口《大江报》发表“大乱者救中国之妙药也”，何海鸣发表“亡中国者和平也”。清政府逮捕詹、何二人，并封闭《大江报》。

8月9日（闰六月十五日辛亥），江亢虎于上海组织“社会主义研究会”，继又办《社会星》杂志，标榜以“研究广义的社会主义”为宗旨。

8月24日（七月一日丙寅），四川铁路公司股东大会及保路同志会在成都相继举行，到会万余人，倡议全省罢市、罢课、停纳捐税。

9月16日（七月二十四日己丑），湖北革命团体文学社、共进会举行联合会议，筹划起义，成立湖北革命军总指挥部，邀黄兴、宋教仁、谭人凤来鄂举义。24日，商定首义动员计划，定八月十五日中秋节（10月6日）举义，旋又改为阴历八月十八日（10月9日）。

9月27日（八月六日庚子），端方接收湖北境内粤汉、川汉铁路。

10月10日（八月十九日癸丑），武昌新军起义。11日，武昌光复，革命党人推黎元洪任湖北军政府都督，废“宣统”年号，改国号为“中华民国”。武昌起义爆发后，湖南、陕西、江西、山西、云南、贵州、江苏、浙江、广西、安徽、福建、广东、四川等各省纷纷响应，形成了全国规模的辛亥革命。

4月19日 戴季陶于《天铎报》撰文，呼吁留学生弃文从武，回国参与革命。他在文中写道，“学所以致用，知所以致行，留学诸君所学所见，何非足以刺激其心脑，养成其知识者？今日出一报，明日立一会，何非足以发表其思想者？而竟无能作一大事业以救国民者。‘爱国爱民’，口头禅耳，何有于社会，更何救于危亡？……诸君怒吾言乎？请即力矫此行。不然，亡国史中之大罪人，诸君居其首矣”①。留日学生界闻言深为震动。

10月10日 辛亥革命爆发，留日学生如浪潮般涌回中国。②

① 戴季陶：《敬告留学生》，见唐文权、桑兵编：《戴季陶集（1909—1920）》，华中师范大学出版社1990年版，第301页。

② ［日］实藤惠秀：《中国人留学日本史》，北京大学出版社2012年版，第76页。

汉俊自1910年3月从东京晓星中学毕业后，并未紧接着在日本继续升学，而是于民国成立之初的1912年才得到政府公费资助升入日本第八高等学校。他未在日本上学的这段空档内，是否随此一浪潮返国，不得而知。

11月2日 汉俊兄长书城由沪乘船抵汉。湖北军政府总督黎元洪任其为总司令部参谋长，随即与战地总司令黄兴赴汉阳组织军队向汉口清军进攻，苦战十余日。由于敌强我弱，旋败，27日汉阳失守。书城与黄兴先后离鄂去沪。

11月7日 曾资助汉俊留学的恩人、书城革命挚友吴禄贞因准备在京畿发动武装起义，被袁世凯派人刺杀于石家庄火车站。汉俊翌年经宁赴沪参加禄贞追悼会。

1912年　22岁

1月1日，孙中山在南京就任中华民国临时大总统，宣告中华民国成立。通令改用公历，定是日为民国元年1月1日。

1月30日，中华民国实业协会在南京成立。

2月12日，清帝溥仪下诏退位。翌日，孙中山辞临时大总统职。

3月10日，袁世凯在北京就任临时大总统。

7月10日，教育部在北京召开临时教育会议，规定学制：小学四年、高小三年、中学四年、大学预科三年、本科三年或四年，是为“壬子学制”。

8月16日，黎元洪假手袁世凯杀害前湖北军政府军务司副司长张振武、湖北将校团团长方维。

8月25日，国民党成立，举孙中山为理事长。孙宣布国民党政纲五条：促成政治统一、发展地方自治、实行种族同化、注重民生政策、维持国际和平。

9月，戴季陶始任孙中山机要秘书。

11月3日，俄密使廓索维慈在库伦与哲布尊丹巴等擅订《俄蒙协约》及《商务专条》。24日，留日学生三千人集会东京反对协约。

12月11日，湖北汉阳兵工厂工人全体罢工。

1月1日　中华民国临时政府在南京成立，汉俊随其兄书城赴宁。由黄兴推荐，书城任陆军部顾问和总统军事秘书。

3 月 14 日　汉俊与其兄书城、黄兴等人于上海张园举行吴禄贞追悼会。孙中山颁总统令加以抚恤，并亲撰祭文以表哀思。其间，汉俊以“李人杰”名加入发起“吴绶卿都督追悼会”，并于《时报》刊登了追悼启事。[①]与其同在发起人行列的还有黄兴、汤化龙、刘诚、王孝稹、李书城、黄恺元、雷启隆、李宝楚、李秦、程明超、胡瑞琳、刘一清、马中骥、陆乃翔、万声扬、魏宸组、董中爱、金华祝、耿觐文、陈登山、蒋作宾、余绍宋、仇亮、黄超元、王运嘉、黄瀛元、冀光明、孔庚等，多为当时知名的革命志士。

是月　汉俊在南京加入改组为公开政党的同盟会。8 月，同盟会联合统一共和党、国民共进会、国民公党、共和实进会，合并组成国民党。

关于加入同盟会一事，汉俊曾在 1927 年 9 月 10 日亲笔填写的《湖北省改组委员会职员登记表》中有过清晰记述：“（本人）民国元年曾在南京加入本党，二年改中华革命党未加入。”[②]

9 月 12 日　汉俊获得中华民国官费，入日本第八高等中学校读工学科。中华民国元年政局稍安后，革命有功人士的子弟多得到官费，被派至日本留学。仅原黄兴部下的留学生一度就有六百名之多，汉俊即在其列。[③]汉俊入读之八高始建于 1908 年，属大学预科性质，共分三部，第一部为法学、文学、经济学科，第二部为工学、农学等科，第三部为医学科。汉俊所在学部为“第二部甲”，乃工学科。对此，汉俊兄长书城曾回忆说，汉俊“升入日本高等学校后，改为清政府的官费学生”[④]。此一回溯成于 1964 年，“清政府”一说应为误记。

---

① 《吴绶卿都督追悼会启事》，《时报》1912 年 2 月 27 日。

② 李汉俊：《湖北省改组委员会职员登记表》，台北中国国民党党史馆馆藏，编号：汉 12993.2。

③ ［日］实藤惠秀：《中国人留学日本史》，北京大学出版社 2012 年版，第 70 页。

④ 《李书城致觉明的一封信》，《革命史资料》1981 年第 2 辑。

1913年　23岁

1月1日，津浦铁路全线通车。

1月20日，中华民国学生会在北京发起组织，4月上旬正式成立，举吴稚晖为会长。

3月20日，宋教仁被暗杀于上海。26日，孙中山从日本返抵上海，与黄兴、陈其美等密商对策。孙中山力主兴师讨袁，而黄兴等人则坚持法律解决。4月24日，刺宋凶犯武士英暴死狱中。25日，程德全、应德闳将宋案主要证据44件分电袁世凯、参众两院、国务院等及各报刊。主使暗杀者即袁世凯亲信国务总理赵秉钧。26日，各报公布罪证，舆论大哗，全国愤激。

5月31日，湖北汉阳兵工厂两千余人罢工。

7月12日，李烈钧占湖口，宣布江西独立，组织讨袁军通电讨袁。是为二次革命肇始。9月1日，张勋攻入南京，二次革命失败。孙中山、黄兴再度逃亡日本。

10月6日，袁世凯以武力胁迫国会选举其为正式总统。10日，驻北京俄、法、日、德、英、意、奥、西、葡、丹、比、荷、瑞典等国公使照会外交部，承认袁世凯政府。

4月4日　宋教仁遭刺后，国内形势丕变，汉俊兄长书城为免遭袁世凯暗害离京赴沪。

9月27日　孙中山于东京筹组中华革命党，并亲自拟定入党誓约，规定入党者须绝对服从其领导，皆须重立誓约，加按指印。10 月 2 日，戴季陶宣誓加入中华革命党。曾为同盟会会员的汉俊此时未入党。[①]

10 月　因讨袁失败，汉俊兄长书城受袁世凯通缉，逃亡日本，由宫崎寅藏（宫崎滔天）接待。随父亲寅藏接待中国流亡者的宫崎龙介，约在此期间与来东京看望兄长的汉俊相识。

是年　汉俊继续在日本第八高等学校学习，成绩优异，在第二部甲一组全班约 40 人中位列第三等，排名第八。其间，汉俊对日本的社会主义运动情况保持关注。此后，他陆续结识了堺利彦、高津正道、河上肇等一批日本社会主义者，逐渐树立了用社会主义来改造中国的思想。

汉俊挚友宫崎龙介曾提到："李兄与我是一高以来的挚友。李兄对日本的新运动很感兴趣并十分理解。我们一谈到分别以来的情况和日本的近况，李兄便扬起眉毛，显得非常高兴。"[②]宫崎龙介是1913年进入日本第一高等学校学习的，说明汉俊关注"日本的新运动"很可能始于是年。

另外，汉俊长女李声馥也曾回忆："父亲在日本学习期间，受到日本共产主义先驱、马克思主义经济学家河上肇教授的教诲。后来，他还将河上肇先生向他介绍的马克思主义著作翻译成中文，对马克思主义在中国的传播起了积极作用。"[③]

---

① 李汉俊：《湖北省改组委员会职员登记表》，台北中国国民党党史馆馆藏，编号：汉12993.2。

② ［日］宫崎龙介：《寄自新装的民国》，《解放》第 1 卷第 7 号，1919 年 12 月 1 日。

③ 李声馥：《回忆我父亲李汉俊烈士》，《潜江文史资料》1987 年第 4 辑。

1914年　24岁

3月15日，全国商会联合会于上海成立。

3月18日，约法会议开幕。4月29日，通过《中华民国约法》，《临时约法》为袁世凯一手撕毁。

5月10日，国民党机关刊物《民国》在日本东京创刊。

7月8日，孙中山在日本东京正式成立中华革命党，党员分为“首义党员”“协助党员”和“普通党员”三种。9月1日，孙中山发表宣言，通告海内外未经解散之国民党组织，一律改组为中华革命党。

8月6日，欧战爆发，北京政府发表中立宣言。

8月15日，日德因胶州湾问题宣战。9月3日，北京政府宣告，划山东省龙口、莱州及胶州湾附近地方为日德交战区。

11月11日，中华革命党广东负责人朱执信在顺德县举兵讨袁，攻佛山。龙济光派大队至，党人撤退。

6月8日　戴季陶以“思秋”笔名在中华革命党创刊于东京的《民国》杂志上发表《中国革命论》一文，在留日学生中造成极大震动。他在这篇文章里，对社会主义思想进行了若干阐释。他说，“在八月十九日革命以前，鼓吹革命与实行革命者，其脑筋中之热潮，恒以‘民族’二字为发动之先锋，多数国民即不知民权自由与乎社会主义之实质为何，而一闻及革命排满，则数千年历史的遗传之思想，油然发露，而不暇问及革命之实质。革命党亦以一提倡攘夷主义与历史上之革命主义，则多数国民已心喻三千余年历史之程序而赞从革命，亦毋庸极力解说革命之实质。于是民权自由与乎社会主义之理转晦，而历史的旧思潮反占大势力于国民之脑中。八月十九日之革命，所以形式上造成共和立宪国，而实质上乃否，最大原因，厥在乎此，而事实上之问题，尚在第二也”①。

是年　汉俊继续在日本第八高等学校学习，成绩名列前茅，位第二部甲一组班级第四等，排名第八。其间，汉俊对学习偏科问题有所关注。

汉俊后来曾回忆其学习情景：“我在高等学校底时候，有位化学教习，他很有点怪脾气。他所出题目之中，至少必有个大题目。你如果能将这个大题目写得详详细细或更能写出他所没有教过底，就是只写了一个大题目，别底都不睬他，你一定是要得很好底成绩，或者较之全体都作了而没有一点错底人底成绩还要好。所以对于他猜题底人最多，我也是一个。我对于他底讲义，平常是不多看底，到了临时就猜几个可以出大题目部分详详细细看，并且于讲义之外还看几本参考书。所以我每回底化学成绩总在八十分以上。但这个法子是很危险底，因为看底部分不能多，猜不着底可能性很大，一猜不着就非倒霉不可，所以同学中因此受打击底很不少，但我，可很好，一回都没有失过的。”②

① 唐文权、桑兵编：《戴季陶集（1909—1920）》，华中师范大学出版社1990年版，第719页。

② 汉俊：《我的“考试毕业”观》，《星期评论》第44号，1920年4月4日。

1915年　25岁

1月20日，梁启超创办的《大中华》月刊在上海发刊。

5月9日，袁世凯政府接受日本妄图变中国为其独占殖民地的“二十一条”，激起全国规模的反日爱国运动。全国教育联合会规定各学校以每年5月9日为国耻纪念日。

5月13日，湖北汉口日侨准备举行提灯庆祝会，当地爱国青年阻止，全市商店熄灯停止夜市。中日商民冲突、捣毁日本商店。

6月7日，中、俄、蒙协约签字。规定：外蒙古承认中国宗主权；中国、俄国承认外蒙古自治，为中国领土之一部分。

6月，蔡元培、李石曾等在法国发起组织勤工俭学会。

12月12日，袁世凯宣示承受帝位，复辟帝制，改国号为“中华帝国”，是为“洪宪帝制”。25日，蔡锷、唐继尧、戴勘等通电宣告云南独立，反对袁世凯称帝，并组织护国军，拟分三路向四川、贵州、广西出兵讨袁。

6月1日　汉俊获日本东京帝国大学土木工程科的入学许可。关于当时参加东京帝国大学入学考试的情形，汉俊曾回忆说：“我在高等学校和大学底时候，每当考试，总要出几个昏倒底人。又当我们受大学选拔试验底时候（日本底高等学校，本来是帝国大学底预科，只要是高等学校毕业生，都是应该无试验入大学底，但在对于一个大学入学志愿者超过收容额底时候就用选拔底验），有个数学题目是微分底极大极小门类题目底，题目底全意我忘记了，只记得有几个字是 Cylinder with ends（有底‘复数’底圆筒），就有好多平时成绩很好底朋友，或者把底字看掉了，或者把底字是复数底一点看掉了。于是算法虽没有错，结果就要错了。因为受考底人底程度都差不多，他们因为错了这一点，就落了第，其余落第底人，大概也都一样。考试之靠不住，于此也可看得出。并不是躐级，不当受淘汰而受淘汰，因此也是不能免底。”①

6月27日　汉俊以优异成绩毕业于日本第八高等学校，毕业成绩在全校第二部甲（工学科）考生57人中位列第五等，排名第十四。

9月11日　汉俊正式进入东京帝国大学土木工程科学习，第一学年平均成绩为69.8分。汉俊曾回忆其到帝大后第一次参加考试的情形：“及至到了大学底时候，头一次底考试刚刚考了三科要考第四科底前一夜，栈房失火，把所有底书籍笔记烧得干干净净，于是此后成绩就受打击，发表底结果很坏。”②

9月15日　陈独秀在上海创办《青年杂志》，标志着新文化运动的兴起。在创刊号上，独秀发表《敬告青年》一文，向青年提出了六项希望。自1916年第二卷一号起，《青年杂志》改名《新青年》。汉俊后来与李大钊、鲁迅等相继成为《新青年》的重要撰稿人，并任该刊编委。

瞿秋白曾特别提到：“中国的有马克思主义理论，自然已经很久。五四运动之际，《新青年》及《星期评论》等杂志，风起云涌的介绍马克思的理论。我们的前辈：陈独秀同志，甚至李汉俊先生、戴季陶先生、胡汉民先生及朱执信先生，都是中国第一批的马克思主义者。”③

---

① 汉俊：《我的“考试毕业”观》，《星期评论》第44号，1920年4月4日。

② 汉俊：《我的“考试毕业”观》，《星期评论》第44号，1920年4月4日。

③ 《瞿秋白选集》，人民日报出版社1985年版，第310页。

1916年　26岁

2月18日，湖北中华革命党人于武昌南湖举事，旋败。

3月22日，袁世凯申令撤销“承认帝位案”，仍称大总统。23日，下令废止洪宪年号。

5月9日，孙中山发表第二次讨袁宣言，声讨袁世凯破坏民国的罪行，主张尊重约法，一致讨袁。

5月18日，陈其美在上海被袁世凯派人刺死。

6月6日，袁世凯死。是日，段祺瑞假“大总统告令”，宣布依民国三年新约法，以副总统黎元洪“代行”大总统职权。

8月1日，被袁世凯解散两年之久的国会复会。参、众两院议员到会者368人。黎元洪在会上宣誓就任总统。

9月1日，《青年杂志》自第二卷一号起正式改名《新青年》，并发表李大钊著名论文《青春》，揭露两千年来封建社会给中国带来的危害，号召青年“冲决过去历史之网罗，破坏陈腐学说之囹圄”，大胆向封建主义进攻，为创造一个不断更新的青春的新国家而斗争。

3月19日　汉俊长子李声簧出生。①

10月　黄兴胃出血病重，汉俊兄长书城得急电返沪，代为处理日常

① 《李声簧追悼会悼词》，见罗仲全编：《楚王宫殿闪耀潜江历史文明之光》，中国文史出版社2006年版，第422页。另据汉俊长女李声馥1993年的回忆，李声簧生于1914年4月16日。

事务。同月31日，黄兴病逝，书城守灵，接待各方来宾。

是年　汉俊继续在东京帝国大学学习，该学年平均成绩为69.1分。其间，日本社会主义运动风起云涌，马克思主义在日本得到了迅速传播。汉俊对其予以了密切关注。

汉俊长女李声馥曾记述："父亲在日本帝国大学学的是工科，可是他却喜欢阅读社会学、哲学等政治方面的书籍。当时父亲对正在西方蓬勃发展的社会主义思潮十分留心，对马克思主义和共产主义在世界各国的发生和发展，更是悉心观察和研究。"①

① 李声馥：《我的父亲李汉俊》，见中国人民政治协商会议湖北省武汉市委员会文史资料研究委员会编：《武汉文史资料》（第3辑），1981年版，第35页。

1917年　27岁

1月1日，胡适在《新青年》第二卷五号发表《文学改良刍议》，主张以白话文代替文言文。

2月1日，陈独秀在《新青年》第二卷六号发表《文学革命论》一文，主张建设新文学，推倒旧文学，要求文学不仅在形式上，而且在内容上进行一次革命。

3月14日，北京政府正式宣告与德绝交。

7月1日，张勋、康有为等入宫拥清宣统帝溥仪复辟。12日，讨逆军进入北京，张勋逃入东交民巷荷兰公使馆，历时12天的复辟丑剧失败。

7月17日，孙中山为反对北洋军阀解散国会，维护《临时约法》，率领脱离北洋军阀政府的部分海军舰队南下抵广州，联合西南各省发起“护法运动”。

8月14日，北京政府正式向德意志帝国与奥匈帝国宣战。废除中德、中奥条约，收回天津、汉口德奥租界。

9月10日，孙中山在广州就任海陆军大元帅，宣告军政府成立。

6月16日　汉俊友人戴季陶奉孙中山之命离沪赴日，了解日方对张勋企图复辟的态度。戴到东京后住千代田区六番町金生馆，此地距汉俊住所牛込区白银町三十三番地约3公里。

10月 南北战争爆发后，汉俊兄长书城弃职去湖南，于湖南津市组织“湖北护国军”，被推为总司令，兼湘西防务督办。

11月7日 俄国十月革命爆发。10日，上海《民国日报》《时事新报》在国内最先报道了十月革命的消息。① 受十月革命感召，不少中国知识分子开始探索俄国式的革命道路，并逐渐被科学的社会主义即马克思主义所吸引，在中国积极传播马克思主义，汉俊即是其中重要一员。这不仅引领了中国近代先进文化的前进方向，同时揭开了新民主主义革命的序幕，催生了中国共产党。

是月 汉俊兄嫂甘世瑜因患肺病在上海去世。兄长书城当时因军务在身，未归。书城1921年续娶薛文淑为妻。

是年 汉俊继续在东京帝国大学学习，该学年平均分为67.8分。其成绩退步，或受时事影响，或因日本教育制度教条之故。

关于自己成绩落后的原因，汉俊后来曾回忆说：“就我个人本身对于考试底经验，也有很可供大家参考底。我受底试验有三四十次。进一个学校的时候，只要在第一二次的试验考得好，已经得了教习底信用，就信我底总是好底，于是打底分数就与前次底差不多。如果头二次底成绩不好呢，那就永远的一样也不好了。所以我在中学校、高等学校底时候，成绩总没有出过前十名。及至到了大学底时候，头一次底考试刚刚考了三科要考第四科底前一夜，栈房失火，把所有底书籍笔记烧得干干净净，于是此后成绩就受打击，发表底结果很坏。自此次后，就永远跳不出后二十名了。我最喜欢数学，但我学数学是只记定义、假定、基本底原理及公式，到了要用一个式子底时候，就由上几种推演出来。所以我应数学考试底时候，较之别个直接由那个式子起算底人，总要慢好多。在中学及高等学校

① 《突如其来之俄国大政变》，《民国日报》1917年11月7日。《无题》，《时事新报》1917年11月7日。

底时候，一因数学底内容尚简单，二因演式底题目多，无须用这种推演法，就是用也很简单，所以尚没有什么妨碍。及至进了大学，应用数学底题目很多，都非经过很烦琐底推演不能得到应用底式子。因此往往应用底式子还没有推出，钟就响了。遇着好点底教习还可以延长时间。遇着刻苦底教员，要迟交卷，他就要以延长时间底长短为比例扣你底分数，这就要受打击了。我因此吃亏底事也很不少。于此可以晓得考试这个东西，实在是靠不住底东西了。”①

① 汉俊：《我的“考试毕业”观》，《星期评论》第44号，1920年4月4日。

1918年　28岁

3月7日，皖系军阀在北京安福胡同组“安福俱乐部”，为依附北洋皖系军阀的政客集团，时称“安福系”。

4月14日，毛泽东、蔡和森、何叔衡等于长沙成立新民学会，以“革新学术，砥砺品行，改良人心风俗”为宗旨。会员21人，毛泽东当选为干事。

4月22日，段祺瑞南巡至湖北汉口召集军事会议，密谋武力统一全国。

5月4日，广州非常国会通过《修正军政府组织法案》，排斥孙中山。孙中山同日辞军政府大元帅职。21日，孙中山离广州，旋往上海。护法运动失败。

5月30日，中日互换《中日共同防敌军事协定》文件。

6月30日，李大钊等在北京发起组织少年中国学会。该学会7月1日正式成立。

8月1日，列宁复函孙中山，对孙中山贺电表示感谢。

8月19日，毛泽东为组织湖南青年勤工俭学，率领准备留法勤工俭学的罗学瓒等新民学会会员二十余人抵达北京。

10月15日，李大钊于《新青年》第五卷第五号发表《庶民的胜利》和《布尔什维主义的胜利》。实际出版时间为次年1月。

11月11日，第一次世界大战结束。28日，北京各校放假庆祝协约国胜利。李大钊在集会上发表《庶民的胜利》演讲。

11月，李大钊在北京大学组织"马尔格斯学说研究会"，旋遭政府查禁。

4月5日 汉俊长女李声馥出生。

7月19日 汉俊从日本东京帝国大学毕业，获工程学士学位。其毕业论文评点65分，毕业评点67.9分。

12月22日 李大钊、陈独秀主编之《每周评论》在北京创刊。该刊后来积极传播马克思主义，成为五四时期最具影响力的进步刊物之一，与汉俊、戴季陶在沪主持之《星期评论》互称"兄弟"，相互唱和，蔚为舆论界中一时瑜亮。

周恩来1946年曾特别提到："当时戴季陶在上海主编的《星期评论》专门介绍社会主义，北平胡适主编的《每周评论》，陈独秀主编的《新青年》，都是进步读物，对我的思想都有许多影响。"①

《星期评论》主编之一沈玄庐也曾在1920年表示："《每周评论》占领的时间，也好说是《星期评论》的时间；《星期评论》占领的时间，也好说是《每周评论》继续的时间。"② 由此可见两刊互动之热络。正因如此，当1919年8月北洋政府以"过激主义宣传品"的罪名查封《每周评论》时，也将《星期评论》全数扣留。

是年末 汉俊由日归国，已精通日、英、德、法四国语言，能够直接阅读和翻译外文原著。时兄长书城在沪，汉俊回国后遂住进书城在上海的家中。③ 李家坐北朝南，靠近中共一大会址，为三层砖木结构的旧式石库

---

① 《周恩来谈青年时代在天津》，见中共天津市南开区委党史资料征集委员会编：《南开党史资料汇编》（第一册），1991年版，第41页。

② 沈玄庐：《三十六号》，《星期评论》第36号，1920年2月8日。

③ 《薛文淑对李汉俊的点滴回忆》，见中共"一大"会址纪念馆、上海革命历史博物馆筹备处编：《上海革命史资料与研究》（第3辑），上海古籍出版社2003年版，第578页。

门建筑，20世纪40年代曾作为私立宁波旅沪同乡第二小学的驻地。李氏故居底层今已改为仓库，楼上为居民住宅。

汉俊1920年5月曾提到，“（我）前年年底才从日本回国，到上海也住了一年”①。以此推算，汉俊回国时间确为1918年末，并于不久后居于上海。

汉俊长女李声馥也曾回忆说：“一九一八年父亲在日本帝国大学毕业，同年回国。他学识渊博，除精通日文外，还懂得英文、法文、德文。父亲当时已从马克思主义那里知道，光凭科学是救不了中国的，只有共产主义才能救中国。”②

是年　在上海居住期间，汉俊结识了同为湖北老乡的詹大悲（培翰），并“成为研究马克思主义的好朋友”③。1927年，汉俊与大悲共同牺牲于武汉。

关于李、詹二人的交往，董必武曾回忆：“那时郭炯堂、张眉宣等都在上海，郭未几时回鄂。湖北旅沪同乡组织一湖北善后公会，推定眉宣和我两人驻会，租的房子在法租界霞飞路，那时他（詹大悲）居在渔阳里，汉俊亦寓渔阳里，与湖北善后公会会址正对过，我们四人差不多天天见面。”④

汉俊挚友傅光培（养荪）也证实：“一九一八年李汉俊烈士到上海，住在望志路二十号。詹大悲前往求教，住在对门李达家，与董必武等研究马克思主义，陈公博，戴季陶也参加。”⑤

---

① 汉俊：《自由批评与社会问题》，《民国日报》副刊《觉悟》1920年5月30日。

② 李声馥：《我的父亲李汉俊》，见中国人民政治协商会议湖北省武汉市委员会文史资料研究委员会编：《武汉文史资料》（第3辑），1981年版，第35—36页。

③ 《詹大悲先生年谱》，见詹同编：《“詹守分堂”家族史略》，三山彩印包装有限公司2009年版，第75页。

④ 董必武：《忆友人詹大悲》，见《董必武统一战线文集》，法律出版社1990年版，第34页。

⑤ 傅光培：《我所知道的政论家詹大悲烈士》，见长江日报新闻史志编辑室编：《武汉新闻史料》（第2辑），1983年版，第81页。

1919年　29岁

1月18日，巴黎和会开幕。中国代表在会上提出废除外国在中国的势力范围、撤退外国在中国的军队等七项希望和取消“二十一条”及换文的陈述书。会议拒绝了中国的合理要求，把德国在山东的特权全部转交给日本。中国外交在巴黎和会宣告失败。

2月8日，上海日商日华纺织公司工人六百人罢工。

2月20日，南北和平会议在沪召开。

3月15日，上海印刷工人两千人罢工。

4月20日，山东各界十万余人在济南演武厅召开国民请愿大会，请政府废除中日密约。

5月4日，五四运动爆发，全国各地学生、工人、商人相继罢课、罢工、罢市，运动遍及二十余省一百多个城市。北京政府被迫罢免曹汝霖、陆宗舆、章宗祥职务，释放被捕学生。出席巴黎和会的中国代表亦拒绝在对德和约上签字。

3月12日　汉俊父亲李远来过世，享年76岁，于翌年10月29日安葬于潜江县坨埠垸陆家渊之原。①

是月　由詹大悲牵线，汉俊与董必武、张国恩结识。三人一见如故，此后过从甚密。汉俊特别向董必武介绍了日本的物质文明和科学技术，并

---

① 甘鹏云：《潜庐类稿》（卷六十一），台北文海出版社1976年版，第469页。

赠其日文版的《黎明》《新潮》《马克思资本论入门》等著作。在同汉俊的交往中，董必武更加坚定了对马克思主义的信仰。后来董必武每忆及此，总称汉俊是“我的马克思主义老师”①。

关于几人相识并一起研习马克思主义的情景，董必武记忆尤深：“我与张梅先（即张国恩）住此机关，房子是孙中山租用的。我们住渔阳里，詹大悲、李汉俊住路北，我们住斜对面路南。李汉俊刚从日本回国，常谈俄国消息。五四运动后，我们想俄国与中国问题，开始谈马克思主义。先看了一些无政府主义的书。从李汉俊那里知道许多俄国的消息。看《资本论入门》和考茨基的书。我们看到中国问题严重。又见‘五四运动’是群众运动。从俄国革命中见到了搞群众运动。还未想到组党。”②

汉俊长女李声馥也曾提到：“董必武同志和我父亲的友谊，一直继续到一九二七年我父亲被害为止。早在一九一九年，父亲向董必武同志介绍了马克思主义，介绍了俄国十月革命……不久，我父亲还亲自到武汉看望董必武同志。”③

5月1日 北京《晨报》副刊出版“劳动节纪念专号”。这是中国报纸第一次纪念劳动节这一全世界劳动人民的重要节日。李大钊于该专号上发表了《“五一节”May Day杂感》，扼要说明了五一劳动节的由来，并明确提到了“马可思”其名。他在文中写道，“听说俄京莫斯科的去年今日，格外热闹，格外欢喜。因为那日正是马可思（Karl Marx）的纪念碑除幕的日子。我们中国今年今日，注意这纪念日的人还少。可是明年以后的今

---

① 张加恩：《李声馥老人访问记》，见中国人民政治协商会议武汉市洪山区委员会文史资料委员会编：《洪山文史》（第5辑），1993年版，第217页。

② 董必武：《董必武的回忆》，见胡水华等编：《中国共产党湖北早期组织》（下册），中共党史出版社2016年版，第625页。

③ 李声馥：《我的父亲李汉俊》，见中国人民政治协商会议湖北省武汉市委员会文史资料研究委员会编：《武汉文史资料》（第3辑），1981年版，第36页。

日，或者有些不同了！或者大不同了！五月一日是工人的祝典日。五月五日是马可思的诞生日。去年的五月五日，又正是他诞生百年的诞生日，也是世界的劳工共和国的诞生日。我们应该纪念这个五月，纪念这一八一八年五月五日诞生的人物，纪念这一八九〇年五月一日创行的典礼，更纪念这一九一八年诞生的世界新潮”①。

6月8日 戴季陶受孙中山指示，偕沈玄庐（定一）、孙棣三于上海创办《星期评论》杂志。汉俊后加入该刊编辑部，任主编，并以该刊为基地积极传播马克思主义，进而参与发起上海共产党早期组织。

该刊同人在是年6月3日《民国日报》上刊登的出版公告中有记：“中国人渐渐的觉悟起来了，中国人渐渐知道从国家的组织、政治的内容、社会的里面、思想的根底上去打算了。但是人的究竟、国家的究竟、社会的究竟、文明的究竟，是什么样、应该怎么样，好像大家还不曾有彻底的思索、明白的理会、切实的主张。我们出版《星期评论》就是把我们所自信的彻底的思索、明白的理会、切实的主张，写了出来，供天下人研究，求天下人批评。”②

正式创刊当天，该刊同人在发刊词中阐释了创办《星期评论》的旨归和缘由。“衣、食、住三者，凡是我都少不来的。但是，种田的挨饿，织布的受冻，造房子的反没有好房子住。这种状况，究竟是我自己造成的吗？或者是我心愿的？……我就要问我，现在的世界是谁的世界？我便直截了当答，应是‘我的世界’。又问，现在的国家是谁的国家，我也直截了当答，应是‘我的国家’。我又问，现在世界的大势怎么样了？世界的思潮又怎么样了？我的国家，处于现在世界的大势该怎么样？处于现在世界的思潮又该怎么样？我就不能不用着我们的思想来创作《星期评论》，

① 李大钊：《“五一节”May Day杂感》，《晨报》副刊“劳动节纪念专号”1919年5月1日。

② 戴季陶、沈玄庐、孙棣三：《星期评论出版》，《民国日报》1919年6月3日。

更不能不盼望大家用很热心来批评《星期评论》”[①]。可以看出，《星期评论》具有明显的反抗精神以及革命刊物性质，同时饱含了革命党人对于过去革命失败经验的总结和反思。特别是其中关于工人付出与所得不成比例的批判以及“衣食住穿”同历史变迁关系的讨论，可以说已初步具有唯物史观的部分元素。

关于汉俊在《星期评论》社中的工作情况，同在该社的杨之华曾十分肯定地表示，“李汉俊是该社的思想领导中心，那时，他和日本、朝鲜的共产党方面都有联系。李汉俊和陈望道整天在社里的编辑部工作，那个编辑部很像个样子”[②]。汉俊长女李声馥也曾提到，“父亲在上海由于积极宣传马克思主义，宣扬共产主义，很快成为上海社会主义思潮中一位著名人物。那时候他写了很多文章，大部分在他自己主编的《星期评论》上发表”[③]。

8 月 1 日　戴季陶在创办《星期评论》后，又偕胡汉民在上海创办《建设》杂志，任主编，“邀请归国留日学生、狂热的马克思主义者李汉俊作其助手”[④]。汉俊后来在该刊第一卷六号发表了万字长文《改造要全部改造》。

8 月 17 日　汉俊以“先进”笔名于《星期评论》第 11 号上发表处女作《怎么样进化?》一文，显示出一定的唯物史观倾向。他在文中指出，作为自然界发展到一定阶段的产物，人类社会的进步离不开物质资料的改革与变迁。“马克斯说，人类能够造器具，这就是人类进化的最大要素，这就是人类和禽兽渐渐脱离的起点，我想这一说是最合理的。”在其看来，以生产工具为主的劳动资料的出现，成为衡量生产力性质和社会发展水平

---

① 《发刊词》，《星期评论》第 1 号，1919 年 6 月 8 日。

② 杨之华：《杨之华的回忆》，见中国社会科学院现代史研究室编：《“一大”前后：中国共产党第一次代表大会前后资料选编》（二），人民出版社 1980 年版，第 25 页。

③ 李声馥：《我的父亲李汉俊》，见中国人民政治协商会议湖北省武汉市委员会文史资料研究委员会编：《武汉文史资料》（第 3 辑），1981 年版，第 36 页。

④ ［美］周策纵：《五四运动：现代中国的思想革命》，江苏人民出版社 1996 年版，第 341 页。

的客观尺度。但是，由于资本家逐渐垄断生产机关和交易市场，“生产过多的大恐慌”随之发生。“这一个资本独占的势力，扩充起来，于是便拼命的去垄断市场，占领天惠”。在这种情况下，一般大众的“言论的自由被剥夺了，生产的机关被占据了，市场的经济权被垄断了，政治上的地位被削去了，这是弱小国民的困苦境遇”。汉俊强调，“那富强的国家，荣华的富人，骄傲的贵客，他们的享乐，是从哪里来的?”这一切都是工人的劳动创造出来的，劳动群众本应获得与他们付出相对等的回报。要改变这种现状，关键在于“把机器的所有权，普及于一般运用机器的人”。也就是说，为了避免重蹈过去的覆辙，使劳动阶级不再沦为“和机器相等的器具”，必须把生产资料的所有权从资本家手中重新夺还给工人群众。

同日　汉俊还在《星期评论》发表了《日本的新运动》一文，批评了日本友人关于“打破官僚政治，实行普通选举，废除逐级的差别，制定社会的税制，公认劳动团体，保证国民生活，解放形式的教育，革新殖民地的行政”的解放主张。汉俊认为，“要主张解放，就要彻底，‘殖民地’三个字，已经很不合道理，拿了这三个字作基本观念，无论怎么革新，始终是脱不了军国主义的旧套”。他劝谏日本友人要开展彻底的革命，“把‘殖民地’三个字根本废除了罢”。

8月26日　汉俊与好友“太悲”(即詹大悲)、“仰之”合作翻译了日本经济学家福田德三1919年5月4日在《大阪每日新闻》演讲会上的演说词《从虚伪的德谟克拉西到真正的德谟克拉西》，于《民国日报》副刊《觉悟》上连载，至8月30日载毕。文中特别引译了河上肇《贫乏物语》中的有关段落，显示出汉俊等人对于河上肇的推崇。在这篇译文中，汉俊等人通过揭露帝国主义发动战争的实质，指出第一次世界大战之所以“能够使德国降服的第一个原因，就为德国人民不愿意战，军队也不愿意战……他们心理上共同起了变化，共同趋向了社会民主主义”，使德国“不得已才降服的”，从而实现了“德谟克拉西的胜”。汉俊等人指出，这个“德谟克拉西”是“梭西尔德谟克拉西”（即社会民主主义），不是英美等帝国主义为“要对抗独裁政治的德国”而“临时搬出来”的“德谟克拉西”。这一见解与李大钊在此前不久发表的《庶民的胜利》等文章中提到的一战终局“是资本主义失败，劳工主义战胜”“是民主主义的胜利”“是布尔什维主义的胜利”“是世界劳工阶级的胜利”如出一辙，达到了相互呼应的效果。

8月31日　汉俊以“先进”笔名于《星期评论》第13号上同时发表《劳动代表》《黑白的冲突》《新文化运动的武器》三篇短论，对时事进行了简要评述。汉俊在《劳动代表》一文中写道，“中国这样一个大劳动国，竟选不出一个真正工人的代表来吗？这种代表到了美国去，万一资格审查不合格，被审查会拒绝了，又怎么办呢？”在《黑白的冲突》一文中，汉俊呼吁美国应对黑人劳动者从“人权”的意义上“作一个普遍的救济”。在《新文化运动的武器》一文中，汉俊赞扬了吴稚晖关于先教工人文字、再向其灌输知识的构想。他呼吁，“我希望新文化运动者，合力在这上面用功夫”。

9月5日　汉俊与好友“金刚”（即詹大悲）合作翻译了日本社会主义者山川菊荣之《世界思潮之方向》，于上海《民国日报》副刊《觉悟》上连载。全文共分三期发表，至9月7日载毕。在这篇文章中，汉俊与詹大悲谈到十月革命对中国文化界产生的重要影响：“俄国革命发生以来，世界形势日日变化，简直使人‘目迷五色’。大家认做‘军阀与官僚之金城铁壁’的德国，也归社会党支配了，‘军国主义之守护神’的凯撒也倒了。单看世界这点猛烈的变化，真不能不诧为神话……俄国波尔雪夫政府的基础，意外巩固，中欧的天地，被社会主义支配了。”他们肯定了以苏俄革命为代表的世界思潮方向，强调了身处贫穷地位的平民阶级应有的觉悟，但在一定程度上掺杂了以德国社会民主党政府为榜样和以无政府主义解释为依据的理解。在第三期的结尾部分，汉俊表达了对中华革命党的失望以及投身无产阶级解放运动的志向：“山川菊荣所说的平民阶级呼应结合意识的永续运动，我们中国怎么样？中国绝不在世界外，也不能在世界外……人家叫我做民党叫革命党，我应该在这一点有切实的打算。但是，好像也会有点打算……我只是平民、民众、无产阶级的一份子。我要个什么？我去取个什么？要谁给呢？管他给不给呢？”

9月7日 汉俊以“先进”笔名于《星期评论》第14号上同时发表《可怜蠢材》《中国的士大夫》两篇短论，对汉奸政客进行了抨击，批评他们“死抱住‘扣不言利’四个字的秘诀，只管一天到晚忙忙碌碌的，拼命钻铜钱眼孔。但是嘴里面仍旧是一片的仁义道德”。

9月9日 汉俊以“汉俊”本名与好友詹大悲于《民国日报》副刊《觉悟》合译了日本社会主义者佐野学[①]的《劳动者运动之指导伦理》。该文自9日始连载，至14日载毕。文中称，“无论是什么社会组织，没有劳力榨取的世界，新文明一定会发生的……我们明明白白的要求新文明”。

9月14日 汉俊以“先进”笔名于《星期评论》第15号上发表《他们也晓得尊重教育了》一文，对北京政府频繁更换大学校长的情况进行了评述。汉俊在文中写道：“从民国元年以来，北京政府，哪里把教育两个字看在眼里？教育总长大学教授等地位，照例是拿来送礼的，自从五四、六五[②]两次大运动以后，北京城里的官人，大家才晓得教育的力量是很大的，于是拼命的要更换大学校长。吴稚晖先生说：‘他们什么事都做得来，唯有教育这件事，是他们万万做不来的，随便他怎么样着急发跳，都不相干。’我很信这句话是真的，且睁着眼睛，看看他们掌握教育权的能力罢。”

9月21日 汉俊以“先进”笔名于《星期评论》第16号上发表长文

---

① 佐野学（1894—1953），日本经济学家，1922年日本共产党成立时第一批党员之一，著有《俄国经济史》《无产阶级日本历史》《清朝社会史》等。

② “六五运动”是指1919年6月上旬发生在上海的大规模罢工运动。是年6月5日至12日，为抗议北洋军阀政府的卖国行径以及大肆抓捕学生的反动行为，上海全市各行业超过11万工人集体罢工，形成一股强大的政治洪流。这次运动不仅推动了五四运动进一步向纵深发展，同时标志着中国工人阶级开始以独立的姿态登上政治舞台。

《时局怎么样》，对南北议和后的国内局势进行了评述，并鼓励革命者少些空谈，以“创造的精神”多从事实际工作。他在文中疾呼，“希望解放和改造的国民啊！解放和改造，是要从‘努力’和‘奋斗’当中去求，‘冥想’是不中用的。‘依附’是不中用的。‘雷同’是不中用的。拿出不妥协不退让的精神来，去作‘孤立的奋斗’，拿出‘创造的真精神’来，去作大破坏与大建设的工夫，中国人的生命，才有复活的日子”。

同日　汉俊还以“先进”笔名于该刊发表了时评《谢米诺夫与张作霖》，对十月革命后俄国国内的情况以及日本的战略企图作了深入分析。汉俊认为，“日本的帝国主义者，对于满蒙和西比利亚，有一个基本的观念，就是要扩张日本的势力范围，确定日本的特殊地位”。正是基于此一观念，日本帝国主义者一直试图在满蒙扶植一种“反民主”“反统一”的势力，或是假意拥戴溥仪或清室其他的有力皇族，把满蒙及渤海湾四周的腹地都圈在其帝国版图里。一部分日本浪人和军人，与善耆及巴布札布等联络，以及援助张作霖使之成为中国一切军阀的特殊势力，用意都在此。汉俊指出，十月革命以后，日本在国内排斥“过激派”，在远东地区帮助谢米诺夫，大举出兵西伯利亚，其目的与其对付满蒙一样，“要把贝尔加以东地带，作成一个独立国，受日本的保护，日本便可以扶植在西比利亚的特权”。由此可见，“日本之所谓防止过激派，不过是一个名词，实际的用意，就是要从政治上军事上产业上去扶植在西比利亚的日本特殊势力”。

9月23日　汉俊与日本友人宫崎龙介在上海霞飞路偶遇。汉俊偕其至法租界莫利爱路29号（今香山路7号）拜访孙中山。晤谈期间，汉俊向孙中山提问中国革命相关问题，并对孙氏反省错误的态度表示赞许。

关于当天相遇的情景，宫崎龙介在同年底发表的《寄自新装的民国》中有清晰而详细的记述：“到达上海后，因耽于事务，一直还未得机会与孙老先生（即孙中山，编者注）见上一面。对于中国混乱的局面，孙先生会有什么样的见解和怎样的对策呢？以及南北议和后政治发展趋势之类的问题，我们都想请教一下孙先生。听说最近住在南京的王辑唐也来了上海，碰巧在一次乘马车外出时遇见过他。后来又在霞飞路遇上李人杰兄，于是就邀他同去莫利爱路。秋天的午后，大陆的林荫道颇有一些法兰西式的情趣，我们的马忠实地奔跑着。李兄是我的莫逆之交。他对日本新近发生的运动挺有兴趣，似乎颇有了解。我们从别后一直畅谈到日本的近况，李兄显得挺兴奋，好像被国内乱糟糟的运动骚扰得疲惫不堪的心情又复活了。李君对中国的近来局势很不满，‘如果不从根本上解决中国问题，是无论如何也行不通的’。他用比我还标准的日语愤慨地说。看来不管是在中国，还是在日本也好，年轻人的心情都是一样的。太阳透过洋槐的叶缝照下来，显得很绚丽多彩。凉风习习，我们带着轻松的心情到达了莫利爱路。穿过走廊就来到了孙先生的书房。我们三人一坐下，就谈起了现在的改革运动。孙先生去年一直受胃病困扰，不过最近看起来却显得挺精神。‘您好！’我向他打招呼。‘很好，’他快活地回答道，‘我们的时代快要来了。’孙先生说话时脸上浮现出微笑，并且还洋溢着无穷的憧憬和期待。谈到日本的改革运动，孙先生是沉默不语，过了一会儿才用一种很期望的语气自言自语道：‘日本的改革什么时候才能真正开始呢？’恐怕不光是孙先生，对于希望亚洲觉醒的有为之士来说，这也是他们共同的心愿吧！‘不要紧，这一天就快要来到了！’李君就中国问题开始向孙先生提问：‘中国革命会成功吗？’孙先生皱皱眉，随即又摇摇头说：‘希望都破灭了，当务之急是唤醒民众。以前的方针政策从总体来讲是错误的。南方派的人物如今都开始了反省和思考。反省才有进步’，‘幼稚的日本政治家们如果多反省一下，东亚的问题就不会有那么多纠缠不清的吧。’我和李君悄悄耳语道。关于南北和平问题，孙先生说：‘昨日王辑唐来过，说是要恢复旧国会和扩充国会权限，真是好笑。’说完大笑不止。大家越聊越起劲，不知不觉夜幕降临。因为要与一位新结识的兄长会面，说了一些再会之类的话后就和李君一起告辞了。路上，我们又聊了一些南北和平问题。途中还顺便停车于环龙路拜访了一下《建设》杂志社的朱先生（即朱执信，编者注）。后来把李君送到霞飞路后，我就独自回家了。”①

9月25日　汉俊于家中安排宫崎龙介与中华民国全国学生联合会和上海学生联合会干事及詹大悲等晤谈，一直到傍晚方结束。汉俊等人围绕中日两国的学生运动以及国家未来的发展方向进行了友好交流。

关于晤谈的情况，宫崎龙介在同年底撰写的《寄自新装的民国》中有清晰而详细的记述：“和天仇先生（戴季陶，编者注）聊得忘乎所以，以至于差点将下午三时去李人杰兄家接见上海学生团和全国学生联合会的事忘了个干净。当我意识到时，就匆匆向天仇先生道别，然后三步并作两步向李人杰家走去。随着学生运动的降温，中国官宪和租界警察逐渐开始露出狰狞。两个学生团体直到现在连一个事务所都没有设置，有事情要交代时仅以此私宅作为临时根据地。我到李兄家时，李兄连忙招呼我。瞬间之后，全国学生联合会的干事刘君，上海学生团干事孙君（孙镜亚，编者注）、陈君（程天放，编者注），除此之外还有李兄的亲友詹大悲君等相继到来。讲话时都一个模式，先自我介绍，然后寒暄一番，最后交流意见。虽然是初次见面，但大家的观点都非常一致。大家在一起肆无忌惮地高谈阔论通向未来理想的中国社会的道路以及与之相适的运动方针政策。我也向他们披露了一些有关日本现在、将来动向的看法。会议持续了三个小时，意见取得完全一致。及至夕阳西下，大家才恋恋不舍地离开会场。上海人好像并不重视日中交换讲演，所以我也没敢强求。这种问题绝非形式问题，我坚信只要双方能在思想上产生共鸣，那么除此之外的事都会迎难而解。现在中国青年人头脑中考虑的尽是‘该如何处理故国问题’。我认为在问题没有完全解决之前，爆发运动实属正当。就像中国青年人为了拯救故国将永无休止一样，我等同绕国内问题亦忙得天昏地暗。我们很难预

① ［日］宫崎龙介：《寄自新装的民国》，《解放》第1卷第7号，1919年12月1日。

测中国将来的情形，同时对于日本的前途也缺乏信心。中国也好，日本也好，曾经有好多先驱者将自己的祖国和民族带到了一个莫名其妙的暗淡的境遇。事已至此，我们也不好多说什么，但是，作为青年人，我们应该改变这种局面，创建一个美丽、充满朝气、焕然一新的景象。当一切国家和民族以崭新的姿态出现时，东亚势必会成为天堂，全世界将会转变成乌托邦。所以当我看到中国的青年人奋斗时的那种紧张情绪，我并没有由衷地感到喜悦。我们应当把我们的意志磨练得如岩石般刚硬，更应把理想高高挂起，永不坠落。这样，光明一定会到来。”①

9月28日　汉俊根据英国伦敦《泰晤士报》的庭审材料，采用对话形式译写了《矿山主的口供》一文，并以“先进”笔名发表于《星期评论》第17号上。汉俊在译文开头特别加注了一段引言，借用英国煤矿工人讯问“矿山主”的案例，反问道：“这件事是英国的事，大家想想，倘若上海的中国工人，开一个会议，要去叫出几位坐汽车的资本家来，当着大众审问他，可做得到吗?”

10月5日　汉俊以“先进”笔名于《星期评论》第18号上发表《官僚对付言论机关的办法》，批判北京政府对舆论界的钳制。在文中，汉俊将官僚“对付言论机关”的手段归纳为“一、支票；二、封条；三、收条”，即首先用“支票”贿赂报馆；若报馆不收，“就用封条去结果那个报馆的生命”；若实在封不掉，“就拿出一张收条来，对那个报馆征收他一种‘言论自由的代价’”。汉俊告诫这些官僚说，“‘恶’的生命不过一瞬，‘善’的生命是永远无极。劝你们休了罢!”

10月6日　汉俊回信给身在武昌的董必武，阐述了自己的哲学倾向和中国需要根本改造的道理。这封长达1.5万字的回信后来以《改造要全部改造》为题，于翌年1月刊登在《建设》第一卷六号上。1919年初，

① ［日］宫崎龙介：《寄自新装的民国》，《解放》第1卷第7号，1919年12月1日。

汉俊与董必武等人相识，并鼓励其积极从事实际工作，改造社会。8月下旬，必武以孙中山资助之100元经费返武汉，与张国恩筹办《江汉日报》。因筹款困难，办报之事未成，随即又与国恩等筹办私立武汉学校，再遇挫折。[①] 忧思国难的情感和报国无门的焦虑使其陷入极大的苦闷，遂致信于汉俊以求解方。

10月10日　孙中山改组中华革命党为中国国民党。同日，《星期评论》特别推出"双十纪念号"。汉俊友人戴季陶、林云陔、廖仲恺等在该刊撰文。

10月12日　据是月5日伦敦消息，厄内斯特·贝文（Ernest Bevin）领导英国码头工人发动大罢工，拒绝将补给品海运给俄国的反布尔什维克者。对此，汉俊以"先进"笔名于《星期评论》第19号上发表《对于英国大罢工的感想》，表达了自己对于这次罢工事件的看法。他从英国码头工人的罢工运动中看到，"第一就是那些贵族们阶级的觉悟，晓得他们阶级的荣华，是不能长保的，所以只得屈尊降贵。第二那些军人自身，许多都是劳动阶级里的人。即使不是劳动阶级的人，也晓得劳动阶级的势力强大，积极抵抗，是抵抗不来的，所以也只好自己以'作工'为消极的抵抗。第三就是人民的组织能力很强，他们所想达的目的，和用来达目的的方法都是一种组织能力的表现"。汉俊特别强调，工人的罢工行动本身并不是资产阶级口中破坏社会秩序的"不安定"因素。这是因为，社会的公共秩序平时已经靠多数人民的组织能力维持，所以即使消灭"缙绅阶级的阶级能力"，这种"全人民的公安秩序"也不会被彻底破坏。

10月26日　汉俊以"先进"笔名于《星期评论》第21号上发表《调和者与神经病》一文，明确表达了对劳资调和路线的反对。汉俊在文中讽

① 本书编辑组编：《董必武年谱》，中央文献出版社1991年版，第43页。

刺抱定“社会主义与阶级斗争并非劳动运动的唯一手段”的美国劳工联盟主席龚伯斯，说他试图调和资本家与工人阶级的利益，准备在华盛顿召开的“劳资协议会”上通过国际劳动者保护条例，结果既碰到顽固党和资本家的抵制，又适逢世界产业劳动者同盟（I.W.W）运动，两面夹攻之下，最终得了精神病。

同日 汉俊还以“先进”笔名于该刊发表《最近上海的罢工风潮》，总结了罢工的经验教训，冀望工人要有“人格的觉悟和团体的觉悟”。他特别号召知识分子要主动拥抱工人群众，“从精神上打破‘智识阶级’四个字的牢狱，图‘脑力劳动者’与‘体力劳动者’的一致团结，并且一致努力，对于‘体力劳动者’智识上开发做工夫，然后社会的改造，方才有多少的希望哩！”这种强调知识分子与工人联合、将工人阶级列为主要团结与启蒙对象的思想，在当时是十分难得的。

是月 英国情报单位收到关于汉俊等“中国布尔什维克”的报告，内容显示汉俊视孙中山为“最重要的朋友”。

英国谍报部门档案有记：“1919 年 10 月收到了一份关于居住于上海法租界的两名中国布尔什维克的报告。值得注意的是，其中一个人是声名狼藉的拉什·贝哈芮·博斯（Rash Behari Bose）的亲密朋友。这是一个很好的例子，说明布尔什维主义对一切心怀不满分子有着强烈的影响。此人的名字是 Ho Hyau Lieu。据报告，在调查期间，他是孙逸仙的常客。另一个人是李人杰（Lee Jen Jehy）。他前一段时间在日本留学。报告显示，他是一个十分神秘的人物，他与各方（many different parties）都有友好的关系，但他最重要的朋友似乎是孙逸仙。”①

11 月 16 日 汉俊以“先进”笔名于《星期评论》第 24 号上发表

① 李丹阳：《英国档案中与李汉俊有关的记载》，见中共“一大”会址纪念馆、上海革命历史博物馆筹备处编：《上海革命史资料与研究》（第 8 辑），上海古籍出版社 2008 年版，第 633 页。

《I.W.W. 的沿革》一文，专门介绍了美国 I.W.W.（世界产业劳动者同盟）的相关情况。他在文中称 I.W.W. 在主张上“和法国的 Syndicalism[①] 颇有类似点”，近年来“势力尤其膨胀”，美国各地的同盟罢工都与其有着十分密切的联系。

11 月 29 日　汉俊以“人杰”署名于《民国日报》副刊《觉悟》上连载《少数人政治之危险》一文，至 12 月 9 日载毕。他在文中列举了李完用[②] 与吴三桂的例子，强调“一个人的知识是有限的，就是道德可以完全，知识是绝对不能完全。知识既然绝对不能完全，他本他的良心来批评说‘这是好的’未必真好。依他一个人的意思做去，就不免有危险了。他本来是本他的良心去做的，及至作成的结果呢，就不免与这良心的希望反对”。

11 月 30 日　汉俊等星期评论社同人在该刊第 26 号上集体刊登《星期评论半年来的努力》一文，详细总结了半年来的工作情况，并对未来的发展予以充满期待和乐观的展望。汉俊等人在文中写道：“这半年来，我们几个人，又要忙看书，又要忙作文，又要忙校对、发行、书信往复，差不多身体上都是十分疲劳。却是大家对着这无限的将来，十分羡望。在半年当中，安慰我们、鼓励我们、提醒我们，只有这无限的将来。到了今天，我们更觉得无限的将来，放出极大的光明，在那里招呼我们。我们更要鼓起勇气，走向那‘无限的将来’的光明里去。”

是月　汉俊与友人戴季陶、朱执信在《建设》杂志合译了考茨基之《马克斯资本论解说》，从该刊第一卷四号开始连载，至第二卷五号载毕。

12 月 7 日　汉俊以“先进”笔名于《民国日报》副刊《觉悟》上发表《军国主义的末路如何》一文，批判军国主义为“一切罪恶的最大利用

① Syndicalism 今译作辛迪加，原指企业中的工会，大都是同一生产部门的少数大企业通过签订统一销售商品和采购原料的协定而建立的组织。

② 李完用，朝鲜王朝末期大臣。1910 年代表大韩帝国在《日韩合并条约》上签字，帮助日本吞并朝鲜半岛，被民间列入“乙巳五贼”“丁未七贼”及“庚戌国贼”。

品”。他在文中以意大利法西斯政客“达能确氏”[1]为例，质问“你的总统热怎么样了？你那军国主义的梦如果不醒，即使真有人拥戴你做了总统，恐怕你的前途，还要比克伦斯基不如呢”。

12月14日 汉俊以“先进”笔名于《星期评论》第28号上发表《谁是？谁非？》和《徐树铮与谭能觉》两篇短论，对时事进行了评述，对“谭能觉氏”（即邓南遮，编者注）等人的军国主义倾向予以了批评。

是年冬 杨之华受沈玄庐之邀来沪，开始在《星期评论》社工作。其间，汉俊给了她诸多帮助，不仅邀其结识当时在沪的日本、朝鲜进步学者，还介绍她到一位俄国朋友家进修俄文。多年后，杨之华回忆起当时的经历，仍感慨地表示，“李汉俊曾对我有很多帮助”[2]。

---

① 达能确（Gabriele d'Annunzio），今译邓南遮。

② 杨之华：《杨之华的回忆》，见中国社会科学院现代史研究室编：《“一大”前后：中国共产党第一次代表大会前后资料选编》（二），人民出版社1980年版，第26页。

1920年　30岁

1月10日,《凡尔赛条约》正式生效，国际联盟宣告成立。6月29日，中国加入国际联盟。

1月29日，天津学生为检查日货被镇压事，向省长请愿，又遭军警镇压。周恩来等4人被拘捕。31日以后，北京、上海、南京、唐山等地群众团体纷纷通电和举行游行示威，支持天津学生运动。

2月5日，陈独秀在武汉做《社会改造的方法与信仰》演讲。7日晚，北上返京。旋由李大钊护送出京转上海。

2月，恽代英在武昌创办利群书社。书社创立后与全国进步社团多有来往，同李大钊、陈独秀、胡适等社会名流保持密切联系。董必武、陈潭秋等经常来此阅读马列主义书籍。后书社大部分成员皆加入中国共产党。

3月31日，李大钊、邓中夏、黄日葵、高君宇等发起成立北京大学马克思学说研究会。

5月1日，北京、上海、广州、唐山、九江等工业城市的先进知识分子和工人举行纪念五一国际劳动节活动。

7月14日，直皖战争爆发。皖系段祺瑞战败。

8月22日，俄罗斯研究会在长沙成立。

9月21日，朱执信因调解虎门驻军与东莞民军纠纷，遇难。

9月，英国哲学家罗素来到中国讲学。

10月4日，北京第一个共产党早期组织成立，李大钊为负责人。

11 月 25 日，孙中山偕伍廷芳、唐绍仪等离沪去粤。28 日，经香港抵广州。29 日，重组军政府。

1 月 3 日 汉俊以“李人杰”署名于《星期评论》“新年号”上发表上万字的长文《男女解放》，从“女子解放与男子解放的意义”“女子在社会上的地位”“偏面节操的由来”“经济独立”“打破私有制度”“男子的地位与其解放”六个方面深入分析了“男子解放”与“女子解放”的关系。汉俊认为，“这两个题目，实在是一个题目，决不是两个题目，是不能够把他拿来分开的”。就原因来看，主要有两个方面。一是因为男女平等是解放的基础。“女子的解放……要不是在这基础上面做起，就不可能”。二是因为男女解放是互为依托的整体。“男子解放是女子解放的结果，女子解放与男子解放是同时的，没有先后的……女子不解放，我们本身不得了”。另外，汉俊还特别强调，妇女解放只能由妇女同胞自己来解放自己，其他人只是扮演提供助力的角色。“今天我们女同胞住在监狱里面，营监狱里面的生活，固然是我们祖宗造下的孽，不是今天我们女同胞的罪过。但是女子进去这个监狱里面是自己进去的，不是我们男子强他进去的，我们男子不过帮了点力罢了……今天我们女同胞要出这个监狱，当然还是要女子自己出来的，我们男子没有强他出来的能力，只有帮点力的能力”。他指出，妇女要获得自己解放自己的能力，关键在于实现经济上的独立。“经济如果不能独立，所有一切的办法，都是枉然。但是经济独立不是女子神圣观可以使他独立的。不是男子可以使他独立的，男子只可以帮助他独立，还是要我们女同胞自己想法子独立。”换言之，妇女解放之路仍在于自身的自立自强，即使有社会的共同帮助，还是要靠自己解放自己。

该文发表后，引起蒨玉等女子教育家不满，纷纷投书《星期评论》对汉俊的观点予以批驳。为平息争议，《星期评论》编辑部特于同年 1 月 25 日第 43 号上刊登了一则《编辑者志》，声明“李君（汉俊）的文章，无论其持论是否公平，观察是否正确，研究是否周到，我们编辑人，都认为他的善意的批判文字，决不是认为有恶意去登载的”①。

对于部分人士的攻讦，汉俊也在3月19日《民国日报》副刊《觉悟》上发表了《不好以耳代目》的短论，为自己的观点进行辩护。汉俊称：“听说有好几个女士，为了《星期评论》上面李人杰君的那一篇《男女解放》问题，至今还很生气。说《星期评论》是反对女子的出版品。……李君的意思，是不是骂女子的，是不是有恶意的，他的议论是不是错的，总希望大家要研究过再说。以耳代目决不是开明的人所应该持的态度。”

同日 陈独秀首次在《星期评论》上撰文，以“独秀”本名发表了《中国革命党应该补习的功课》短论。他在该文中，将中国社会的乱源归咎于没有真正重视民生建设，没能进一步发展社会的经济基础。陈独秀认为，中国的革命党人应该补习“三门功课”，一是让多数人民懂得民主政治究竟是什么，二是明白怎样完全取消帝政，三是懂得怎样建设民主政治。

1月11日 汉俊以“先进”笔名于《星期评论》第32号上发表短论《讽刺话（六）》《讽刺话（七）》，对岑宫保担任“八省铁道督办”以及章行严来沪讲和等时事进行了点评。

1月16日 汉俊以“李人杰”署名于新复刊的《救国日报》上发表《对于〈救国日报〉扩张的希望》一文，对留学生提出了“指导普通一般的同胞以造中国，使中国为适今世界潮流的国家”的使命要求。他特别强调了留学生之于一般群众的模范带头作用，指出“有留学生这三个字的金字招牌的人处在这种环境，责任是很重大的。无论是一举一动一言一语，都是很要注意的，都非审慎研究不可的”。这一认知与其前年在《星期评论》第21号上发表的《最近上海的罢工风潮》中所提到的知识分子要“从精神上打破‘智识阶级’四个字的牢狱，图‘脑力劳动者’与‘体力劳动

---

① 《编辑者志》，《星期评论》第43号，1920年1月25日。

者'的一致团结"的观点一脉相承，都强调知识分子与人民大众特别是工人阶级之间的联合。

同日　汉俊还以"李人杰"署名于《救国日报》增刊上发表了长文《排日问题》，对中国人排日的原因、日本侵略中国的事实、日本侵华对自身的危害、中国人对两国关系的期望等进行了分析。他指出，"凡事之起，非起于起之日，盖其由来久矣。排日感情之生，非生于生之日，盖其由来久矣。今日之事，特日本政府历年来所取之侵略政策之收获耳，吾人早已预料及此矣。岂足怪哉！"

1月18日　汉俊翻译了日本社会主义者北泽新次郎在《劳动者问题》上发表的《I.W.W. 概要》，刊登于《星期评论》第33号上。汉俊译介该文，旨在为其1919年11月16日发表之《I.W.W. 的沿革》一文提供补充，进一步介绍美国 I.W.W.（世界产业劳动者同盟）的相关情况。

在原文开头，汉俊特意加写了一段引言："美国近来的产业革命风潮，颇引起世人注意。我们每天在报纸上看见美国追放逮捕过激党人，已有五千余名之多。就报纸的记载看来，美国政府所追放逮捕的过激党人，大约有两派。一派是直接和俄国的布尔色维克有关系的，就是所谓俄国劳农政府大使等等。一派是美国近年来发生的'世界产业劳动者同盟'，略称 I.W.W. 的团体员。前者我看没有什么重大关系，即使有这么一般人，在美国社会上也不见得有多大的势力。唯独这'世界产业劳动者同盟'，即 I.W.W.，不但是美国社会运动上的一个势力，也是世界社会问题上的一个趋向，是我们所不能不研究的。"

1月25日　汉俊以"先进"笔名于《星期评论》第34号上同时发表《美国撤兵日本增兵》《西比利亚的排日新气焰》《捷克军的间接排日》《可惜是对牛弹琴》《复辟运动的背后是谁》《美国与"社会党镇压令"》六篇短论，对当时发生的国内外时事进行了点评。

是月　汉俊以"李人杰"署名，将1919年10月6日回复董必武的信件以《改造要全部改造》为题，发表于《建设》第一卷六号上。该刊编者特在文前加了一段说明，表示“这篇本来是李君答朋友的一封信，因为这个问题是现在一个很重要的问题，所以李君答应本社拿来发表在本志上”。全文共约 1.5 万字，分为 13 个部分。汉俊首先运用唯物史观观点，指出社会的一切活动都是人的有意识的活动，进而揭示出“黑暗社会”产生的根本原因。其次，汉俊论述了上层建筑中制度、道德与法律的关系，指出中国要图进化，就必须冲出由道德和法律所构成的“无点空隙的死牢”。最后，汉俊阐明改造中国社会不能只图局部的改造，为使中国能够适应世界形势，必须进行全部的彻底改造。这是因为，“中国‘国家’这个局部，已经不适合世界这个全部了，除非是叫进化到前面几百年去了的世界这个全部，退化回头几百年来，与他调和，不然，他就要受这个进化了的全部的淘汰。现在中国内遭国势的萎靡，外受列强的压抑，就是这个淘汰作用的表现……由此看来全部进化了，不能由你局部不进化的”。正因如此，“旧的全部与新的局部，新的全部与旧的局部，是没有调和的”，中国社会的改造决不能走调和的道路。

2 月 1 日　汉俊从戴季陶、沈玄庐手中正式接过《星期评论》主编职务，为工作之便，将该刊编辑部从爱多亚路新民里 5 号搬迁至白尔路三益里 17 号（今自忠路 163 弄 17 号）的自家寓所。《星期评论》迁址后，汉俊成为“该社的思想领导中心”，社中“人人劳动，人人平等，像油印传单等工作，大家都动手”。[①] 与此同时，汉俊等人时常围绕时局变化及马克思主义理论问题展开深入讨论、彼此争鸣，使《星期评论》社的氛围较以往更显活泼。

汉俊兄嫂薛文淑曾回忆当时编辑部内汉俊等人忙碌而充实的生活：

---

① 杨之华：《杨之华的回忆》，见中国社会科学院现代史研究室编：《“一大”前后：中国共产党第一次代表大会前后资料选编》（二），人民出版社 1980 年版，第 26 页。

“在三益里居住时，书城与外界往来甚少，不大出门，来访的人也不多，整天在家看书。汉俊则与他相反，每天都很忙。他住在旁边楼下，我住中间楼上。常常能见到朋友们找他。经常来的多是与他年龄相仿，穿长袍的先生，也有一两位比他年长，还有两位剪短发穿裙子的青年女性给我印象较深，但除邵力子以外，其他来客我都不知道姓名。我是刚从家乡到上海的，对外界一无所知，更不知道革命之类的事。但是我觉得汉俊的这些朋友很异常，他们在一起经常发生争论，有时像是在吵架，我以为一定是闹翻了，可是第二天这些人还是照常来，从表情上看不出有什么不愉快。他们常深更半夜才出门，总是弄得声响很大。我对这么多人来找他感到奇怪，书城说：‘汉俊他们的事，你们不要去管。’可见他对汉俊的事是有所了解的。”①

同日 汉俊以“先进”笔名于《星期评论》第 35 号上发表《森户助教授问题与日本舆论》和《朝鲜的独立精神何如?》两篇政论，对时事进行了点评。汉俊指出，中国人当时正当亲美排日感情最盛的时候，但必须明白，“我们排斥日本，是排斥军国主义的资本主义的日本。所以翻过来看，我们亲美，是要亲民主主义的社会主义的美国。倘若美国采用军国的资本的政策，我们便不应该学，不应该盲从”。另外，汉俊也劝谏正从事朝鲜独立运动的朝鲜人多研究中国的革命史，不要重蹈被宗教势力束缚的覆辙。

2 月 8 日 汉俊以“先进”笔名于《星期评论》第 36 号上发表《国民是不是应该分家的?》一文，对上海日华纱厂女工罢工事件进行了评述。1 月 30 日，上海浦东日华纱厂九千余名工人要求资方按英商时期惯例发给花红（日华原为英商鸿源纱厂，1919 年由日人收买），资方不允，反指

---

① 《薛文淑对李汉俊的点滴回忆》，见中共“一大”会址纪念馆、上海革命历史博物馆筹备处编：《上海革命史资料与研究》（第 3 辑），上海古籍出版社 2003 年版，第 578—579 页。

使中国警察殴辱工人，导致全体工人罢工。对此，汉俊批评了当时对工人受侮沉默以对的上海时评家、商人和学生，强调爱国观念不应以阶级为前提。“既然要这样尊重阶级的利益，你们还讲什么爱国呢？呵！原来你们讲爱国是这样的！你们的阶级就是你们的国！工人呵！你们的阶级就是你们的国！爱国呵！！爱阶级呵！！这是绅士阶级教你们的！”

2 月 19 日　陈独秀为避免军阀政府迫害，在李大钊的帮助下，乘坐海轮由津抵沪，暂住惠中旅舍。后经许德珩牵线，搬入戴季陶曾居住过的老渔阳里 2 号，戴自己则搬到不远处的新渔阳里 6 号，是为同一里弄的两端。此后，陈戴二人迅速接近，“过从颇密”①。得戴季陶介绍，陈独秀与汉俊等一干《星期评论》社成员取得联系，并以该社为基地积极在上海活动，为后续上海共产党早期组织的发轫准备了最初的骨干力量和组织基础。

是月　汉俊与居沪俄侨李泽洛维奇、朝鲜独立运动人士李光洙、孙中山亲信朱卓文、梅光培等在上海永安饭店聚会，商讨创办《劳动者》杂志等事宜。这一动向为英国谍报部门侦之。

英国谍报部门档案有记：“本年 2 月接获了令人感兴趣的情报，那是关于在上海永安饭店的餐厅举行的一次餐会。该会目的是讨论散播布尔什维克宣传和成立一个正式的布尔什维克团体。在出席者中有如下一些人：……李人杰，以前为留日学生。据去年 10 月的报告说他是一名布尔什维克。他是一个十分神秘的人物，他与各方都有着友好关系，并且也与孙逸仙友好。朱卓文在向会议的致词中说，某些对中国怀有真正良好意愿的人建议他们组成一个团体，对此，他们已打算去做。另外一个建议是应当创办一份杂志以宣传布尔什维主义和刊载苏维埃俄国的消息。与会者就这两项提议进行了讨论，最终均获采纳。会议议决，加入团体的成员每月

---

①　张国焘：《我的回忆》（第一册），现代史料编刊社 1980 年版，第 82 页。

缴纳十元以支付杂志的费用。该杂志将被定名为《劳动者》。该刊首期将于五月一日——‘劳动节’那天发刊。仅其中文版就拟出版三千份。……从会上发言里提到的事似乎可以清楚看出，一些在俄国或在美国的俄国布尔什维克与这些出席会议者有联系；并且从这些与会者的政治色彩看，似乎很清楚，布尔什维主义已经得到了一些孙逸仙追随者的欣然欢迎。因此只能导致这样的预料，亦如我们最近情报所清楚显示的，孙逸仙对布尔什维主义有很深兴趣，并且已经秘密地开始拥护布尔什维克的事业。这并非不重要，因为尽管孙逸仙目前没有多少权力，然而已发现在他周围聚集了各种最为不满的分子群；并且，虽然他已经与南方军政府决裂，但仍然与广州——中国社会主义的中心地——保持着经常联系。据说，他的副手朱卓文已经携带一份关于应对布尔什维主义的重要密件前去广州。”①

3月1日 汉俊出席在上海静安寺路夏令佩克大会场举办的韩人独立周年纪念会，并发表公开祝词。该篇祝词后以“李人杰”署名发表于3月3日的《民国日报》上。

1919年3月1日，朝鲜爆发反日独立运动，旋因日本殖民当局血腥镇压而失败。朝鲜独立运动人士先后逃至中国，并于同年4月于上海成立“大韩民国临时政府”，朝鲜社会党总部亦随之迁沪。“三一运动”发生一年后，700余名朝鲜人和百余位中西来宾齐集上海举行周年纪念，汉俊作为中国代表受邀致辞。他在致辞中讲道：“贵国与敝国五千年间之历史，有互相仿佛者甚多。而今日受人耻辱之情形，亦复相似。是知贵我两国有不可离之密接关系，而容易行共同动作。然至强中韩两国之责任，则在于中韩两国人之共同方面。此今日吾两国人之不可不记也。夫权力资本之前，皆可有韧。而正义之则，前遂无仞。吾知大韩民国万岁之声，行将遍

① 李丹阳：《英国档案中与李汉俊有关的记载》，见中共“一大”会址纪念馆、上海革命历史博物馆筹备处编：《上海革命史资料与研究》（第8辑），上海古籍出版社2008年版，第634页。

于全世界。而明年此日，诸君祝此会于汉城，信而不疑云云。”这一致辞反映了汉俊对两国唇齿关系的肯定以及对朝鲜独立运动的支持。

3 月 3 日　汉俊以“先进”笔名于《民国日报》上发表短论《工钱是这样增加吗?》，对上海企业家穆藕初的言论进行了批判。

是年 2 月 19 日，长沙自治女校原教员叶之乔赴厚生纱厂调查，与穆藕初谈招募湖南女工事。次日，叶之乔致函长沙各界，提出对女工待遇问题的看法，遂于劳工界与舆论界掀起讨论热潮。穆藕初于 2 月 23 日在《大公报》《申报》等报纸上同时登载《答复讨论厚生纱厂招募湖南女工问题诸君》一文进行自我辩护。① 穆藕初在文中写道：“上海纱厂女工，十年前熟手工人，每日工资约一角七、八分，五年前二角四、五分，现时三角左右，膳宿自备。工值之级增，固因地方生活状况，而起变更，一视乎大势所趋，固不能以一部分之意思，故作低昂也。今本厂试招湖南女工，允给八元，并允以后酌量工作情形加增，此种待遇，并无故抑之处。西谚有云：世界不知汝为谁，但问汝能作何事。湖南女工，工作能力如何，责任心如何，其果能胜任愉快否，尚未可必，而诸君子先斤斤于工资之多寡，其毋乃太不近情理乎。”

针对穆氏言论，汉俊遂作《工钱是这样增加吗?》以为回应：“穆藕初君著那一篇《女工问题》上说：十年前纱厂工人的工价，不过每天一角七八、五年前两角四五、现在三角左右，已经是增加许多了。穆君既然叫做实业家，既然晓得工价，想来一定晓得米价、布价、房租价，十年前的米是多少钱一石？现在的是多少钱一石？十年前的布卖多少钱一尺，今天的布卖多少钱一尺？米价有五块头涨到九块头，工价不过有一角七八加到两角七八，这算是增加吗？况且我们现在应该打算的，是如何改良工人的

---

① 穆家修、柳和城、穆伟杰编：《穆藕初年谱长编》（下），上海交通大学出版社 2015 年版，第 326 页。

生活，并不是所要维持工人的性命。至若说仅仅维持一个工人性命的工钱，算做合理，那么工人本是资本家的摇钱树，你们自然会把饭给他吃，也用不着人家说的！穆君又说他是随大势转移的。不错，哪一个不晓得贪得无厌，是资本阶级的大势。但是也要晓得，资本阶级的大势，今天已经是南风不竞的了！至若要引出那用个数工作制来压迫工人，用外交术来诳骗工人的 Taylor 来做幌子，那就是（实）在用不着。'出门见喜，对我生财''人无横财不富，马无夜草不肥'，这些招牌，本是都可以贴起来的！"

3 月 14 日　汉俊以"先进"笔名于《星期评论》第 41 号上发表短论《三益主义》，对《三益主义》一书宣称的"资本家也得利益，劳动者也得利益，消费者也得利益"的劳资调和论进行了批驳。他指出，在当时的现实环境下，"可以免除阶级的战争，作成阶级的互助"是不可能实现的。因此，"互助上面可以加上阶级两个字，天下有这样好的互助方法，恐怕太阳要从西方出来呢"。

3 月 18 日　汉俊以"李人杰"署名于《民国日报》副刊《觉悟》上发表《优待学生与优待劳动者的意义及可否》一文，明确肯定了劳动者对于社会发展的重要作用，提出了要协助无产阶级改造社会的理念。汉俊在文中指出，"劳动者是社会生活及文明之母，而由社会所受的报酬，远不及他们所应得的"。正因如此，在现行的经济组织之下，"怎么生活才能说是他劳力所应得的生活，虽是无法认定，但无论是哪一种的人，无论他认定他是哪一种人，或本义务，或本忏悔，或本感恩，或本同情，或本互助，都是应该优待他们的"。他认为，要改造社会，必须要"与劳动者协力"，"以协助的精神去努力"。联系汉俊之前曾发表的文章内容不难看出，他对于团结工人阶级的思想是一以贯之的。

3 月 19 日　汉俊以"先进"笔名于《民国日报》副刊《觉悟》上发表《文化运动的粮食供给》《研究俄文印度文的必要》《不好以耳代目》《西比利亚日军的叛乱》四篇短论，对时事进行了回应。汉俊特别鼓励国内的知识分子多研习外国语言，“多翻译几本书籍，尤其以社会科学的书籍最要紧。倘若今年年内，能够有二三十本大部的书籍出版，明年的中国思想界，就一定大有可观了”。

3 月 20 日　汉俊以“先进”笔名于《民国日报》副刊《觉悟》上发表《原敬》《求神救我》《马君的死》三篇短论，对时事进行了回应。汉俊在文中批评了日本首相原敬对于阶级斗争的扭曲，讽刺说：“白头翁呵！你不是自由党的旧党员吗？你不是板垣[①]的旧门徒吗？板垣为了撤废日本的阶级制度，标起援救秽多非人[②]的棋子，组织起自由党来。你们这些无良的门徒，抛弃了开山祖师的主义，专去逢迎藩阀，得到今天升官发财的地位。板垣死了才不过半年的今天，更彰明较著的反对撤废阶级制度。你们的良心何在呵！……比起大井宪太郎[③]、大江卓也那样的穷措大来，你这个总理先生，真应该愧死呢？”

3 月 21 日　汉俊以“先进”笔名于《民国日报》副刊《觉悟》上发表《阿富汗的道路》短论，疑惑为何英国出版的各种地图中都没有明确标注阿富汗方面的道路和一般交通状况。

3 月 22 日　汉俊以“先进”笔名于《民国日报》副刊《觉悟》通讯栏以《翻译专门书籍的机会》为题回复读者周怆怆的来信。周怆怆在信中写道：“我今天读‘随感录’看见有一段你的话，说‘希望懂外国文字的人，多翻译几本外国书籍。’……我是海关藏书楼的主任，管理那外国书籍同杂志。所以我想牺牲一点精神和手续，愿意把许多书，预备有愿意翻译的人（男女不限）问我借用。借费是不要的。要借的，同我商量。”对于周的热情，汉俊在回复中表达了感谢，并说：“我还希望你把你们藏书楼里的书目（书目如果不能全抄，可以把分类的统计表写出来），在报上发表，

① 即板垣退助（いたがきたいすけ），日本第一个政党自由党的创立者，明治维新功臣之一。

② 秽多非人，指从前在日本被隔离的游民阶级以及贱民阶层。

③ 大井宪太郎（おおい　けんたろ），日本明治时期政治家、自由民权运动领导人。

那更好了。”

3月27日 北京工读互助团第一组解散。施存统、俞秀松经李大钊介绍离京抵沪，开始到《星期评论》社与汉俊一同工作。对于当时社内的情况，俞秀松曾在是年4月4日写给骆致襄的信中表示，“这里（《星期评论》社）的同志，男女大小十四人，主张都极彻底，我实在还算不得什么。但是和爱快乐天真的空气，充满我底四周，真觉得做人底生趣”[①]。后来，施存统、俞秀松与汉俊一同参与发起上海共产党早期组织。

3月28日 汉俊以“先进”笔名于《民国日报》副刊《觉悟》上发表《伊兰高原的情形怎样?》一文，对当时中东地区的时局进行了点评，并呼吁说：“中国的局面如何，恐怕也完全要受这方面局势变化的支配。中国人呵！醒来罢！伊兰高原的研究急切不容再缓了！”

3月29日 汉俊以“先进”笔名于《民国日报》副刊《觉悟》上发表《大家要注意研究历史地理》一文，强调历史地理问题的研究“是很紧要的”。他特别指出，“倘若不研究历史，几乎不晓得现在一切现象的由来，也就无从推测将来的趋向。但是人类的活动，一方面随时受历史的影响，一方面也受自然界的支配。所以地理的研究，也非常要紧的”。他以爱尔兰的“新芬党”[②]为例，表示中国的“言论界对于世界的大事件，差不多是毫无观察的”，这是一个“很大的缺陷”。

是月 薛文淑回上海，暂居李家，不久去一补习班补习文化，后考入民生学校，与邵力子姨妹王秀凤成为同学。是年秋，李家改租上海法租界贝勒路树德里106号、108号（后称望志路，即今兴业路76号、78号，屋内连通），常住者有：汉俊、书城、李家老母王氏、汉俊长女声馥、汉俊长子声簧、书城长女声韵、书城次女声䕃、书城次子声茂（后改

① 中共浙江省委党史研究室编：《俞秀松纪念文集》，当代中国出版社1999年版，第158页。

② 新芬党，北爱尔兰社会主义政党，由前爱尔兰共和国总统亚瑟·格里菲思于1905年建立。

名声宏)、薛文淑、警卫、厨师、娘姨。书城长子声华当时正在日本留学，1920年回国探亲时也曾暂居于此。[①]

是月　汉俊与阿格辽夫等人的接触为日本驻上海总领事馆武官侦之。其在报告中称:“俄国人阿格辽夫正与李人杰、吕云亨等人密筹，计划发行俄汉两种文字的《劳动杂志》”[②]。

4月2日　陈独秀受《星期评论》社邀请，与汉俊、玄庐等特别出席了上海船务栈房工界联合会成立大会。他在演讲中表示，“只有做工的人最有用、最贵重”，工人应当“自己起来管理政治、军事、产业”。其发言大略后以《工人应有之觉悟》为题，发表于是月5日的《民国日报》副刊《觉悟》上。此后，独秀在上海劳工界活动日趋活跃。[③]

4月4日　汉俊以“汉俊”本名于《星期评论》第44号上发表《我的“考试毕业”观》长文，约8500字，共10个部分。汉俊在文中不仅回顾了自己留学日本期间的若干往事，并且运用唯物史观观点，初步分析了教育的本质，指出教育属于上层建筑的一部分，在阶级社会里被用作阶级斗争的工具，成了“私有品的制造所”。汉俊认为，要彻底解决教育问题，必须从根本上改变社会政治制度，唯此方能使“有产阶级私有底学校为社会公有底学校”，打破为培养“掠夺阶级”服务的走狗，“改为教人发展本能底学校”。

汉俊在文中写道:“自从私有财产制度发生之后，社会就截然分成掠夺与被掠夺底两大阶级。这两个阶级底内容，虽随社会状态底变迁而变迁，但掠夺阶级中所包含底部分阶级，大要不外不劳而食底阶级，资本家阶级，及帮助资本家掠夺底治者阶级与所谓知识阶级底一部分（资本家底

---

① 《薛文淑对李汉俊的点滴回忆》，见中共“一大”会址纪念馆、上海革命历史博物馆筹备处编:《上海革命史资料与研究》（第3辑），上海古籍出版社2003年版，第578页。

② ［日］石川祯浩:《中国共产党成立史》，中国社会科学出版社2006年版，第77页。

③ 王光远:《陈独秀年谱》，重庆出版社1987年版，第85页。

佣雇员及坐受资本家底供养而生活者）数种。……不劳而食底人想入资本家阶级，资本家想为有力底资本家，及其他想为治者，为佣雇员，及为坐受供养者，都是要有相当底所谓知识。（适合掠夺底知识，就是现在一般人所说底知识。）所以知识，就成了掠夺阶级底必需品。不劳而食者，资本家，固然不必都要有所谓知识，但他们如果不能进而为资本家或为有力底资本家，他们终必有被排斥于掠夺阶级之外底一天。所以他们为保持自己底地位，也非有所谓知识不可。至于没有父母底遗产底人，要想入这个掠夺阶级呢，就只有得到相当的知识底一途。而这个所谓相当底知识，又还须得掠夺阶级底认可，才能通用。（不劳而食者及资本家，是只要有所谓知识底实质，不必要得那一个底认可底。）不然，就是有充分底知识，也是不行。就是能够通用，也要费许多很困难底周折。于是就不能不有一种认可底手段。（这个手段是有认可权底掠夺阶级定底，是请求掠夺阶级认可者所不能不服从底。）这个手段就是科举时代底科举制，及现在学校底考试与毕业制度。经这个手段得了认可底知识，才谓之‘知识’。经这个手段得了认可底人，才谓之‘知识阶级’，才有入掠夺阶级底资格。所以科举制度或考试与毕业制度，一样都是分别人有无入掠夺阶级资格底一种手段，又是阶级制度之下必须要底一种手段。”

4月11日 《星期评论》在全国首次译登苏俄《加拉罕宣言》全文，引起国人震动。该刊评论：“我们在悲哀惨酷境遇里面的中国国民，对于这一个通告应该十分感谢，应该要为全世界一切被侵略被压迫的民族感谢。更应该要觉悟，要从几千年弱肉强食的历史遗传性上觉悟转来，做一个为世界被掠夺者的自由而战的自由人民。”① 可见，苏俄对华友好的态度，也激发了中国进步知识分子的爱国心理。了解俄国崭新的社会制度与革命理论、走十月革命的道路，逐渐成为汉俊等中国先进知识分子的强烈

① 戴季陶：《俄国劳农政府通告的真义》，《星期评论》第45号，1920年4月11日。

愿望。

4 月 18 日　汉俊依据李泽洛维奇提供的原始材料，以“汉俊”本名于《星期评论》第 46 号上刊登了《强盗阶级（The Robber Caste）——萧伯纳赞美波尔色维克》译文，在呼唤“以俄为师”的过程中，初步流露出无产阶级专政的思想。汉俊认为，“德谟克拉西、托拉列维（允许人们有行动、判断自由），都是社会主义者所奉为理想的。但为实现这个理想，与恶势力争斗，就不能不有违反这个理想的行为。像俄国波尔色维克这回革命，就不能不芟除反波尔色维克的克伦斯基……这是为达目的的手段，是正当的”。也就是说，当无产阶级取得政权后，必须用“铁的手腕”镇压反动阶级的抵抗。不如此，不足以废除社会之不公、分配之流弊，使财富为劳动者共有，“去掉地球上一切贫困和苦痛”。以上论述中所蕴含的无产阶级专政思想，反映出汉俊对于马克思主义特别是科学社会主义的理解已达到一定水平，在当时具有十分深远的意义。

4 月 22 日　与汉俊来往密切的苏俄密使波塔波夫离沪。同日，英国谍报部门在报告中对汉俊主持之《星期评论》进行了介绍。

英国谍报部门档案中记载：“杰克·李泽洛维奇（参见 4 月 8 日‘情报摘要’）……据说目前正特别忙于与中国的激进报刊《星期时报》（*Sunday Times*）联系。……《星期评论》应为‘*Sunday Review*’，而不是 4 月 22 日‘情报摘要’中的‘Times’，是在法租界出版的每期四大张的白话文周报。它主要刊载外国社会主义者著作的译文。……正在翻译的文章有《夺取面包》和萧伯纳最近对布尔什维主义表示好感的言论；同时，还刊载摘译自《纽约呼声报》（*The New York Call*）、《先驱报》（*The Herald*）以及其他社会主义报刊上的译文。这些报刊是李泽洛维奇提供的。”①

① 李丹阳：《英国档案中与李汉俊有关的记载》，见中共“一大”会址纪念馆、上海革命历史博物馆筹备处编：《上海革命史资料与研究》（第 8 辑），上海古籍出版社 2008 年版，第 635 页。

是月下旬 俄共（布）远东局代表维经斯基一行秘密抵达上海，方一抵沪便立即与《星期评论》社取得联络。在白尔路三益里 17 号的编辑部内，维氏接触到了汉俊等当时中国舆论界的多位领军人物。在其间举行的多次会谈中，维经斯基并未具体谈到马克思主义学理的相关问题，但在详细介绍苏俄革命经验的基础上，反复提到在中国成立共产党组织的可能性。经过维经斯基的多番讲述，“一些当时的马列主义者，更加明白了苏俄和俄共的情况，得到了一致的结论，‘走俄国人的路’”[①]，但在建党问题上，中国知识分子内部仍是杂音不断。俞秀松在 1930 年初撰写的自传中曾提到，“1920 年春，我们曾想成立中国共产党。但在第一次会议上我们之间未达成一致意见。这第一次努力未能成功”[②]。

是月 陈望道受《星期评论》社请托，返回老家义乌翻译《共产党宣言》。回沪后，译稿交由汉俊、独秀校对，预备出版。后因《星期评论》受政府打压被迫停刊，陈译版宣言遂改由维经斯基资助，通过“又新印刷所”以“社会主义小丛书第一种”的名义刊行于世，是为中国首部《共产党宣言》中文全译本。

5 月 1 日 《星期评论》与《新青年》同时推出“劳动节纪念专号”，并在头版共同刊登了李大钊的《“五一”MayDay 运动史》一文。孙中山亲笔为《新青年》专号题写了“天下为公”四字。汉俊以“汉俊”本名于《星期评论》“劳动纪念号”上发表《强盗阶级底成立》长文，详细介绍了剩余价值产生的过程。

首先，汉俊从“商品”这一最简单的核心概念出发，指出“商品是人能够作为衣食住底资材的东西”。它不同于物品，“物品是人以造出衣食住

---

① 李达：《中国共产党的发起和第一次、第二次代表大会经过的回忆》，见中国社会科学院现代史研究室编：《“一大”前后：中国共产党第一次代表大会前后资料选编》（二），人民出版社 1980 年版，第 7 页。

② 中共浙江省委党史研究室编：《俞秀松纪念文集》，当代中国出版社 1999 年版，第 231 页。

资料底目的，将劳力用到自然物上得来的东西。所以物品是物质与劳力底结合体。物质是属于自然的，是不发生经济上的价值的”。二者虽然都有使用价值，但存在质的差异。商品拥有交换价值，“不是对于物质的价值，是对于物质量的价值。不是对于物质与劳力相合的价值，完全是对于劳力自身的价值。物质的质是绝对的，所以使用价值是绝对的，物质的量是相对的，所以交换价值是相对的，因为是绝对的，所以能使用，因为是相对的，所以能交换”。也就是说，商品同时具有使用价值与交换价值这两重属性。由于价值来源于人类的劳动，因而在使用价值层面上，商品具有的价值特性是绝对的。与此同时，交换价值又因劳动产品的交换而体现出来，作为相对于另一价值物的表现形式，具有相对性。汉俊关于商品价值二重性的论述，科学阐明了劳动在价值形成中的关键作用，揭破了资本家与工人共同创造财富的谬论。“无论哪一种自然物，劳力加得越多，价值就越增加。这些增加底价值，完全是对于劳力一方面而言的”。换言之，商品的产生与人的劳动休戚相关，它们无一不是“劳力”创造的结果。任何商品的价值，都来自其所耗费的社会必要劳动。

汉俊指出，商品的交换实际上是“商品堆积而成底社会里面人与人底关系和人与物底关系”的体现。随着“财富底商品化”愈益普遍，商品交换过程中逐渐出现两种不同的流通形式，即作为商品流通媒介的货币的流通以及作为资本的货币的流通。从表面上看，这两种流通形式都是买、卖两个阶段的统一，且在流通的每一阶段，都存在商品与货币的对立。但实质上，前者流通的两极都是商品，其价值量相等但使用价值不同，流通的内容则是不同使用价值之间的交换。后者流通的两极都是货币，即投资者最初付予的是货币，最后收获的还是货币，这两笔钱尽管在质上完全相同，然而在流通的终点，货币出现了价值量的增值。“他们出钱去买来一种货色，这个货色一进了资本家底工场，便自自然然地长大起来，长一倍，长两倍，无限量长大下去，于是乎，资本家卖出这个货色底时候，就可以照他长大底价值卖出去，买进来底货是小的，卖出去的货是大的。”

汉俊特别强调，按照商品等价交换的原则，资本流通的过程中本来是不可能出现价值的自我增值的。但由于“劳动者底‘劳动力’”是一个“可以自己长大底商品”，它在被消费的过程中，亦即劳动者为资本家进行生产劳动时，“不仅能补偿工人所消费的东西，并且还使积累起来的劳动具有比以前更大的价值”。汉俊指出，这就是资本家剥削工人的秘密所在。“资本家榨取剩余价值来做什么？来养资本家……没有劳动者，剩余价值是无从出的，所以资本家管理劳动者，到底是要劳动者的生产能力进步。”换言之，资本家之所以购买劳动力，原因就在于劳动力商品特殊的使用价值。

在此基础上，汉俊进一步揭露了资本家攫取剩余价值最常用的方法，即延长工人的劳动时间。“这个商品怎样长大起来呢？就是作工时间内所造底价值，超过所得工银底价值。”劳动者之所以甘心接受资本家苛刻的工时要求，原因就在于他们丧失了全部的生产资料以及生活资料，除了出卖劳动力外，别无他途。“工银问题和工作时间问题是相连带的，是拆不开的。倘若工银不能加多，工人的生活不能改良，时间问题是不能单独解决。资本家所以能压制劳动者，强迫劳动者多作工，他们全靠工银来作武器，使工人不作多时间的工，就不能得到可以维持最低生活的工银。”可见，剩余价值的产生是建立在劳动阶级的悲苦境遇和无偿付出之上的。汉俊希望劳动者在看清自身受到剥削的实质后，能够团结起来开展反抗，改变“盗取全社会财产、享用全社会财产”的资本家阶级的统治。

同日 汉俊以“汉俊”本名于《星期评论》“劳动纪念号”上发表了他译的 E. Maharam 的小说《人力车夫》以及李泽洛维奇的短论《五一》。在译文之前，汉俊特意撰写了一段引言，其中写道：“现在全世界都在病中。和平会议早就了结了，但是和平在哪里？……我们都晓得中国底山东为人家无耻的夺去了，韩国底独立还在五里梦中。我们也不必多说，总之人人都晓得‘世界病状’这个状态。劳动者阶级说：‘我们能够改良这个状态，我们要来改良这个状态’。”

同日晚 汉俊出席李泽洛维奇在上海举办的布尔什维克代表餐会，并讨论革命相关问题。这次聚会的情况为英国谍报部门侦之。

英国谍报部门档案有记：“上个月的当地局势，一直非常平静。让人特别担心的是，五月一日‘劳动节’会出什么事，因为据悉在这一天有人试图要举行示威。但由于中国政府和租界当局采取了强硬姿态，五月一日没有发生任何严重事件，顺利地度过了。此日，几家中国报刊出了专号，特别是与李泽洛维奇有联系的《星期评论》（参见4月29日‘情报摘要’）出版20页之多的纪念专号，颂扬工人阶级，报道争取八小时工作日的鼓动，并讨论在中国实行最低工资问题。……李泽洛维奇组织的餐会于当晚举行，出席者有李人杰（参见4月8日‘情报摘要’）、兰顿（Lunden）和其他几位布尔什维主义的同情者。……席间，大家为苏维埃俄国的兴盛而举杯庆贺，随后讨论了苏维埃诸问题，但没有发生什么值得注意的事。”①

5月16日 汉俊以“汉俊”本名于《星期评论》第50号上发表《浑朴的社会主义者底特别的劳动运动意见》长文，与张东荪进行了理据翔实的论争。是年5月7日始，张氏连续发表《为促进工界自觉者进一言》等多篇时评，大力宣扬其“稳健的社会主义”学说，同时对《星期评论》社关于“非用阶级战争的手段来改革社会制度不可”的说法进行了激烈批评，提出“社会主义是浑朴的趋向”的观点。针对张氏对于马克思主义的攻讦，汉俊专门撰写了长文《浑朴的社会主义者底特别的劳动运动意见》，对张东荪假社会主义之名而行改良之实的基尔特社会主义倾向展开逐一批判。这不仅打响了五四文化界反对基尔特社会主义的第一枪，同时揭开了中国

---

① 李丹阳：《英国档案中与李汉俊有关的记载》，见中共“一大”会址纪念馆、上海革命历史博物馆筹备处编：《上海革命史资料与研究》（第8辑），上海古籍出版社2008年版，第637页。

社会主义论战的序幕。

汉俊指出，社会主义作为一个明确的主义，“一定有一个内容，断没有只有趋向而无内容的可以说是主义”。尽管戴季陶也曾一度将社会主义视作“世界的时代精神”，但“这不过是因其内容复杂，不能像别的主义下严格的定义罢了，不是说他无内容的”。汉俊表示，“这个内容是各民族、各依各底历史的精神、现在的境遇，在世界的时代精神笼罩下面，造成的各民族特有的理想的世界。这个理想的世界，或为集产主义、或为共产主义、或为无政府主义、或为珊地加利主义、或为 T.W.W. 主义、或为波尔色维主义、或为工行社会主义……虽是分成许多种类，但都是有一定的内容的，决不仅只一个趋向”。对于张氏认为社会主义只是“一种特别的境象”，汉俊讽刺其是“莫明其妙”，认为这种空洞无物的社会主义观点就如同一位盲人，“手里棍子也没有拿一根，只朝着一个方向，也不晓得前面有路无路、是山是水，只向前面走的一样……什样走法是不管的，是不晓得的；达到什样境象也是不管的，也是不晓得的。这只好说他是走投无路的社会主义，走投无路的社会主义者”。

针对张东荪的“劳资互助”论，汉俊指出，所谓“浑朴的社会主义”并不是真正的社会主义，其实质是披着“社会主义底外衣”的基尔特社会主义。他以剩余价值理论为指导，分析了工人与资本家的对立形势，认为“劳动是商品，卖的是劳动者，买的是资本家”，这种特殊的买卖关系，决定了双方之间断无互助可能。汉俊强调，“资本家阶级与劳动者阶级原来是立在利害相反的地位，工人底利益一定是资本家底不利益……工人行这个方法的原因，与工人有没有阶级觉悟、有没有团结组织一点关系都没有，完全是工人迫于不得已的行为，是政府、资本家无理压迫的结果”。他批评张东荪完全未能站在劳动者“被掠夺”的地位考量，一面提倡所谓“工人道德”，另一面却放任资本家无道德地压榨工人，这无异是在宣扬一种“社会一班底不合理的观念”。至于张东荪在谈到革命条件时提出“现在还没有到相当的时机”，汉俊表示无法认同。他认为，“先进各国工界底觉悟，本来有许多都是因为工人底境遇苦到极点才发生的。但他们为达到这个时机，不知受了多少的痛苦”。所谓“时机未到”之说，“恐怕是他不胜忧虑之极而发的”。

针对汉俊的批判，张东荪5月17日于《时事新报》上刊登《答汉俊君》一文，试图为自己的观点做辩护。张氏在文中称：“要晓得我们反对资本主义乃是新国际运动……所以要明白打倒本国的资本家，未必即同时推翻外国资本家。我们既热心于这种新国际运动，固然决不能因为爱护本国资本家，而对于所主持的新国际运动加以制限。然而，也决不可做那不与新国际运动生影响的事情。总之，我不以浅薄的工人苦痛说为立脚点，而以新国际运动的全球改造为出发点……社会主义究竟是不是浑朴的趋向，这个问题似乎不必再讨论了。”

5月19日　汉俊受邀赴老垃圾桥慎余南里文生氏高等英文学校作演讲，报告题目为《强盗阶级和道德》。据前日《民国日报》启事记载：“老垃圾桥慎余南里文生氏英文学校，本月十九日（星期三）下午三时半，请汉俊演讲。讲题是‘强盗阶级和道德’。无论何人，均可自由去听。闻下星期请戴季陶演讲云。”

5月21日　汉俊以“汉俊”本名于《民国日报》副刊《觉悟》上发表《社会主义与自由批评》一文，回应陶乐勤对其与张东荪论争的调停。汉俊重申，他与张氏的论争完全是学理路线上的分歧，绝非出于个人恩怨，“完全是对于问题的研究和批评，不是人与人的争执”。汉俊认为，这种论争非但无害，反而更能激发中国人对于社会主义道路的探求，“要这样，真理才能阐明”。

5月22日　汉俊以“汉俊”本名于《民国日报》副刊《觉悟》上发表《究竟谁是谁非?》一文，以对话形式对“劳工神圣”问题进行了述评。

汉俊在文中用对话的形式写道：“工人说：‘劳工神圣，我作不作工，是我的自由，不受别人底束缚。’资本家及为资本家底拥护者说：‘劳工神圣，要作工才神圣，不作工就不神圣。’工人说：‘我苦死了，我并不想死后入天堂，只要死前少作几点钟的工，安易吃点饭。’资本家及为资本家底拥护者说：‘你们尽管作工，你们死后是可以入天堂的。’工人说：‘劳工神圣，你们资本家，你们知识阶级，为什么不来作工？’资本家及为资本家底拥护者说：‘你们要神圣，当然要作工；我们不要神圣，只要有钱赚，就不要作工。’工人说：‘劳动者可以入天堂，你们资本家，你们知识阶级，何以不作工？’资本家及为资本家底辩护者说：‘你们要入天堂，当然要作工；我们不要入天堂，只要赚钱，所以不必作工。’这些话，究竟谁是谁非？”

5月23日 针对是月17日张东荪在《时事新报》上作出的回应和反击，汉俊以“汉俊”本名于《星期评论》第51号上开始连载《劳动者与“国际运动”》长文，共分三期，至该刊第53号载毕。通过对国际共产主义运动史的回顾，汉俊明确指出张氏文章中提到的“国际运动”，同他所谓的“浑朴的社会主义”学说一样，都是“含糊不清”“模棱两可”的。他反问张东荪，“难道说东荪君只赞成国际运动，而不主张阶级斗争么？我看社会史上，主张阶级斗争而不主张国际运动的人倒有，至于主张国际运动而不主张阶级斗争的人，那就没有了”。对于张氏抨击《星期评论》曾公开刊登并宣传孙中山的《建国方略》，质疑其主张“不是社会主义”，汉俊代表该刊同人作出了正面回应，称“我并没有说《星期评论》是社会主义，我只说无内容而只有一个浑朴的趋向与不能详知的一个特别的境象的，不能称为‘主义’。我看《星期评论》是不是社会主义与是什么社会主义，与我那篇文章没有什么关系，请不要拉杂别的”。至于张氏批评《星期评论》宣扬的政策方针既不得宜也不坚定，汉俊则强调，政策与主义本身是两个不同的范畴。主义是“一贯的”，政策是“随时的”，“去年立的政策，到了现在环境变了，或许立的人自身已曾觉不满足的，我也无须为《星期评论》辩护”。

5月30日 汉俊以“汉俊”本名于《民国日报》副刊《觉悟》上发表《自由批评与社会问题》长文，再度回应陶乐勤的调停，并介绍社会主义基本原理及各种关于社会主义的定义，又一次批判了张东荪的基尔特社会主义观点。他在文中指出，“在一般社会上取平等主义，在产业上使产业机关为社会共有，使分配平等，这就是所谓社会主义底最低限度的‘基本原理’……凡是所有的社会主义，都是由主张的人，或团体或民族，以这个‘基本原理’为起点，各依各底环境，各依各底理论底方法，而造成更具体的理论或统系。这个更具体的理论或统系，就是一种特殊社会主义底‘基本原理’”。在此基础上，汉俊主张“由纯粹分子组成一个虽小而纯的团体”，显示出建立独立的无产阶级政党的思想萌芽。

是月 汉俊以“汉俊”本名在《建设》杂志翻译了罗丽亚之《道德底经济的基础》，从该刊第二卷四号开始连载，至第二卷五号载毕。汉俊在文中揭示了唯物史观视野下资本主义社会道德的本质：“资本的道德，由种种规定而成，其规定有为资本家背反其直接利益而自课的，与为资本家背反劳动者底真实利益而课人的，都是在保障资本的社会底存续上成了功的。但单纯底诱以道德，虽能够抑制一部分底人民，使他们守禁，但仅用这样微弱的检束，还是不免有人继续其反抗态度的。对于这些继续其反抗态度的人，就有另取更加强硬的手段的必要。在这个场合，对于危害财产安全的行为所课的刑罚，只能使人为漠然的想象，还是不够，还须更进一步，表示一个实在的力量。于是到了道德在资本的结合底必要上，不能于规定的范围内，拘束人底行为底时代，更强硬而且确实的法律，就要来干预了。”

是月 陈独秀偕汉俊、陈望道、施存统等《星期评论》社诸人在上海发起“马克思主义研究会”，是为上海共产党早期组织的前身。研究会属秘密组织，既没有严格的入会手续，亦缺少成文的社团纲领。据施存统1922年在日本受审时的口供显示，上海“马克思主义研究会”是由“陈独秀、俞秀松、吴明（陈公培）、李人杰（汉俊）、沈定一（玄庐）、王仲甫及余等七人于大正九年(即 1920 年)5 月成立……以宣传主义为目的”①。研究会成立以后，汉俊等人开展了一系列颇具成效的实践活动。陈望道曾回忆说：“马克思主义研究会进行了下列几项工作：1. 办了一个平民女校：那时一些觉悟的女子，为反对三从四德，为她们的家庭、学校赶出来，我们办女校接收她们。丁玲就是这个学校的学生。2. 办了三个工会：印刷工会、邮电工会和纺织工会。3. 办了一个青年学校，当时叫 S.Y.（即社会主义青年团）。4. 宣传工作方面：一九二一年元旦，我们曾经用贺年片，在正面写上‘恭贺新禧’四个字，背后印上宣传共产主义的口号（抄自《共产党宣言》)，到处分发。《新青年》自第八卷起，改为党的机关报。”

6 月 6 日　汉俊等《星期评论》社同人于该刊第 53 号上宣布刊物停办。在停刊声明中，汉俊等人表示《星期评论》被迫停办除因自身“知识缺乏”以外，与北京政府的阻挠打压不无关联。他们预告，刊物停办后将继续从事社会主义著作的研究和出版工作。

《星期评论》社同人停刊声明中写道：“近两个月以来，由官僚武人政客资本家等掠夺阶级组织而成的政府，对于我们《星期评论》，因为没有公然用强力来禁止的能力，于是用秘密干涉的手段，一方面截留各处寄给本社的书报、信件，一方面没收由本社寄往各处的本志，自四十七期以后，已寄出的被没收，未寄出的不能寄出。我们辛辛苦苦作成，印字排字工人辛辛苦苦印成的《星期评论》，像山一样的堆在社里，各处爱阅的诸君，不但是接不着我们的报，并且连本社言论受无形禁止的情形，也还不晓得。真是痛心极了！本志出版的目的，是在把我们的研究和批评，传达于各处的爱阅诸君。现在我们的宣传，既然受了这样大的打击，我们努力的效力，除上海一个地方以外，便失了效力。……我们在本志中止刊行以

① 《施存統の供述》，见［日］石川祯浩：《中国共产党成立史》，东京岩波书店 2001 年版，第 486 页。

后，预定的计划是：（一）研究基本学术，准备在近之将来，出版宣传社会主义的定期刊行品。（二）刊行有研究价值的关于社会主义的书籍。（三）平时研究所得，随时刊行不定期的小册子。”

1928年沈玄庐遇害后，“沈定一先生雪憾治丧委员会”（《星期评论》社原成员组成）在公告中也曾回溯了《星期评论》停刊时的情况：“这《星期评论》，足足出了一年，共计五十三期。当时风行一时，最后每期销到三万多份，是各种新思想刊物中最有力的一种。但是到了一千九百二十年六月六日以后，因为特种原因，不得不停刊了。”①

陈望道后来也曾回忆：“我到《星期评论》社，在三楼阳台上见到他们。戴同我见面就大哭，说舍不得离开这个刊物。除李汉俊、沈玄庐外，沈雁冰、李达也在场。第二天，开会决定《星期评论》停办。”②

6月7日　汉俊等《星期评论》社同人于停刊翌日在《民国日报》刊登出版启事，预告汉俊翻译之《社会底经济的基础》《社会主义运动史》将分别于是年10月及翌年4月出版。启事中记载：“我们同人，在这一年中，作了多少研究，对于中国人知识上的要求，也供给了若干资料。近来觉得片断的批评，对于今后思想界没有多大的贡献。所以决定把现在定期刊行的事业，暂行中止，一面静心从事于系统的研究，一面把一年来的旧稿，努力增削，同时致力于翻译和著述。”③

6月17日　戴季陶离开上海，“回湖州养病去了”④，至8月回沪，并与汉俊合作翻译《马格斯资本论入门》。

6月19日　曾与汉俊在《星期评论》社共事的施存统乘船离开上海，

---

① 沈定一先生雪憾治丧委员会：《沈定一先生被难哀启》，1928年。

② 宁树藩、丁淦林：《关于上海马克思主义研究会活动的回忆——陈望道同志生前谈话记录》，《复旦大学学报》（社会科学版）1980年第3期。

③ 本社同人：《“社会经济丛书”出版预告》，《民国日报》1920年6月7日。

④ 力子：《送季陶》，《民国日报》1920年6月16日。

赴日本留学。[①] 此后与汉俊保持书信联系，并受其请托购买其时尚未公开出版的由卖文社刊行的《空想的及科学的社会主义》一书。[②]

6月24日 汉俊以"汉俊"本名在《民国日报》副刊《觉悟》上发表《主张者底态度应当如此》，强调从事社会改造运动的人，其主张必须坚定。他在文中写道："我们底主张及我们底讲话，既然是向社会负责任的，有人来疑难辩驳了，我们就应当对于我们这个责任，尽我们知识底力量，来答辩解释或认错，万不应该狡辩，亦不应该说'我底知识浅，不配来讲话'，更不应该说'只博了我一笑'，或'认为无讨论的必要'，以求躲闪。如果是狡辩呢，那就是不能虚心，便不配与人研究问题。如果是躲闪呢，那就是不负责任，便失了自己底人格。至于躲闪了之后，又来到处借题点缀呢，那更是村姬底态度，不是有人格者底态度了。"

6月26日 汉俊与在沪布尔什维克有直接联系，并预言共产主义运动将大有发展。此一动态为英国谍报部门侦之。[③]

是月 汉俊与陈独秀、俞秀松、施存统、陈公培五人在上海环龙路渔阳里陈独秀寓所开会，正式成立"社会共产党"，是为上海共产党早期组织[④]。五位发起人中，除二陈外，其余三人均来自《星期评论》社。该刊主编戴季陶因孙中山强烈反对，未加入。后该刊核心撰稿人沈玄庐、陈望道、俞秀松、施存统、周佛海以及与《星期评论》社有密切联系的邵力子等人都相继加入中国共产党。

关于"社会共产党"成立时的相关情况，五位发起人中除陈独秀未留有直接材料外，其余四位皆有述及。

---

① 施存统：《回头看二十二年来的我（十七）》，《民国日报》副刊《觉悟》1920年9月24日。

② 《施存統の供述》，见［日］石川祯浩：《中国共产党成立史》，东京岩波书店2001年版，第487页。

③ 李丹阳：《英国档案中与李汉俊有关的记载》，见中共"一大"会址纪念馆、上海革命历史博物馆筹备处编：《上海革命史资料与研究》（第8辑），上海古籍出版社2008年版，第638页。

④ 也有部分学者将6月成立的"社会共产党"视为上海共产党早期组织的前身。

汉俊曾在1921年与董必武合写的《中国共产党第一次代表大会》中有过明确记述："中国的共产主义组织是从去年年中成立的。起初，在上海该组织一共只有五个人。领导人是享有威望的《新青年》的主编陈同志。"

施存统在20世纪50年代曾回忆说："1920年6月间，陈独秀、李汉俊、沈仲九、刘大白、陈公培、施存统、俞秀松，还有一个女的（名字已忘），在陈独秀家里集会，沈玄庐拉戴季陶去，戴到时声明不参加共产党，大家不欢而散，没有开成会。第二次，陈独秀、俞秀松、李汉俊、施存统、陈公培五人，开会筹备成立共产党，选举陈独秀为书记。并由上述五人起草党纲。不久，我和陈公培出国……我于1920年6月20日去东京。"①1957年他在关于社会主义青年团的一段回忆中也提到："1920年6月底，陈独秀、陈公培、俞秀松、李汉俊和我五个人，在上海建立了革命组织，拟出十余条纲领，定名为'共产党'。"②

陈公培曾提到："在陈独秀家里又座谈过一次，共有十几个人参加。除陈独秀外，有沈玄庐、刘大白、戴季陶、沈仲九、李汉俊、施存统、俞秀松，还有一个女的和我。戴季陶最投机，两边挂着哭哭啼啼。这次会议是1920年夏举行的，作为组织共产党的准备，搞了五六条章程，很简单……当晚，施存统去日本（不是会上决定他去的，而是因肺病到日本去疗养），由李汉俊、戴季陶把施介绍给宫崎寅藏的儿子宫崎龙介。"③另一说："这年（1920年）的六七月里，我们就在陈独秀家里开了一次会，有沈定一、戴季陶、李汉俊、刘大白、沈仲九、陈独秀、俞秀松、施复亮、

① 施复亮：《中国共产党成立时期的几个问题》，见刘朋编：《中共党史口述实录》（第一卷），中国古籍出版社2010年版，第42页。

② 施复亮：《中国共产主义青年团成立前后的一些情况》，见中国社会科学院现代史研究室编：《"一大"前后：中国共产党第一次代表大会前后资料选编》（二），人民出版社1980年版，第71页。

③ 陈公培：《回忆党的发起组和赴法勤工俭学等情况》，见中共中央党史资料征集委员会编：《共产主义小组》（下册），中共党史资料出版社1987年版，第953页。

陈公培共9个人参加。会上研究了戴季陶执笔写的一个有八条还不知十条组成的共产党章程，但沈仲九和沈定一同一个女的在搞三角恋爱，沈仲九就跑掉了，没有继续参加下去。刘大白坐着不发言，戴季陶哭哭泣泣，认为共产党不大好，要退出，所以会后戴季陶就回湖州去了。施存统当夜也离开上海到日本去。当时沈定一则没有退却，还是热心的。陈独秀在这种情况下，曾经讲过，那（哪）怕是两个人我们也要干。”①

1991年由俞秀松遗孀安志洁女士捐赠给中共一大会址纪念馆的《俞秀松日记》中，虽未直接提及上海共产党早期组织的成立过程，但清晰记述了俞秀松曾在1920年7月前与其他人组织过一个“社会共产党”②。

另外，由《星期评论》社原成员组成的“沈定一先生雪憾治丧委员会”在1928年发布的讣告中也提到：“停刊以后，社中同人大多数都感觉到此后需要着一种主义的结合；恰好陈独秀因为《每周评论》被封，从北京出来，也住在上海。于是由陈独秀邀集先生（沈玄庐）和李汉俊等，发起一个名称未定的社会主义的团体，这就是后来中国共产党结党的雏形。”③

7月2日 维经斯基于上海霞飞路新渔阳里6号设立中俄通讯社（华俄通讯社）。是日，《民国日报》刊登该社稿件《远东俄国合作社情形》，是为上海报纸首次采用该社来稿。据统计，从创社至翌年7月，上海各报刊发表该社报道140余件。④

7月17日 英国谍报部门对李泽洛维奇及其与汉俊等人在5月的聚会活动进行了侦查。其档案有记：“李泽洛维奇……最近邀请一些布尔什

① 《陈公培的回忆》，见中共萧山市委党史研究室编：《沈玄庐其人》，成都科技大学出版社1994年版，第71页。

② 《俞秀松烈士日记（1920年6月—7月）》，上海革命历史博物馆（筹）编：《上海革命史资料与研究》，开明出版社1992年版。

③ 沈定一先生雪憾治丧委员会：《沈定一先生被难哀启》，1928年。

④ 陈绍康：《S.Y.之家——上海外国语学社始末》，见《陈绍康中共党史研究文集》，上海古籍出版社2007年版，第187页。

维克代表和布尔什维克同情者聚餐，席间，大家为苏维埃俄国的兴盛而干杯，并讨论了布尔什维主义。”①

7月19日　汉俊偕陈独秀、周佛海、俞秀松等出席在上海召开的“中国积极分子”大会，赞成在中国组建无产阶级政党，为中国共产党的正式诞生埋下了伏笔。

8月15日　上海共产党早期组织创办《劳动界》周刊，汉俊任主编。是日，汉俊于该刊创刊号发表发刊词《为什么要印这个报?》，其中写道：“为什么要印这个报？因为工人在世界上是最苦的。无论是热天，无论是冷天，天还没有亮就爬起来，上的上工场里去，到的到田里去，做的做事情去。天黑了，大家都睡了觉的时候，方才能够休息。天天顶少也要做上十五六点钟的工，睡觉顶多也不过五六个钟头。他们就是这样苦，这样做得多。他们还是住的没有得好的住，吃的没有得好的吃，穿的没有得好的穿。设若一旦害了病，一天不做工，第二天就要饿起来了。弄得不好，房东还要来赶他们出去。衣服被卧也要当干净。没有小孩子的人，自己还可以做叫花子去，免得饿死冻死。如果有小孩子，喊的喊饿，叫的叫冷，哭的哭，号的号，那就只好看着他们饿死冻死了。我们再看那做东家，有钱的人，一天到黑一点事情也不做，天天睡到多时候了才起来。起来了之后，不是叉麻雀，就是谈天。不是跑马车，就是坐汽车。不是逛窑子，就是抱小老婆。不是逛大世界，就是逛戏园子。他们虽然这样一天到黑一点事不做，他们反有大房子住，好东西吃，好衣服穿，有马车坐，有汽车坐，有小老婆抱，有大世界逛，有戏看。工人同他们这些不作事的东家、有钱的人比起来，已经是苦得不好说了。又还要无热无冷的一天做到黑，那自然是更要苦了。所以工人在世界上是最苦的。工人在世界上已经是最

① 李丹阳：《英国档案中与李汉俊有关的记载》，见中共“一大”会址纪念馆、上海革命历史博物馆筹备处编:《上海革命史资料与研究》(第8辑)，上海古籍出版社2008年版，第637页。

苦的，而我们中国的工人比外国的工人还要苦。这是甚么道理呢？就因为外国工人略微晓得他们应该晓得的事情，我们中国工人不晓得他们应该晓得的事情。我们印这个报，就是要教我们中国工人晓得他们应该晓得他们的事情。我们中国工人晓得他们应该晓得他们的事情了，或者将来要苦得比现在好一点。”

8月17日　汉俊与陈独秀在《民国日报》上联合刊登启事《〈劳动界〉出版告白》，其中写道：“同人发起这个周报。宗旨在改良劳动阶级的境遇。第一册已经出版。在法大马路大自鸣钟对面新青年社发卖。希望劳动界诸君对于投稿及推销两事，大家出力帮忙。好叫本报成一个中国劳动阶级有力的言论机关。发起人李汉俊陈独秀启事。”

同日　维经斯基向俄共（布）中央西伯利亚局报告上海成立革命局，并表示革命局成员“李同志”（即汉俊）已收到沃兹涅先斯基电报，并按要求给莫斯科邮寄他办的各期《中国社会主义报》（即《星期评论》）。①

8月22日　汉俊与陈独秀、俞秀松等在新渔阳里6号发起中国社会主义青年团。翌年7月，俞秀松作为代表赴莫斯科向青年共产国际进行了团组织工作的汇报，其中写道：“第一个青年团是在上海成立的，它的目标是，在青年热情的帮助下来准备社会革命。最初，这个青年团被称为青年社会革命党。只是在第九次会议后，它才采用现在的名称。在这次会议上，当建议改变此组织的名称时，那些原本是无政府主义者的成员离开了这个组织。1920年8月22日，社会主义青年团正式举行成立典礼，其成员均为共产主义者（共产党员）。”②

---

① 《维经斯基给俄共（布）中央西伯利亚局东方民族处的信》，见中共中央党史研究室第一研究部编：《联共（布）、共产国际与中国国民革命运动（1920—1925）》，北京图书馆出版社1997年版，第31页。

② 俞秀松：《中国代表团在青年共产国际第二次代表大会上的报告》，见共青团中央办公厅编：《中国青年运动历史资料》（第1册），1981年版，第124页。

1933年出版的《陈独秀评论》中也曾提到："民八，陈独秀自北大教育长被逐抵沪……时陈住渔阳里二号（即现铭德里），寓柏文蔚处。经磋商再四，第一步，先收罗左倾及有革命性之青年，组织社会主义青年团。其时又以国内思潮汹涌，倡无政府者最多，反对孔孟及旧礼教者亦甚多，反对军者亦极努力，故由独秀与季陶等决定，约集施存统、沈玄庐、陈望道、李汉俊、金家凤、袁振英、俞秀松、叶天底等各个社会主义者，在戴宅密商组织办法。当时以法界当局对革命党之行动甚注意，上海流氓又时时索诈危害，乃由张继、柏文蔚二人之与法界有关系者出为相助，即以戴季陶住宅渔阳里六号（即现新铭德里）为团址，并办一外国语学校以避耳目。团务即由施存统、叶天底、俞秀松、袁振英、金家凤主持；事务由俞秀松主持；总务由杨明斋担任。"①

同日 汉俊以"汉俊"本名在《劳动界》第二册上发表《金钱和劳动》，运用马克思主义劳动价值理论分析了劳动力的价值。他在文中指出，"钱不是什么尊贵的东西，它不过是代表劳力的东西。它的尊贵用处，完全是劳力生出来的"，但是广大工人却一直"不晓得钱是代表劳力的东西，不晓得做了几多工就要几多钱，使做东家、有钱的人，把我们的劳力做出来的钱拿去了"。汉俊提醒工人，资本家的富足生活都是建立在剥削工人劳动力价值基础之上的。"如果我们工人农夫，个个都晓得钱是代表劳力的东西，个个都晓得做了几多工，就要几多钱，使做东家、有钱的人，不能够来把我们劳力做出来的钱拿去，来压制我们了，我们工人农夫就不会没有钱用，被人轻视了。这是我们工人农夫好好记着不要忘记的。"

是月 由陈望道翻译的《共产党宣言》经汉俊、陈独秀校对后，通过"又新印刷所"以"社会主义研究社"的名义正式出版。初版千余册，甫一问世，旋即一抢而空。该书由上海逐渐向各地传播，为当时思想文化界

---

① 陈东晓：《陈独秀评论》，1933年版，第66页。

提供了关于马克思主义科学原理的权威解释，培养了中国最初的一批马克思主义者。

是月 汉俊妻陈氏过世。汉俊长女李声馥曾回忆说："我的童年生活是不幸的，三四岁时，母亲就因过度的操劳去世了，父亲因此对我十分宠爱，虽然日常生活由祖母料理，但父亲对我的成长是十分关心的。一次，父亲不在家时，保姆按当时的乡俗替我裹脚、穿耳朵，父亲回来后得知此事，大发脾气，责备保姆不该让孩子受罪。但冷静下来后，却又向保姆道歉说：'我发脾气是错的，但给小孩子裹脚、穿耳朵是封建习俗，对小孩的发育有害，对她将来的生活也会有影响。'父亲是留学生出身且又通晓四国语言的知名学者，是很有地位的上层文化人士，但为了一件小事却能向一个保姆道歉，他这样平等待人，就当时社会来看，是多么难能可贵。由此可见，共产主义思想已深深根植在他的头脑之中。父亲衣着俭朴，除了因将劳动收入贡献给革命事业而致家庭经济拮据外，他还认为，穿戴随便一点，才能接近工农，便于传播革命火种。"①

是月 原《星期评论》社成员施存统、周佛海在日本东京发起"共产党日本小组"（亦称"东京小组"），施存统任小组负责人。

是月 汉俊致信友人董必武，邀其在武汉筹组党的组织。必武接函后，即与陈潭秋等商约建党。适刘伯垂返汉，遂与董必武、陈潭秋等共组湖北早期组织。董必武曾回忆，"1920年，李汉俊这个从日本归国的学生、我的马克思主义老师，计划在上海帮助建立中国共产党，并到武汉来同我商量。我决定参加，并负责筹组党的湖北支部的基础"②。

9月1日 《新青年》自第8卷1号开始成为上海共产党早期组织

---

① 张加恩：《李声馥老人访问记》，见中国人民政治协商会议武汉市洪山区委员会文史资料委员会编：《洪山文史》（第5辑），1993年版，第217页。

② 董必武：《创立中国共产党》，见胡水华等编：《中国共产党湖北早期组织》（下册），中共党史出版社2016年版，第621页。

的机关刊物。汉俊参加该刊编辑工作，并于同日以“汉俊”本名分别翻译了俄罗斯人民通信社所著之《俄罗斯同业组合运动》、Wilfred K. Humphries 之《我在新俄罗斯的生活》、Bebel 之《女子将来的地位》三篇文章，对苏俄情况进行了介绍。同日，陈独秀也在该刊发表了《谈政治》长文，第一次比较系统地论述了无产阶级革命以及无产阶级专政问题。①

9 月 10 日　汉俊以“先进”笔名于《民国日报》副刊《觉悟》上发表《批评历史的态度应该怎样》，提出历史研究应以客观事实为据，不应以阶级立场作为评断标准。汉俊指出，如果“研究历史的人，不去研究一件事所以发生的原因，不去研究他必然的关系，往往把自己阶级的感情，胡乱加进去，说他应该如何，何以不如何”，这种历史批评，“已经失了研究的态度”。因此，他认为知识分子对于俄国革命和德国革命的认知也应结合具体的国情来分析，“注意两个历史陈迹上遗留下来的必然趋向”，不应先入为主的加入阶级立场，否则“只是以个人好恶利害为基调的武断，离批评的精神太远了”。

同日　汉俊以“汉俊”本名于《东方杂志》第 18 卷 17 号上发表了他翻译的日本经济学家高桥龟吉之《英国煤矿罢工底缘由及其社会革命的意义》，对 1920 年 4 月英国煤矿工人罢工的始末进行了梳理。他在译文之前特意加写了一段引言：“英国这回的煤矿罢工问题，不单是矿工对矿主的局部问题，实在是英国全资本家对劳动者的运命问题；也就是全世界劳资底运命问题，资本主义对社会主义的运命问题——至少也是资本主义底死活问题。全世界底劳资，其所以各以相异的期待，重视这个罢工底经过，也就为此。”

9 月 21 日　曾与汉俊合作翻译马克思主义著作的友人朱执信被桂系军阀杀害于广东，引起知识界、革命界震动。

---

① 王光远：《陈独秀年谱》，重庆出版社 1987 年版，第 90—91 页。

9月26日 汉俊偕俞秀松、陈独秀于《劳动界》第7册刊登启事，邀请工商友谊会会员于是月29日开会，面商筹办《店员周刊》事宜。

汉俊等人在启事中写道："仲渊，慕痴，颜启烈，邱伯年，和工商友谊会诸先生：诸位来信都收到了，请于下星期三（即二十九号）午前九时，枉驾法界宝昌路渔阳里六号外国语学社，开一会议，以便面商关于《店员周刊》一切进行的事。我们对于诸位来信未及一一作复，附此道歉。秀松、汉俊、独秀同白。"

同日 英国谍报部门对汉俊情况再次进行了侦查。其档案中记载："李人杰——一名中国的无政府主义者，现居住于上海的法租界。以前他是留日学生。他曾是孙逸仙的常客。"①

9月28日 上海共产党早期组织于《民国日报》刊登《外国语学社招生广告》，并于是月30日正式开始招生。汉俊任法语教授，辅导该社学员学习马克思主义理论，并介绍若干学员加入社会主义青年团。

是月 汉俊将日本文泉堂出版的远藤无水之日译本《通俗马克思资本论》翻译成《马格斯资本论入门》一书，由"社会主义研究社"印行。这是《资本论》在中国最早的阐释读本之一，对马克思主义在中国的早期传播起到了巨大的推动作用，被青年毛泽东视为"书之重要者"。②

汉俊特为该书作了序言："以中国现在知识阶级底程度，《资本论》底中国译本暂时未必就能出现，但考茨基底《资本论》解释书，已经有戴君季陶以《马克斯资本论解说》的题名，译了五分之四登在《建设》（自第一卷第四号起）③，不久又要以单行本出现，想读者诸君不久就可以看得见

---

① 李丹阳：《英国档案中与李汉俊有关的记载》，见中共"一大"会址纪念馆、上海革命历史博物馆筹备处编：《上海革命史资料与研究》（第8辑），上海古籍出版社2008年版，第638页。

② 毛泽东：《文化书社通告好学诸君》，《大公报》（长沙）1920年11月10日。

③ 1919年11月，汉俊与友人戴季陶、朱执信在《建设》杂志合译了考茨基之《马克斯资本论解说》，从该刊第一卷四号开始连载，至第二卷五号载毕。

的。无论诸君是看外国文是看译本，又无论诸君是先看了《马克斯资本论解说》，再看《资本论》，或直接就看《资本论》，诸君都非先把这本书底原本或译文拿来读一读不可。照本书原来的书名，本来应该叫作‘经济漫谈’，但鄙人考其内容，审其作用，以为莫过于叫作‘马格斯资本论入门’，所以就取了这个名称。本书内容虽然很平易，但还不免有点抽象之处，非略有经济学常识者不能了解，所以鄙人在认为读者诸君非费点思索不能了解的地方，又略略加了点注解。读者诸君如能于看了此书之后，再看看马格斯所著《价值、价格及利润》（*Value*，*Price and Profit*），那就更好了。这本书是一八六五年六月马格斯在万国劳动者同盟作的讲演，马格斯经济学说底全体都发露在这里面。读者诸君如果看了这本书，诸君在本《马格斯资本论入门》所得的观念必定更要明显起来，就是再看《资本论》也要少费许多困难的思索。鄙人现在着手这本书底翻译，大约不久就可以出版。”

10月1日 汉俊以“汉俊”本名于《新青年》第8卷第2号上翻译Lincoln Eyre之《苏维埃共和国底产妇和婴儿及科学家》，详细介绍了苏俄政府对妇女儿童的照顾政策以及对科学家工作的协助，称赞“将来时代一定没有再能优过苏维埃俄罗斯今天所作的事的”。

10月3日 汉俊以“汉俊”本名于《劳动界》第8册上发表《工人如何对付米贵?》一文，运用马克思主义政治经济学原理分析了米价上涨的原因，指出“工人对付米价的方法，只有要求东家增加工钱”。

同日 汉俊与陈独秀等出席上海共产党早期组织在新渔阳里6号外国语学社召开的上海机器工会发起会。各工厂到会的发起人，约有七八十名，外有参观者六人。汉俊被接纳为工会名誉会员，独秀被推举为经募处主任。该会后于翌月21日正式成立。[①]10月10日，《劳动界》

① 王光远：《陈独秀年谱》，重庆出版社1987年版，第95页。

第9册刊登《上海机器工会开发起会纪略》，对会议当天的情况作了描述。

是月 汉俊偕母王氏及子女、子侄护送父亲远来、妻子陈氏、兄嫂甘世瑜之灵柩归葬于潜江坨埠垸。因家庭人口减少，李家从三益里迁至上海法租界贝勒路树德里106号、108号(后称望志路，即今兴业路76号、78号，屋内连通)。

汉俊兄嫂薛文淑曾回忆："1920年秋天，母亲要送三个灵柩（书城、汉俊的父亲及他们二人的前妻）回湖北潜江老家安葬，同去的有汉俊、声簧、声茂、声馥、声蒇。由于家里人口减少，而且房租较贵（每月需七八十元)，就把家从三益里搬到贝勒路树德里106号(即现兴业路76号，中共一大纪念馆址)。这是一所二楼二底的房子，我和书城1921年春结婚(他的前妻甘世瑜是1917年患肺病去世的）后住在西边亭子间，前面房间是我们会客的地方。汉俊住在东边楼上。他的一间房隔为两间，前面为卧室，后面放箱子等杂物，还设有洗脸架。其后面的亭子间是声韵和娘姨(30多岁，安徽人）住。东边楼下置一长桌为饭厅，饭厅后边的房间是洗澡间，备有日本式的洗澡大木桶。西边楼下前面房间是警卫梁平（20几岁）和一位姓廖的厨师（40岁左右）的住所，后面为厨房，前后房中间为过道，上楼只有一个共用的斜度较大的楼梯，上楼时能看见饭厅（因饭厅上半截为木条网格)，而且必须经过汉俊的房间才能到达我们屋内，大门从来没有开过，进出都走后门。"①

是月 英国哲学家罗素应梁启超邀请来华讲学，宣扬资产阶级改良主义，引起上海共产党早期组织成员警惕。

是年秋 汉俊介绍董必武加入中国共产党。对此，董必武曾回忆："我的思想转变是1919年在申（即上海)，北方李大钊文章有影响。1920

① 《薛文淑对李汉俊的点滴回忆》，见中共"一大"会址纪念馆、上海革命历史博物馆筹备处编：《上海革命史资料与研究》(第3辑)，上海古籍出版社2003年版，第578—579页。

年加入党组织，介绍者为李汉俊、刘伯垂两人。”①

11月1日　孙中山与陈炯明联合邀请陈独秀出任广东政府教育委员会委员长兼预科大学校长。陈独秀为此事致信李大钊等，彼皆回信表示赞成，认为“他去广东领导教育工作，有两个重要作用。一可以将新文化和社会主义的新思潮广泛的带到广东去；二可以在那里发动共产主义者的组织”②。陈独秀赴粤后，汉俊代理其为上海共产党早期组织书记。

11月7日　值俄国十月革命三周年纪念日之际，上海共产党早期组织机关刊物《共产党》月刊创刊，李达任主编。该刊在全国秘密发行，最高发行量达5000余册，是各地共产党早期组织成员必读材料之一。《共产党》月刊为16开本，至1921年7月7日停刊，共出6期。汉俊为该刊核心撰稿人之一。

是月　张东荪于《时事新报》上发表《由内地旅行而得之又一教训》等文，提出“救中国只有一条路”，即“增加富力”“开发实业”，“至于社会主义不妨迟迟”。上海《民国日报》旋即发表《评张东荪的又一教训》等文，论战遂起。其后张东荪、梁启超等又发表文章，系统阐述其观点，将中国长期贫困和混乱的原因归为“无知病”“贫乏病”“兵匪病”“外力病”，否认进行革命和成立工人阶级政党的必要性。汉俊后来撰写《跑到内地才睁开眼睛么?》《冤哉枉也！——抨击张东荪先生的人们》等文章予以批判。

是月　汉俊归乡途中路经武昌，应董必武邀请，赴利群书社向共产党湖北早期组织成员讲解唯物史观，并于武汉中学宣讲社会主义。该校学生余义明后来曾回忆：“为了使学生初步接触社会主义思想、理论，董老邀请李汉俊同志讲解社会主义，在正课中增设社会主义课程。……在当时是

---

① 董必武：《董必武的回忆》，见胡水华等编：《中国共产党湖北早期组织》（下册），中共党史出版社2016年版，第625页。

② 王光远：《陈独秀年谱》，重庆出版社1987年版，第99页。

一个大胆的创举，是武汉教育界视为大逆不道的事。”①

12月1日　汉俊以“汉俊”本名于《新青年》第8卷4号上翻译《法国“劳动总联合会”会章》一文，介绍了法国劳动总联合会的相关情况。在译文之前，汉俊特意撰写了一段引言：“职工联合会主义，是承认现在资本家阶级的存在，只在这阶级的存在之下谋劳动者阶级的利益，他的劳动团体是以职业为基础的。工团主义，是要推翻现存的资本家阶级而以劳动者阶级支配产业的，他的劳动团体是以产业为基础的。法国的‘劳动总联合会’，是工团主义的劳动团体，是以产业为基础的劳动团体。要晓得工团主义的人，要晓得产业组合的组织的人，都须将法国‘劳动总联合会’的组织研究一下。”

12月12日　与汉俊来往密切的苏俄密使波塔波夫向苏俄外交官契切林密报其在上海的活动。报告称，汉俊曾从波塔波夫处得到一份材料，译登在上海共产党早期组织的机关刊物上。波塔波夫在密报中写道：“我将小册子交给了李列涅（即李汉俊，编者注），他把它译成中文，并将它与我弄到手的托洛茨基的文章一起刊登在他的共产主义刊物上。”②

12月16日　陈独秀离沪赴粤，汉俊与沈雁冰等为其送行。陈独秀走后，汉俊正式代理上海共产党早期组织书记。因经费问题，党组织工作陷于停滞。

沈雁冰（茅盾）曾回忆说：“其时陈独秀已应陈炯明的邀请到广州办教育去了。陈独秀是1920年12月16日夜离上海去广州，我和李汉俊等都去送行。”③

① 余义明：《董老早期在武汉的革命活动片断》，见中国人民政治协商会议湖北省委员会文史资料委员会编：《湖北文史集粹》，湖北人民出版社1999年版，第99页。

② 《波塔波夫给契切林的报告》，见李玉贞译：《联共、共产国际与中国》，东大图书公司1997年版，第25页。

③ 茅盾：《复杂而紧张的生活、学习与斗争（上）》，《新文学史料》1979年第4辑。

包惠僧也曾多次提到："1920 年冬，魏金斯基回国，陈独秀赴粤，中国共产党临时中央书记由李汉俊代理。党的经济来源中断，一切工作陷于停顿状态，除了青年团和外国语学校还在继续进行以外，就没有什么活动。党员发展很慢。原来在上海的党员只有那么几个人，到 1921 年 1 月间，沈玄庐赴粤，施存统去日本，在上海的同志只有李汉俊、李达、俞秀松、杨明斋。"[①]"陈独秀应粤军总司令陈炯明之约，到广州任教育委员会委员长兼大学预科校长（时间在 1920 年冬）后，这个地方很少集会，我是 1921 年初到上海准备赴莫斯科，此时李汉俊代理书记，所谓临时中央只有李汉俊一个人唱独脚戏。"[②]

是月　上海共产党早期组织发起成立教育委员会及职工运动委员会。汉俊任命包惠僧、杨明斋负责前者，俞秀松、李启汉负责后者。教育委员会及职工运动委员会成立后，常在汉俊寓所及沈雁冰住处开会。[③] 包惠僧曾回忆："这时，我从武汉带着几个青年团员到上海，准备去莫斯科，他们就留我在中央工作，组织了一个'教育委员会'。由我同杨明斋负责。又组织了一个'职工运动委员会'，由俞秀松、李启汉负责。教育委员会的工作，主要是就青年团员中选择比较优秀的分子，提前赴莫斯科学习。这是当时唯一储备干部的方法。职工运动委员会以印刷工人、烟草工人、纺织工人为对象，在小沙渡义袋角办了一个工人补习学校，但为人力与经费所限，工作没有开展。"[④]

---

① 包惠僧：《党的一大前后》，见刘朋编：《中共党史口述实录》（第一卷），中国古籍出版社 2010 年版，第 25 页。

② 包惠僧：《勘察上海革命历史博物馆的几点意见和几点回忆》，见中央音乐学院马列主义教研室中共党史组编：《中国共产党第一次全国代表大会》，1979 年版，第 83 页。

③ 包惠僧：《勘察上海革命历史博物馆的几点意见和几点回忆》，见中央音乐学院马列主义教研室中共党史组编：《中国共产党第一次全国代表大会》，1979 年版，第 83 页。

④ 包惠僧：《党的一大前后》，见刘朋编：《中共党史口述实录》（第一卷），中国古籍出版社 2010 年版，第 26 页。

是月 陈独秀致函李大钊、钱玄同、胡适等向其约稿，并告知其《新青年》编辑部已交由陈望道负责，汉俊、茅盾（沈雁冰）、李达三人也加入编辑部工作。①

是年末 汉俊赴京参加北京共产党早期组织的职工运动会议，并与北京组织的成员乐天宇相识。对于当时汉俊来京时的情景，乐天宇后来曾回忆："1920年末，在快到冬天的时候，李汉俊来过北京。当时北京已有了共产主义小组，他来京可能是参加一个搞职工运动的会议。李汉俊到北京后，住在钟老胡同5号，与邓中夏同志住在一起……这一时期我常去钟老胡同5号，因此见过李汉俊二三面。汉俊眼睛大大的，脸瘦瘦的，戴一副眼镜，对人十分热情。他见我后，还和我认了个同乡，说：'你家在湖南，我家在湖北，咱们是大同乡。'记得有一次，他对邓中夏和我谈过这样一些话，大意是：目前建立党的条件还不成熟，应该着重宣传马克思主义。他不是不同意组党，而是觉得先宣传一个时期，要有一段启蒙阶段，等一部分人相信了马列主义，建立党自然就会有基础。李汉俊的这种观点，在上海渔阳里也同陈独秀、李达等人谈到。'一大'时，他把这个意见公开地讲出来了，当时有人说他反对组党。"②

① 水如编：《陈独秀书信集》，新华出版社1987年版，第305页。

② 乐天宇：《我所了解的李汉俊同志的情况》，见罗仲全编：《中共一大代表李汉俊》，四川人民出版社2000年版，第151—152页。

1921年　31岁

1月4日，沈雁冰、郑振铎等发起成立文学研究会。

2月28日，留法勤工俭学学生发起“二二八”运动，四百余名学生在巴黎举行示威游行，至驻法公使馆要求解决入学和救济金问题。

3月16日，北京社会主义青年团决议派何孟雄参加青年共产国际(少共国际）代表大会。

4月7日，广东非常国会议决废除军政府，通过中华民国政府组织大纲。

5月5日，孙中山在广州就任中华民国非常大总统。

7月23日，中国共产党正式成立。从此，中国出现了完全新式、以共产主义为目的、以马克思列宁主义为行动指南、统一的工人阶级政党。是为中国历史上开天辟地的大事变。

10月13日，粤汉铁路武昌、长沙段工人在中共武汉早期组织领导下，为增加工资、改善生活待遇举行罢工。

10月25日，上海英美烟厂工人九千余人在中国劳动组合书记部领导下，反对厂方无故开除和欺压工人，举行罢工。

11月12日，英、美、日、法、意、中、荷、葡、比九国在美国华盛顿举行“华盛顿会议”，亦称太平洋会议，主要目的在于解决《凡尔赛和约》未能厘清的彼此间关于海军力量对比及在远东太平洋地区特别是在中国的利益冲突。

1月1日 汉俊主持之《劳动界》编辑部邀请工人朋友与革命知识分子一同举行联谊会。同日，北京共产党早期组织创办长辛店劳动补习学校，以邓中夏为学校主持人，设专职教员三人，另有李大钊等为客座教授。学校分日夜两班分别为工人和工人子弟免费讲授马克思主义理论。①

1月2日 《武汉星期评论》创刊。汉俊后来在该刊先后发表《第三阶级的妇女解放运动》《第四阶级的妇女解放运动》《欢迎中国思想界的寒暑表兼晴雨计的梁启超先生》等多篇文章，并为该刊出版提供了大力协助。《武汉星期评论》主编李伯刚（书渠）曾在自述中特别提到了汉俊对于该刊的帮助："一九二二年，我曾找担任武昌高等师范学校历史社会学系主任的李汉俊为《武汉星期评论》写文章。《武汉星期评论》的经费是自筹的。以后李汉俊找到一个官纸印刷局的局长捐印了好多期，又找到永盛印刷厂的一个经理捐印了几期，直到停刊。"②

是月 维经斯基离沪回国，在伊尔库茨克的共产国际远东书记处任秘书。

2月11日 汉俊致信时在日本的施存统，托其向堺利彦等日本社会主义者购买尚未公开出版的卖文社版《空想的及科学的社会主义》一书（今译《社会主义从空想到科学的发展》）。翌年施存统在日本受审时曾供述："迄今交往之日本社会主义者，有堺利彦、高津正道、伊井敬（近藤荣藏别号，由罗马字缩写 E.K. 转讹）、宫崎龙介、山川均、高濑清等……次乃去年（一九二一年）二月，李人杰托余购买其时尚未能公开出版之卖文社刊《空想的及科学的社会主义》一书时，以及数月前介绍上海俄国过激派

---

① 邓中夏：《中国职工运动简史（1919—1926）》，人民出版社 1949 年版，第 15 页。

② 《李伯刚自述》，见胡水华等编：《中国共产党湖北早期组织》（下册），中共党史出版社 2016 年版，第 454 页。

代表所派张太雷时。”①

同日 汉俊所在之《新青年》编辑部被上海法租界巡捕房查封，理由是该社出售《阶级斗争》等书，“言词激烈”。编辑部全部稿件被法租界巡捕房没收，并罚款五千元，勒令不准在上海出版。《新青年》编辑部后来被迫迁往广州，设社址于广州兴昌马路26号。②

3月5日 汉俊以“汉俊”本名于《民国日报》上发表评论《我对于罢工问题的感想》，对月初发生的法商电车工人罢工运动予以了声援，并提出知识界应对罢工问题进行深入研究。这是上海共产党早期组织成立以后首次在报上公开支持罢工斗争，鼓舞了当时正蓬勃发展的工人运动，驳斥了部分人士对于汉俊“反对作劳工运动”的不实指控。汉俊在文中详细介绍了这次罢工发生的原因、经过以及斗争的结果，热情讴歌了电车工人的斗争精神，并呼吁广大知识分子，“应以此为机会，一方面把资本主义底内容、劳动问题底真相，拿来加一番研究。如果外国是因这些问题得了幸福，我们就努力学效他，如果外国是因这些问题受过困苦的，我们就要设法避免他；以便我们能够安全地进化下去。一方面再把这回罢工事件底内容也拿来研究一下，如果是罢工者方面有背理的地方，我们就劝导他们请他们赶早上工。如果是资本家方面有背理的地方，就劝导他们赶早容纳工人底要求，以使社会少受些痛苦”。这与他之前一直提倡的知识分子要与工人运动相结合的观点是如出一辙、一以贯之的。

3月6日 汉俊以“汉俊”本名于《民国日报》副刊《觉悟》上发表《浙女师开除学生的理由?!》及两篇短论《没有劳动者的中国》《要挟》，声援杭州女子师范学校被开除的五位女生，并再次表达劳动者才是社会发展动力的观点。

---

① 《施存統の供述》，见［日］石川祯浩：《中国共产党成立史》，东京岩波书店2001年版，第487页。

② 王光远：《陈独秀年谱》，重庆出版社1987年版，第106页。

3月8日　汉俊以“汉俊”本名于《民国日报》副刊《觉悟》上发表《法租界电车罢工给我们的教训》一文，再次对3月初发生于上海法租界的电车工人罢工事件进行了点评。他在文中指出：“中国一般人，向来有轻视劳动者的心理，以为他们又无钱，又无知识，又是下等人，必定做不出什么事来。但穷鼠也有啃猫的事，工人虽然无钱，无知识，难道到了要饿死的时候，也就让它那样饿死，不会做出事吗？这是这回罢工事件给一般资本家以一般社会的一个大教训，希望诸君不要把这个教训忘记了。”

同日　汉俊任教之外国语学社首次召开三八妇女节纪念会，陈独秀之妻高君曼于会上发表讲话。

2月或3月　汉俊介绍茅盾（沈雁冰）加入中国共产党。茅盾曾提到：“1920年5月，上海始有共产主义小组及马克思主义研究会。……这些事，我是在1921年2、3月由李汉俊介绍加入共产主义小组后才知道的。”①

4月10日　日本早稻田大学教授内崎作三郎受邀来华，在上海复旦大学作题为《欧洲文明底源流与近代文学底特色》的报告，汉俊受邀任翻译。在报告中，内崎特别感谢了汉俊提供的帮助：“我不能用中国话对诸君谈话，这是我所很抱歉的一件事。但佛教上有‘以心传心’的话，我们心既然一样，或者能够因了李汉俊君流畅的翻译，可以使我底心与诸君底心相通也未可知。”②

4月20日　汉俊出席在霞飞路新渔阳里6号外国语学校召开的“纪念劳动界筹备委员会”，此一动态为上海公共租界工部局警务处侦之。上海公共租界工部局警务日报③中记载：“四月二十日晚八时四十五分，有

① 茅盾：《复杂而紧张的生活、学习与斗争（上）》，《新文学史料》1979年第4辑。茅盾另在《上海发起建党的人和事》中称：“我是在一九二〇年十月间由李汉俊介绍加入共产党小组……”

② ［日］内崎作三郎：《欧洲文明底源流与近代文学底特色》，《民国日报》1921年4月11日。

③ 原件为英文，现藏上海市档案馆。新中国成立初期，为收集中共建党时期的上海革命活动史料，曾在上海历史与建设博物馆筹备处工作的韩罗以、吴贵芳二人摘录了其中的有关部分并翻译成中文。

三十六人在渔阳里六号开会商讨庆祝劳动节的方式和办法，附参加会议十四人名单。”[1]

4月25日 经《大阪每日新闻》社长泽村幸夫牵线，汉俊与来华考察的日本作家芥川龙之介及《大阪每日新闻》记者村田孜郎晤谈，表达投身革命的决心。芥川龙之介后于是月30日致信泽村幸夫，称汉俊乃“出类拔萃之才”[2]，并在《上海游记》中详细记录了与汉俊会晤的情形：“我和村田君一起拜访了李人杰氏。李氏年方28岁，从信仰上来看，他是个社会主义者，应该说是在上海的‘少年中国’（Young China）的代表。‘透过电车的窗户，我看到了沿街青绿色的树，感受到了初夏的气息。天虽然阴，仍依稀可见日光；有风吹拂，但不扬尘。’这是我访问李氏后写下的话。现在打开笔记本一看，匆匆写下的铅笔字不少已开始模糊，文章当然也很杂乱。然而，这种杂乱无章却恰好清楚地表现出了当时的心情。有个佣人立即把我们引到客厅。客厅里有一个长方桌、两三把西式椅子。桌子上有个盘子，盛着陶制的水果：梨、葡萄、苹果，除了这些拙劣的自然模仿物以外，屋里再没有什么惹眼的装饰。尽管如此，室内却很干净，不见尘埃，在充满简朴的气息中给人以一种愉快之感。数分钟后，李人杰氏下来了。他是个身材瘦小的青年。头发稍长，长脸，脸色不太好，眼神带有才气，手小小的，态度颇为真挚，其真挚之中又令人觉察到敏锐。一刹那间给人的印象不错，恰似手触到那细而坚韧的钟表弹簧的感觉。我们隔桌相对而坐。他身穿一件灰色大褂儿。李氏因曾就学于东京的大学，故口语极为流畅。特别是有些很复杂的道理，他都能让对方领会，所以他的日语可能比我还好。另外，在我的笔记中虽没写上，

---

① 韩罗以、吴贵芳译：《上海工部局警务日报（*Police Daily Report*）资料摘录（1921年1月至1924年12月）》，见中共“一大”会址纪念馆、上海革命历史博物馆筹备处编：《上海革命史资料与研究》（第6辑），上海古籍出版社2006年版，第676页。

② 高慧勤、魏大海编：《芥川龙之介全集》（第5卷），山东文艺出版社2005年版，第372页。

但却有这样的事：我们所进的客厅的一角有个楼梯，人们可从二楼直接下到客厅里来。因此进入客人眼帘的首先便是下楼梯人的脚。所以我们最先见到的不是李人杰的身影，而是他的中国鞋。除了李氏以外，无论哪位天下知名人士，我都没有先从脚相见的。李氏说，当今的中国该走什么路？要解决这个问题，非共和也非复辟，这般的政治变革是改造不了中国的。过去既已证明了这点，现在亦证明了这点。那么，我们该努力去做的唯有社会革命一条路。这是宣传文化运动的'少年中国'的思想家都在奔走呼号的主张。李氏又说，要搞社会革命，便不得不依靠宣传。因此，我们必须要着手进行著述。而且正在觉醒中的中国知识分子现在对新知识并非冷漠。不，应该说他们是求知心切。然而，现在可供他们充饥的书籍杂志又是如此的贫乏。我可以对你断言，当务之急乃是著述。或许李氏说的是对的。此时的中国不合民意，不合民意则会产生革命。不用说，革命必然会成功。李氏又说，手里拿着种子，然而四周却是万里荒芜，所以生怕自己所不及。不管我们的肉体是否经得住劳苦，都不免会为此而担忧。言毕，他皱起双眉。我很同情李氏。李氏又说，近来，值得注意的是中国银行团的势力。且不问其背后的势力如何，北京政府在中国银行团里有一股可以左右它的倾向存在，这点是不容否认的事实。但也不一定特别为此而悲伤，因为我们敌人——我们集中炮火攻击的对象，哪个银行团都一样。我说，已对中国的艺术失望，我所看到的小说、绘画，都是不值得一谈的。然而看了中国的现状，我又期待着艺术在这片土壤上兴旺发展起来。也许，我这个期待是近乎错误的。我问李氏，除了宣传手段以外，是否可以考虑艺术手段呢？李氏说：'几乎没有这种可能。'我的记录里只有这些内容。但是，李氏说话的神情是那么的神采奕奕，怪不得和我一起去的村田君觉得不可思议地感叹道：'他的脑子真好使！'不但如此，李氏说他在日本留学时还读过一两本我的小说，这无疑又增加了我对李氏的好感。像我这样的君子，虽说是小说家，但有时也会流露出这样一种旺盛的虚荣心来的。”①

4 月 28 日 法租界巡捕房连续两日搜查新渔阳里 6 号外国语学社，没收了“纪念劳动界筹备委员会”印发的宣传品，并勒令禁止于此处开会。②

是月 外国语学社输送任弼时等青年学生数十人赴俄，汉俊写介绍信。赴俄学生乔装成新闻记者、商人、裁缝、理发工人等身份，先后抵达莫斯科，进入东方劳动者共产主义大学学习。赴俄途中，任弼时曾致信其父任思度，表达了向俄国求取真理改造祖国的伟大心愿：“只以人生之谋幸福，冒险奋勇男儿事，况现今社会存亡生死亦全赖我辈青年，将来造成大福家世界，同天共乐，此亦我辈青年人的希望和责任，达此便算成功……沿途一切既有伴友同行，儿亦自当谨慎，谅不致意外发生，大人尽可勿念过远。既专心去求学，一年几载，并不可奇，一切费用，交涉清楚，只自己努力，想断无变更。至若谋学上海，儿前亦筹此为退步之计，不过均非久安之所，此事既可成功，彼即当作罢论。”③

是月 汉俊回信成都进步青年学生刘弄潮，鼓励其继续投身革命。对于这段经历，刘弄潮记忆尤深并充满感激：“我和汉俊同志发生联系，是在 1921 年春天。当时，因成都青年学生遭到北洋派军阀的压迫，我和各校代表，到重庆奔走呼号。革命前辈吴玉章同志指示我们，用‘快邮代电’向京沪文化界呼吁求援。很快，我们得到上海《星期评论》兼后期《新青年》编辑李汉俊同志的回信，他说：宣城第四师范恽代英同志要到四川讲学，有些具体问题，可与他商量。李汉俊，当时就是享有盛名的马克思主

① [日] 芥川龙之介：《中国游记》，北京十月文艺出版社 2006 年版，第 56—58 页。

② 韩罗以、吴贵芳译：《上海工部局警务日报（*Police Daily Report*）资料摘录（1921 年 1 月至 1924 年 12 月）》，见中共“一大”会址纪念馆、上海革命历史博物馆筹备处编：《上海革命史资料与研究》（第 6 辑），上海古籍出版社 2006 年版，第 677 页。

③ 任弼时：《造成大福家世界为我辈青年的希望和责任》，见鲁振祥等编：《红书简》，山西人民出版社 2001 年版，第 332 页。

义学者，我们成都很多青年都读过他译的《马克思资本论入门》，也读过恽代英同志译的《阶级斗争》。现在他们能给予热情的支持，使我们受到极大的鼓舞。”①

5月1日 汉俊以“汉俊”本名于《新青年》第9卷1号上发表《跑到内地才睁开了眼睛么?》《社会主义是教人穷的么?》《进了步了!》《日本人尽管放心就是了》四篇评论文章，对罗素来华后国内文化界掀起的改良主义舆论以及社会时事动态进行了点评。其中，汉俊特别批评了张东荪鼓吹的劳资调和观点，讽刺其认为只有资本主义才能发展实业而社会主义不能的错误观点：“这位先生睁着眼睛跑到那资本主义的实业发达到了极点的英国去，看了伦敦的伊斯特砚德②；美国去，看了纽约的哈克洛、巴俄列，并跑到那资本主义的实业不如英美而比中国发达的日本去，看了大阪的滩波、东关谷叮③；俄国去，看了莫斯科的希特尔斯卡耶（现在的景象或者变了）。——不知又作若何感想，又来提倡什么?”

同日 汉俊以“汉俊”本名于《民国日报》副刊《觉悟》上译登了英国剧作家高斯华西（今译高尔斯华绥）的剧本《小小的梦》。在译文之前，汉俊撰写了一段引文，向读者介绍说：“这是英国当代小说家兼剧作家高斯华西（John Galsworthy）一九一一年著的社会剧，原名为 *The Little Dream*。”

同日 上海地方当局和租界当局于各处设防布兵，使上海共产党早期组织成员原定于是日在上海公共体育场举行的五一节纪念活动未能成行，活动纪念品遭巡捕房没收。仅余部分成员在沪西、闸北一带发放传单。新

---

① 刘弄潮：《我所了解的李汉俊》，见潜江县政协文史资料研究委员会编：《潜江文史资料》（第4辑），1987年版，第42页。

② 伊斯特砚德，即伦敦东区（East End），时为伦敦贫民窟。

③ “滩波”今译“难波”，是位于大阪市南部的重要商业地区。“东关谷叮”今译“东关谷町”，“町”即街道。

渔阳里 6 号的“纪念劳动界筹备委员会”旋即解散。[①]

同日 北京长辛店千余名工人在北京共产党早期组织领导下举行劳动节纪念大会，并示威游行，后宣布成立长辛店工人俱乐部。汉俊执笔之《共产党》月刊对此表示了热烈欢迎，称其“不愧乎北方劳动界的一颗明星”，并详细介绍了长辛店工人俱乐部成立前后的情况：“长辛店的工人，自‘五四’以来，就有点觉悟了。对于公共的事，很是留心的……五月间，他们又组成了一个工会，办理很有条理。工会的组织，取代议制，由厂里每科选出来的代表，组织一个代表会，代表会推出正、副两个主任。工会所有进行的事务，都由这个代表会议决，再由代表会举出几个干事，去执行议决的事项。代表会定每两个星期开一次常会，有问题就讨论问题，没有问题就自由谈话。该工会现在办了一个《工人周刊》，已出六期，办得很有精神。他们的努力，实可令人佩服，不愧乎北方劳动界的一颗明星。”[②]

5 月 25 日 汉俊以“镜湖”笔名于《东方杂志》第 18 卷 10 号上译登了日本物理学家石原纯之《时间及空间底相对性：牛顿万有引力底否认》，对爱因斯坦相对论观点进行了介绍。在译文之前，汉俊特意撰写了一段引言：“我在本文为容易了解起见，把发生弯曲的空间只当作实在的空间说明了，但在实际上这是要在明可夫斯基底世界空间才能说的，因之这个里面含有时间的概念。至于含有时间的空间，因物质的关系如何弯曲，还多少有点议论，但在这里不容易说明，只好把来搁着。但要为诸君说一声，这个里面，关于宇宙底空间的展延和时间的继续，含有极有兴趣的问题。我们只看一看关于时间及空间根本的诸性质的问题，如何由相对性原理解决

① 韩罗以、吴贵芳译：《上海工部局警务日报（*Police Daily Report*）资料摘录（1921 年 1 月至 1924 年 12 月）》，见中共“一大”会址纪念馆、上海革命历史博物馆筹备处编：《上海革命史资料与研究》（第 6 辑），上海古籍出版社 2006 年版，第 678 页。

② 《长辛店工会成立》，《共产党》第 6 号，1921 年 7 月 7 日。

去，我们就不能不感及这个原理在科学上和哲学上的重要意义了。”

是月 汉俊因新渔阳里6号为法租界巡捕监视且成员住处被抄之故，决定暂时停止该处党团机关活动，并遣包惠僧赴粤商请陈独秀，或回沪主持党务工作，或迁党组织至广州。此一提议后为陈独秀回绝。

对于当时的情况，包惠僧曾回忆：“‘五一’前李汉俊对我说，人都走了，经费也没了，没办法干了。李汉俊因工作关系离不开，而我见过陈独秀，又常有书信来往，于是让我到广州找陈独秀谈谈，要么请陈独秀回来，要么把党的机构搬到广州去。我同意去但是没有路费，此时正巧马哲民（同我一道由武汉到上海来的一个团员）的父亲从福建给他寄来二百元，他拿出十五元给我做路费。五月一日那天，我们的住处被巡捕房抄了(因为我们经常发传单、写文章)，新渔阳里不能再住了，这样我就坐船由上海到了广州……关于上海党的工作，陈独秀说：国际代表走了，上海难道就没有事情可做了？李汉俊急什么，中国的无产阶级革命还早得很，可能要一百年上下，中国实现共产主义遥远得很。李汉俊可以先在他哥哥家里住住，我们现在组织了党，不要急，我们要学习，要进步，不能一步登天，要尊重客观事实。”①

是月 在汉俊的帮助下，李达翻译的《唯物史观解说》由中华书局出版。该书原系荷兰社会民主党左派领袖郭泰（Herman Gorter）所著，由考茨基作序，共十四章及附录。在书后的“译者附言”中，李达特别对汉俊的帮助予以了感谢：“我有一句要声明的，译者现在德文程度不高，上面所说的那些补遗的地方，大得了我的朋友李汉俊君的援助。”

6月3日 共产国际执委会代表马林抵沪，会同原驻上海的赤色职工国际代表尼柯尔斯基（接替维经斯基工作）与上海共产党早期组织成员接触，商议建党问题。马林要汉俊汇报工作计划及预算情况，被汉俊

① 《包惠僧回忆录》，人民出版社1983年版，第366—367页。

回绝。

关于此事，张国焘曾在回忆录中转述了汉俊的说法，称："他（汉俊）叙述马林和他及李达晤谈的经过。马林曾向他声称是共产国际的正式代表，并毫不客气地向他要工作报告。他拒绝了马林的要求，理由是组织还在萌芽时期，没有什么可报告的。马林又问他要工作计划和预算，表示共产国际将予经济的支持。他觉得马林这些话过于唐突，因此直率地表示中国共产党还没有正式成立，是否加入共产国际也还没有决定，即使中共成立之后而加入了共产国际，它将来与共产国际所派的代表间的关系究竟如何，也还待研究，现在根本说不上工作报告计划和预算等等。他向马林表示，共产国际如果支持我们，我们愿意接受，但须由我们按工作实际情形去自由支配。他们之间就因这种争执陷于不愉快的僵持状态中。在李汉俊看来，中国共产运动应由中国共产党自己负责，共产国际只能站在协助的地位。我们站在国际主义的立场，可以接受它的理论指导，并采一致的行动，至于经费方面，只能在我们感到不足时才接受补助，我们并不期望靠共产国际的津贴来发展工作。再说共产国际派来中国的代表只能是我们的顾问，决不应自居于领导的地位。他说明了这种观点后并向我提到，马林碰了他的钉子之后，急盼能早日和陈独秀、李大钊及我见面。他主张我去和马林再作晤谈，以期获得谅解。"①

6月7日 汉俊以"均"为笔名于《共产党》第5号上译登了山川均的《劳动制度研究》长文，详细介绍了俄国劳农制度的施行情况。

6月9日 汉俊以"汉俊"本名于《民国日报》副刊《觉悟》上译登了小说《米袋和人——"我等"六月号如是闲作》，借由暗喻的形式表达了工人阶级必将从资本家手中夺回属于自身的权益。

6月10日 汉俊以"海镜"笔名于《小说月报》第12卷6号上译登

① 张国焘：《我的回忆》（第一册），现代史料编刊社1980年版，第132—133页。

日本工人运动家、著名记者黑田礼二[①]之《霧飚(Sturm)运动》，详细介绍了德国在欧战后的表现派艺术。在译文之前汉俊撰写了简短的引言，向读者介绍说："这篇文章是日本《解放》杂志社海外特派员黑田礼二在柏林的通信，内容专叙德国在欧战后兴起的表现派艺术，把战后德国底国情，国民底性情，描写得也尽致。这篇文章，不但使读者可以了解最近德国艺术底情形，并且可以窥探德国底社会情形，所以译者把它译出来，供本杂志读者底研究。"

6月18日 汉俊以"汉俊"本名于《民国日报》副刊《平民》第55号上发表评论《读永安公司"非股东"全体职员启事》，揭示资本家独占一切剩余劳动的不合理，提出劳动者有权分得红利。他在文中写道："无论农工商的事业都是投了资本的，资本是我们劳动者劳动得来的结果，所以一切事业都是我们劳动者的所有，没有什么资本家存在的道理，由事业生出来的利益应归资本家，应归劳动者的这种问题尤其没有发生的理由……但事实上，现在却还是有不劳动而只有资本的这种阶级，私有一切生产事业，垄断一切剩余劳动利益。而生产了资本和利益的劳动者阶级却对于一切生产事业毫无过问的权利，除了拿点工钱外，对于利益毫不能染指……人说资本阶级是掠夺阶级，大概也就是为此。我们讲到这里了，什么红利分派的问题，在理论上也就不应该有发生的理由了。在现在制度之下的红利分派问题，也就可以公平判断了。"汉俊此文发表后，得到许多知识分子的赞同。施存统同年9月29日在《新青年》上发表的《第四阶级解放呢？全人类解放呢?》一文中就特别引用了汉俊此文的部分内容，并赞其"说的很好"。

6月22日 共产国际第三次代表大会于莫斯科举行。张太雷、杨明斋、瞿秋白等以中国代表身份与会。会议于翌月12日闭幕。

---

① 本名冈上守道，日本工人运动家、原《大阪朝日新闻》记者，曾加入东京帝国大学"新人会"。

6月24日 汉俊、李大钊、陈独秀、戴季陶、沈玄庐、邵力子等于《民国日报》副刊《觉悟》上刊登了题为"《新时代丛书》编辑部缘起"的启事，旨在为"新时代丛书社"做广告。据启事内容显示，该社社址就位于上海贝勒路树德里108号的汉俊寓所内。这是继"新青年社"后，上海共产党早期组织创办的又一进步出版机构。

汉俊等人在启事中写道："我们起意编辑这个丛书，不外以下的三层意思：一、想普及新文化运动。我们以为未曾'普及'而先讲'提高'，结果只是把几个人'提高'罢了，一般人民未必受得到益处；我们又相信一个社会里大多数的人民连常识都不曾完备的时候，高深学问常有贵族化的危险。纵有学者产生，常变成了知识阶级的贵族：所以觉得新文化应该先求普及。二、为有志研究高深学问的人们供给下手的途径。这是和上面说的一层互相关联的。普及两字在别一意义上就是筑根基，各种讲科学讲思想的入门书在现今确是很需要，便是主张'提高'的，这一步也是跨不过。三、想节省读书界的时间与经济。在资本主义的社会里，不但进学校读书的权利不是人人都有，就连看点自修书的时间和经济也不是人人都能有的。这个丛书的又一目的，就是希望能帮助一般读者只费最短的时间和最少的代价，去得较高的常识和各科学的门径。这就是我们编辑这个丛书的一点意见了。关于编辑方面的办法，下面说明。一、定名：本丛书定位新时代丛书。二、宗旨：本丛书以增进国人普通知识为宗旨。三、内容：本丛书内容包括文艺、科学、哲学、社会问题及其他日常生活所不可缺乏之知识；不限定册数，或编或译，每册约载三万字。四、编辑：由同人组织'新时代丛书社'，社员负责；社外著作，如合本丛书之性质，而愿让与本社出版者，经本社审查后，再议条件。编辑人（以姓字笔画简繁为序）：李大钊，李季，李达，李汉俊，邵力子，沈玄庐，周作人，周佛海，周建人，沈雁冰，夏丏尊，陈望道，陈独秀，戴季陶，经亨颐。（通信处）上海贝勒路树德里一百零八号转新时代丛书社。

（发行所）商务印书馆。”

6月25日 汉俊以“镜湖”笔名于《东方杂志》第18卷20号上译登了日本物理学家石原纯之《相对论底法则绝对性》，对爱因斯坦的相对论进行了介绍。

是月 汉俊开始与李达共同负责中国共产党第一次全国代表大会的筹备和联络工作，函请各地共产党早期组织各派两名代表来沪参加代表大会，并接待提前到达上海的各地代表，同时租下法租界内博文女子学校空屋作为一大代表会议期间住宿之用。

关于一大开幕前的筹备和与会情况，多位一大代表皆有述及。

负责主持一大会议的张国焘曾提到：“接着我又去拜访李汉俊。他也是一位学者型的人物，可说是我们中的理论家，对于马克思经济学说的研究特别有兴趣。他不轻易附和人家，爱坦率表示自己的不同的见解，但态度雍容，喜怒不形于色。他热诚地欢迎我的先期到达，认为很多事在通信中说不清楚，现在可以当面商讨。他说到大会开会地点等技术上的问题容易解决，至于议程和议案等问题不妨等各代表到齐之后再行商定，目的最重要的是建立与共产国际的关系。他并告诉我许多上海方面的情形及其困难。”①

代表陈独秀赴会的包惠僧回忆说：“博文女校的旧址，也就是校长黄绍兰的住宅，在第一次全国代表大会时为各代表临时住宿之地，付了两个月的租金，只住了二十天左右。当时我们租这个房子是以北京大学暑假旅行团的名义租的……十三个代表没有都住在这里。我的记忆，当街的两间中，靠东的一间是张国焘、周佛海和我住，邓中夏同志到重庆参加暑假讲习会，路过上海也在这间住了几天。靠西的一间是王尽美、邓恩铭住，毛泽东同志是住在靠西的后一间。”②

---

① 张国焘：《我的回忆》（第一册），现代史料编刊社1980年版，第132页。

② 包惠僧：《勘察上海革命历史博物馆的几点意见和几点回忆》，见中央音乐学院马列主义教研室中共党史组编：《中国共产党第一次全国代表大会》，1979年版，第85页。

北京共产党早期组织代表刘仁静也提到："参加'一大'时，我们是住在博文女校。住在那里的还有山东的王尽美和邓恩铭。当时，李汉俊有自己住的地方，李达也有自己住的地方。陈公博、周佛海都不住在里面。"①

湖北共产党早期组织代表陈潭秋有记："一九二一年六月的下半月，在上海法租界蒲柏路的女子学校，突然来到了九个客人。他们都下榻于这学校的楼上。在学校的楼下，除掉厨子和校役以外谁也没有，因为学生和教员都放了暑假。一个认识的校役，则被请为大家每日作饭。另外，他的任务，注意不放一个生人进来。假使不是认识的人向厨子解释，那他会根本不知他们是谁，因为他不懂他们的土话，他们讲的都不是上海话。有的讲湖南话，有的讲湖北话，而有些则讲北京话。这到来的许多人，是中国各地共产主义小组的代表。他们到上海来的目的，是为正式成立中国共产党。"②

汉俊长女李声馥也回忆说："在筹备党的第一次代表大会召开的时候……陈独秀先生不在上海，不能主持党务。我父亲夜以继日地忙碌，与全国各地的共产主义小组取得联络，商讨大会召开的议事日程，还代理着中共临时中央的书记（即上海共产主义小组书记），编辑着《新青年》杂志，按期排印出版。同时为了生计，养家糊口（因为以上的工作全是义务的），父亲还不得不经常熬夜，拼命地写稿。他给茅盾同志主编的《小说月报》写稿，得到茅盾同志付给的最优厚的稿酬。"③

是月 汉俊兄长书城应友人之邀，回鄂主持驱逐军阀王占元的运动，

① 刘仁静：《回忆党的"一大"》，见中国社会科学院现代史研究室编：《"一大"前后：中国共产党第一次代表大会前后资料选编》（二），人民出版社1980年版，第211页。

② 陈潭秋：《回忆党的一大》，见刘朋编：《中共党史口述实录》（第一卷），中国古籍出版社2010年版，第13页。

③ 李声馥：《我的父亲李汉俊》，见中国人民政治协商会议湖北省武汉市委员会文史资料研究委员会编：《武汉文史资料》（第3辑），1981年版，第38页。

任湖北自治军总司令。书城走后，汉俊及其兄嫂薛文淑等五人守家。

7月7日 汉俊以“汗”为笔名于《共产党》第6号发表长文《太平洋会议及我们应取的态度》。这篇文章后于翌年6月以“李漱石”笔名由人民出版社发行为单行本。是年，由美国提议，英、美、日、法、中等国于华盛顿召开会议，旨在解决各国于远东太平洋地区特别是在中国的利益冲突。对此，汉俊指出，资本主义的发展必然导致侵略和战争，因而“资本主义与和平，是不能并立的。资本主义一日不破灭，战争就一日不能免”。这是因为，“资本主义底生命，在计划之增大，生产力之增加。计划不增大，生产力不增加，资本主义就要破灭。计划底增大和生产力底增加，又在原料和消费的相应。所以资本主义底生命，又在扩张吸收原料和贩卖制品的市场。因为要扩张市场，就不能不从事侵略。因为要侵略，就免不了侵略者间及侵略者与被侵略者间的战争。加以资本主义底发达又要惹起劳动者底自觉和资本底过剩。因为这种原因，又不能不向弱国、后进国、未开化国投资，于是又有扩张投资场的必要。因此，侵略就愈要激烈起来，战争也更要激烈了。再加以被掠夺者、被支配者要反抗掠夺者支配者，被征服民族要图恢复，战争在这里，也是不能免的”。为此，汉俊劝谏广大人民群众，“我们要得到永久完全的和平，只有打破资本主义”。

7月9日 汉俊以“汉俊”本名于《民国日报》副刊《平民》上发表回信《汉俊答一伙友函》，指出劳动者必须联合起来才能战胜资本家。此前，汉俊曾于6月18日在该刊上发表评论《读永安公司“非股东”全体职员启事》，引起永安公司资方不满，致其突以“生意清淡，伙友太多”为由开除了当日发布启事的职员。该公司职员遂致信汉俊，寻求汉俊协助。汉俊在回信中写道：“支配人类生存的劳动者，在这‘不可以一日无劳动者’的世界，对于人类就握得有生死予夺之权；要人类生存，要人类灭亡，都是你们生产劳动者底自由。要怎样改造社会，要怎样救济人类，都是你们底自由。也只有你们才有这样的自由。占有这样，握有这样势力的生产劳动者!”同时勉励工人群众，“你们底事只有你们才能解决，世界人类也只有你们才能救济；你们何不使用你们底势力来自决，来救济人类；而竞竞（仅仅）以我们用什么方法对付资本家，以我们联合不联合，和不和你们联合为虑呢！我们对付资木（本）家的方法是间接的，我们联合起来力量是薄弱的，和你们联合是我们对你们哀求的；根本的问题，还是在你们了不了解你们在社会上的地位，知不知道使用你们独占的势力”。

7 月 9 日　青年共产国际第二次代表大会于莫斯科召开，中国社会主义青年团代表、上海共产党早期组织成员俞秀松（另一代表何孟雄因路上受阻未成行）与会并作报告发言，详细汇报了社会主义青年团在中国的发展情况。

7 月 10 日　汉俊以“厂晶”为笔名于《小说月报》第 12 卷 7 号上译登日本文学家千叶龟雄之《犹太文学与宾斯奇》。同日，汉俊在该刊又以“海镜”为笔名译登日本文学家梅泽和轩之《后期印象派与表现派》，并于译文之前撰写了一段引言向读者介绍说：“我曾为本志译了一篇黑田礼二氏的柏林通信《霶飚运动》，登在十二卷六号，想看了这篇通信的读者诸君是约略知道了现在德国艺术界的情形和表现主义在德国的情形的。然而表现主义究竟是什么东西？恐怕还不明了。诸君如果看了我新译的《近代俄国文学的主潮》这篇的第十三节《表现主义》，或者就可以明了起来，但这段东西太过简单，恐怕不足以供研究者的研究。现在又接到五月号的《新公论》，里面有梅泽和轩氏做的一篇《表现主义与新六法主义》的文章；内中有关于表现主义的一部分很可以供研究者诸君的参考，所以把他大意写了出来，登载本志。这篇文章的作者是主张新六法主义（六法，即东洋美术里面谢赫所唱的六法；把这六法加上新的解释了，就是作者所说的新六法主义）比表现主义还要好的，或者不免有点偏见，但指驴为马的事或者不会有；总之，都不失为我们研究的材料。”或是受一大前后风声鹤唳影响，汉俊首次在同一日、同一刊物上的文章中使用不同的笔名。

7 月 22 日 汉俊同赴沪参与一大的代表于博文女校召开中国共产党第一次全国代表大会预备会议。关于当天的情景，包惠僧曾在回忆中特别提到："大会开始的前一天，在我住的那一间房子内商量过一次（算是预备会），并不是全体代表都参加，我记得李汉俊、张国焘、李达、刘仁静、陈潭秋、周佛海和我都参加了，其余的人我记不清楚。李达也把王会悟带了来，我们在里间开会，她坐在外间的凉台上。"①

7 月 23 日 中国共产党第一次全国代表大会在上海法租界贝勒路树德里汉俊寓所召开，正式宣告中国共产党的诞生。毛泽东、董必武、陈潭秋、何叔衡、王尽美、邓恩铭、张国焘、刘仁静、包惠僧、陈公博、周佛海、李达、李汉俊 13 人出席大会，另有共产国际代表马林及尼柯尔斯基列席。陈独秀因在广东筹措广东大学预科校舍经费，未与会，转托陈公博带来《致各代表的信》，向大会提出四点意见。会议由张国焘主持，汉俊作为上海代表发言并参与审查会议文件，同时为马林作翻译。汉俊兄嫂薛文淑应汉俊要求，为会议提供力所能及的照应（但她当时并不知道这次会议就是党的一大）。

关于中国共产党第一次全国代表大会召开时的情形以及汉俊在会议期间的表现，多位一大代表皆有述及。

毛泽东曾在中共九大开幕式上的讲话中说："第一次代表大会，只有十二个代表。现在在座的还有两个，一个是董老，再一个就是我。有好几个代表牺牲了，山东的代表王尽美、邓恩铭，湖北的代表陈潭秋，湖南的代表何叔衡，上海的代表李汉俊，都是牺牲了。"②

---

① 包惠僧：《勘察上海革命历史博物馆的几点意见和几点回忆》，见中央音乐学院马列主义教研室中共党史组编：《中国共产党第一次全国代表大会》，1979 年版，第 85 页。

② 《建国以来毛泽东文稿》（第十三册），中央文献出版社 1998 年版，第 23 页。

当时负责主持会议的张国焘在回忆录中回溯了一大召开的具体经过，称汉俊在会上主张改良路线，并与刘仁静展开了激烈争论，而“所有代表都给予他（汉俊）不同程度的批评”。张国焘提到：“我和李汉俊、刘仁静、周佛海等在会前曾就党纲和政纲作过几次商讨，各人的立场都显得更清楚，自然也发现了歧见。李汉俊首先表示了不同的意见，提出现在世界上有俄国的十月革命；还有德国社会党的革命；中国的共产主义究应采取何种的党纲和政纲，应先派人到俄、德国去考察，在国内成立一个研究机构如马克思主义大学等，从事精深的研究后，才能作最后的决定。他并具体指出共产主义革命在中国既未成熟，目前共产党人应着重研究和宣传方面的工作，并应支持孙中山先生的革命运动，在孙中山先生的革命成功后，共产党人可以参加议会。与李汉俊针锋相对展开争论的是刘仁静。他主张中国共产党应信仰革命的马克思主义，以武装暴动夺取政权，建立无产阶级专政，实现共产主义为最高原则。他反对西欧社会民主党的议会政策以及一切改良派的思想。他认为中国共产党不应该只是马克思主义的研究团体，也不应对国民党和议会活动有过多的幻想，应积极从事工人运动以为共产革命的准备。李汉俊的意见成为大会讨论的焦点，除陈公博有时对他表示一些含混的同情外，所有代表都给予他不同程度的批评。大多数代表主张中共应确立无产阶级专政的基本原则。”①

陈潭秋也在回忆中谈到了一大召开过程中汉俊与他人发生的争论，但与张国焘说法不同的是，陈称汉俊的观点得到了李达和陈公博的拥护。他提到：“大会开幕就在上面所说的校内举行的，而大会本身的工作，则在李汉俊的家里进行。大会共开了四天……在讨论这些问题时，发生了争论。一部分是对党的基本任务和组织原则问题。一方面以李汉俊为首表示公开的‘马克思主义者’，认为无产阶级尚很幼稚，不了解马克思的思想，需要

---

① 张国焘：《我的回忆》（第一册），现代史料编刊社 1980 年版，第 138—139 页。

长期的宣传教育工作。在这一基础上，李汉俊认为需要建立真正无产阶级政党，反对无产阶级专政，拥护资产阶级民主。他指出就是在资产阶级民主范围内，亦可以公开的组织和教育无产阶级的，用不着组织工会，最好还是用一切力量去发展学生运动和文化教育工作。李汉俊申明，首先应真正的组织知识分子，用马克思理论把他们武装起来，然后，当知识分子已掌握了马克思主义时，才能有力的组织和教育工人。因此，他认为无产阶级的党，用不到有纪律的战斗的党，主张党成为联合知识分子的，公开的组织和和平的政党，成为研究马克思主义的组织。由此他得出结论：凡承认和宣传马克思主义原则的都可为党员。参加党某一组织和在里面进行实际工作，他认为是不必要的。李汉俊的观点，拥护的还有李达和陈公博。"①

1946 年陈公博在临死前不久曾撰写了一份回忆录，同样提到汉俊与张国焘的摩擦，称张国焘当时指控汉俊是"有问题的"，并说汉俊在会议期间"内心恐慌"，因其信奉的不是马列主义而是托洛茨基理论。②

被张国焘指称与汉俊在一大上发生激烈争吵的刘仁静，在回忆中提供了与张国焘完全不同的说法。他特别回溯了汉俊在一大上的表现，对汉俊的学识和品行表达了肯定，并特别表明自己曾在一大闭幕选举上投给了汉俊一票。他表示："我和李汉俊在中国共产党第一次代表大会时一起开过会，那时除了开会碰面以外，没有什么私人的接触。在'一大'会议上有些什么争论，也记不大清楚了。有人说我左倾，李汉俊右倾，我认为是不大符合实际的，似乎当时对许多问题没有很好地展开讨论。李汉俊没有说过反对成立共产党的话，他似乎同意共产党员参加议会。李汉俊曾留学日本，没有去过苏联，他的思想大概受日本的河上肇、

---

① 陈潭秋：《回忆中国共产党第一次全国代表大会》，见李忠杰等编：《中国共产党第一次全国代表大会档案文献选编》，中共党史出版社 2015 年版，第 123—124 页。

② 陈公博：《我与共产党》，见李忠杰等编：《中国共产党第一次全国代表大会档案文献选编》，中共党史出版社 2015 年版，第 152—153 页。

山川均等人的影响。李汉俊在会上的态度很好，表示说，我就是这样的一种思想，如果大家不同意，我服从大多数。当时主持会议的是张国焘，他是有点排斥李汉俊的意味的。……我同李汉俊都是湖北人，在‘一大’上，湖北人几乎占了一半，有董必武、李汉俊、陈潭秋、包惠僧和我。我对李汉俊的印象是，他很像个学者，书读得很多，并且知道他懂日、英、法、德等几门外语。以后‘一大’代表们在南湖开会选举中央委员时，我因认为李汉俊有能力，便投了他一票，这在当时是很出人意料的。当唱票人念到李汉俊的名字时，董必武问：‘这是谁选的？’我说：‘是我选的。’他就没再说什么了。”①

1937 年董必武在陕甘宁边区接受英国记者尼姆韦尔斯采访时曾谈到中国共产党第一次全国代表大会召开的过程，并提到了汉俊：“每个省派两名代表出席，日本留学生派一名代表——周佛海，他后来叛变，参加了国民党。湖北省派陈潭秋和我。湖南派何叔衡（大约于一九三五年在红军中工作时与瞿秋白同时被害）和毛泽东。北京派张国焘和刘仁静。刘仁静现在是一个托洛茨基分子。上海派李汉俊和李达，李汉俊一九二七年在汉口被杀，李达现在是一个自由主义者，他成了一个大学教授。广东派陈公博和包惠僧，陈公博后来叛变成为南京政府的工业部长，包惠僧后来也成为国民党的内政部官员。山东派邓恩铭和王尽美——后来两个人都被杀了。来自共产国际的两个代表也出席了这次会议。一个是荷兰人，在中国我们都叫他马林。另一个是俄国人，他的名字我已经忘记了。”②

李达也在回忆中提到：“党的第一次会议是七月一日③下午八时，在

① 李丹阳：《刘仁静谈李汉俊》，《上海革命史资料与研究》2012 年号。

② 董必武：《创立中国共产党》，见胡水华等编：《中国共产党湖北早期组织》（下册），中共党史出版社 2016 年版，第 621 页。

③ “七月一日”应为当事人误记。此一舛误或源自 1941 年后，中共中央在文件中明确将“七一”作为党的诞生纪念日，延续至今。

上海贝勒路树德里李汉俊的寓所举行的，代表十二人全体出席，第三国际的代表马林和尼可洛夫也到了。会场的布置很简单，只有一个大菜台，周围可坐十余人，各代表席上只放了几张油印的文件，也没有张贴什么标语。当时开会，大家没有一点经验，连怎么开法都不知道，会上有两个问题争论不休，一个问题是：共产党人要不要加入资产阶级国会，另一个问题是南北政府有什么不同。关于第一个问题，李汉俊主张参加，刘仁静反对参加。关于第二个问题，有的说，北京政府不好，南方政府也不好，都是一丘之貉，有的说，我们的领袖（指陈独秀）还在广州做教育厅长，由此可见南方政府比北方政府进步些。代表们交换了一些意见之后，马林即席讲话，大意是说，中国共产党的成立，在世界上有很重大的意义，第三国际添了一个东方支部，苏俄布党添了一个东方的朋友。世界无产阶级联合起来了。他在演说中强调着要致电第三国际，报告中共的成立。并希望中国共产党的同志努力革命工作，接受第三国际的指导。”①

当时代表陈独秀与会的包惠僧曾回忆：“当时是李汉俊兄弟的住宅，开会时李书城先生不在家，会场是布置在楼上。……出席的代表计有：湖南毛泽东、何叔衡，武汉陈潭秋、董必武，山东王尽美、邓恩铭，北京张国焘、刘仁静，广州陈公博、包惠僧，上海李达、李汉俊，东京周佛海，共十三人。所传十二人是错了的。再加上马林、李克诺斯基，共是十五人。不过，马林和李克诺斯基只到过两次会……”②

周佛海在1942年的回忆中曾提到：“当时陈炯明在粤主政，还没有叛变，约仲甫（即陈独秀，编者注）去粤，担任广东教育委员会委员长。所

① 李达：《中国共产党的发起和第一次、第二次代表大会经过的回忆》，见中国社会科学院现代史研究室编：《“一大”前后：中国共产党第一次代表大会前后资料选编》（二），人民出版社1980年版，第8页。

② 《包惠僧回忆录》，人民出版社1983年版，第28页。

以代表大会，他不能亲来主持。广东代表是公博，北京是张国焘、刘仁静，长沙是毛泽东和一位姓何的老先生，汉口是陈潭秋、包惠僧，上海是李达、李汉俊，济南是谁记不清了。丁默村虽然不是代表，却是 C.Y.（共产主义青年团）的活动分子，也在上海。我便算是日本留学生的代表。其实鹿儿岛方面，没有一个人参加，东京只有一个施存统。我算是代表施和我自己两人。第三国际，加派了马林来做最高代表。我和毛泽东等三四人，住在贝勒路附近的博文女学楼上。当时学生放了暑假，所以我们租住。没有床，我们都在楼板上打地铺。伙食，当然是吃包饭。在贝勒路李汉俊家，每晚开会。马林和吴庭斯基也出席。”①

7 月 26 日　汉俊以“汉俊”本名于《民国日报》副刊《觉悟》上发表《妇女问题底关键》，提出“女子问题与劳动问题是一个问题”，阐明女子的解放只有在工人阶级真正实现解放后才能实现。他在文中运用唯物史观的观点，指出“一切劳动者和女子要解脱这被支配的地位，只有打破现在有部分人能够掠夺生产劳动者剩余价值的制度”，关键则在于实现“不受人支配的经济独立”。汉俊认为，这种经济独立是建立在“以解决劳动问题为先决问题”的基础之上的，绝不等同于简单的“脱离了家庭，进了工厂的经济”，否则女子还是“工厂底奴隶”，“占到不受人支配的经济独立，不好一似叫掉在后面几百里距离的女人和那数百里前面的人相竞争么”。因此，“女子问题与劳动问题是一个问题，是同时解决的问题。劳动问题解决了，一切男女问题才有解决底希望”。汉俊此一观点与之在主持《星期评论》社期间参与“妇女问题”辩论时一致，与《男女解放》等文章如出一辙，都坚持妇女要获得自己解放自己的能力，关键在于实现经济上的独立。即“经济如果不能独立，所有一切的办法，都是枉然。但是经济独立

① 周佛海：《回忆中国共产党第一次全国代表大会》，见李忠杰等编：《中国共产党第一次全国代表大会档案文献选编》，中共党史出版社 2015 年版，第 156 页。

不是女子神圣观可以使他独立的。不是男子可以使他独立的，男子只可以帮助他独立，还是要我们女同胞自己想法子独立”①。这体现了汉俊对于马克思主义妇女解放问题的科学认识。

7月30日 法租界密探于当晚闯入中共一大会场，引起与会代表的警觉。经马林建议，大部分与会者撤走，由汉俊及陈公博留守。少顷，法国巡捕及中国警察若干包围汉俊寓所，并进行搜捕。汉俊借称为商务印书馆编辑，与之沉着周旋，法国巡捕旋退。得益于汉俊的机智应对，无一代表被捕。

关于一大期间这次惊心动魄的插曲，诸位亲历者皆记忆深刻。

当时与汉俊一同留守会场的陈公博曾在自传中对此事有过详细记录：“……连日开会均没有更换地点，终于一天晚上，变故遂降临了。我们在汉俊楼上开会，人还没有到齐，俄代表马令（马林）和吴庭斯基（维经斯基）也到了，忽然有一个仆人跑上楼来报告，说有一个面生可疑的人问他经理在家否，这个仆人也算机警，急急上楼报告。俄国代表一听这样说，或者因为长期经验关系罢，立刻主张解散，我看各人本来已有些慌张，一听马令主张解散，都开前门分头逃走，上海的弄堂房屋本来是惯走后门而不走前门的，大家往前门走，等于事急走太平门的办法。我本来性格是硬绷绷的，平日心恶国焘不顾同志危险，专与汉俊为难，到了现在有些警报又张惶的逃避。心中又是好气，又是好笑，各人都走，我偏不走，正好陪着汉俊谈话，看到底汉俊的为人如何，为什么国焘和他有这样的恶感。他们走后不到三分钟，我和汉俊谈不上几句话，突然面前出现了几个人。现在我还记得，有三个法国警察官，有四个中国的便衣密探，至于外面还有多少人，那我被关在楼上是不知道的。这班人上楼之后，空气一时非常紧张，有两个人监视着我不许离开座位，不许说话，甚至乎不许喝茶，其余

① 李汉俊：《男女解放》，《星期评论》“新年号”，1920年1月3日。

的人便监视着汉俊，往房间和各处搜索。为首的法国警察，问谁是主人，汉俊不慌不忙的自己承认。这样搜索，花了一个多钟头，什么都看到，唯有摆在抽屉一张共产党组织大纲草案，却始终没有注意，或者他们注意在军械罢，或者他们注意在隐密地方而不注意公开地方罢，或者因为那张大纲写在一张薄纸上而又改得一塌糊涂，故认为一张无关重要的碎纸罢，连看也不看。这样过了一个多钟头，才审问汉俊。他们问汉俊，为什么家藏许多书，汉俊是懂得几句法语的，告诉他们，他是学校教员，藏书是要来供参考和研究之用。他们问为什么有许多社会主义书籍，汉俊说，他兼任商务印书馆的编译，什么书都要看看。他们问汉俊，那两个外国人是什么人，汉俊说是英国人，是北大的教授，这次暑假来沪常常来谈……法国警官的态度似乎缓和了，但关于我是否日本人的问题，他还反复研问，我揣测他这样寻根觅究，也许他另接报告，以为我们中日俄党人在这里开什么会。这样又经过半个钟头，那位法国先生便用法语向汉俊演说一番，后来汉俊告诉我，法国人所说的话，大意说知道我们是知识分子，大概想有某种的企图，但中国教育还未普及，什么都谈不到，希望我们以后专在教育上用功，今天既然找不到证据，只好便宜我们了。他们一窝风（蜂）下楼之后，汉俊便催我急走，我说危险算是过去，我们何必事后张惶，再开一听长城牌享受一下罢，因为我不吸烟又半个多钟头了。尤其是难受的，两个钟头未喝茶，口干得厉害。汉俊重新叫人煮水沏茶，楼梯又响，我那时真有些吃惊，难道他们又卷土重来，谁知那人头探出来的是包惠僧。惠僧问我们法国巡捕走了没有，我说此非善地，你还是走罢，详情明日再谈。惠僧走后，我和汉俊再谈几句，看时计已十点多钟，遂和汉俊告别。”①

张国焘也在回忆录中提到此事：“为便于马林与尼科罗夫斯基出席起

① 陈公博：《我与共产党》，见李忠杰等编：《中国共产党第一次全国代表大会档案文献选编》，中共党史出版社 2015 年版，第 153—155 页。

见，大会并改在李汉俊家里举行。大约是七月八日晚七时，当我们围坐在李家楼上书房的一张大餐桌的四周，正要宣告开会的时候，突然有一个陌生人揭开书房的门帘，窥探了一下，说声‘我找错了人家’，就转身走了。我们都警觉到这人可能是法租界的暗探。我立即请大家将文件收拾好，准备立即离开，并将此事翻译给马林和尼科罗夫斯基听。马林十分机警，从座位上一跃而起，以手击桌说：‘我建议会议立即停止，所有的人分途离开。’说完后，就同尼科罗夫斯基首先走了。各代表也就随之分途散去。当我最后离开时，李汉俊声言他是屋主不应离开，陈公博也愿留在那里与他作伴。果然，十分钟以后，一个法国巡捕带着一批警探围住了李家，他们追问李汉俊开的是什么会议？开会的人哪里去了？那两个外国人是什么人？这些问题都被李汉俊镇静地应付过去了。在场的陈公博反而受惊不小。警探们大肆搜查，没有发现什么可入人罪的证据，始失意而去。当时我们保密观念很薄弱，可能当大会在博文女校进行时就已为警探所注意，那次改在李家举行也未逃掉他们的耳目，而且他们很可能有一网打尽之计，故选择马林与尼科罗夫斯基参加时下手。”①

周佛海在回忆中表示：“在贝勒路李汉俊家，每晚开会。马令和吴庭斯基也出席。开到第四晚时，究竟是马令有经验，他说：‘明晚一定要换个地方。我们在此一连开了几晚会，一定使巡捕注意。’我们说反正明天只有一晚，一时又不易另找地方，大概不要紧。于是决定仍在原地。那天下午，我忽然肚子大痛大泻，不能出门，一个人睡在地板上想工作进行的步骤，糊糊涂涂也就睡着了。大约十二时左右，忽然醒来，看见毛泽东探头探脑进房来，轻轻的问我道：‘这里没有发生问题吗？’我骇了一惊，问他，才知道是出了事。原来他们正在开会的时候，忽然有一个面生的人跑进房来，因为当时既没有卫兵守门，而汉俊家又是和同乡合住。所以

① 张国焘：《我的回忆》（第一册），现代史料编刊社 1980 年版，第 142—144 页。

此人上楼，没有人去阻止。他进房来一看，便道：‘对不起，走错了。’说完，立即退回。究竟是马令机警，他说：‘快散了罢，一定是侦探。’于是立即散会，只有公博还留着与汉俊闲谈。不到一刻钟，法国探目、安南巡捕、中国包打听，把房子围住，一涌上楼。探捕问他们为什么开会，他们说，大家都是北大学生，因为要出一种杂志和丛书，所以开会商议。探捕又问，为什么有两个外国人，他们说，两人是北大教授，请他们指导。一个中国探捕指着公博道：‘你不是日本人吗？’原来公博虽然自信他的北京话，说得和北京人一样，而别人听起来，却好像是外国人说中国话。所以硬指他是日本人。经了好久的说明，才证明他是广东人。巡捕看见汉俊书架上，全是社会主义的书，于是大教训一顿，说不应看这些书。问了一刻，也就去了。侥幸巡捕没有搜身。他们两人衣袋内，都放有共产党党纲草案，如果搜出，还有不进巡捕房的道理！”①

刘仁静晚年在北京受访时也提到：“我们多半是在李汉俊的家里那个二楼上开会。大多都在晚上开会。记得出事的那天晚上，正要开会，忽然一个人进来，掀开门帘一看，就走了。不记得是张国焘还是马林说：这是包打听，不能在这里开会了。李汉俊就把有颜色的纸、文件都烧了。后来警车来了，巡捕上楼抄家，但没有发现什么，也就没有捕走李汉俊。”②

包惠僧的回忆与上述诸人基本相同，但转述了汉俊本人的说法：“据汉俊说：‘你们走了不过十多分钟，陈公博还没有走，有十几个巡捕和包打听来搜查了一番，并没有搜去什么，他们问我们开什么会，我答应是北京大学的几位教授谈谈编辑新时代丛书的问题，并不是开会。好在他们都

① 周佛海：《回忆中国共产党第一次全国代表大会》，见李忠杰等编：《中国共产党第一次全国代表大会档案文献选编》，中共党史出版社 2015 年版，第 156—157 页。

② 《访问刘亦宇谈话记录》，见中央音乐学院马列主义教研室中共党史组编：《中国共产党第一次全国代表大会》，1979 年版，第 122 页。

知道这是阿哥（李书城）的公馆，最后还说了几句道歉的话走了。'”①

李达曾提到："他（马林）致词后正在开始做报告之时，忽有一个不速之客闯进会场来，张目四看，我们问他'找谁'？他随便说了一个名字，匆忙的下楼去了。马林很机警（富有地下工作经验），他说'此人可疑，我们赶快转移。'我们离开会场不过一刻多钟，法租界巡捕房开了两辆卡车，载了十多个巡捕，拥进那个会场，结果扑了一个空，连片纸只字都没有得到。这房子的主人是李汉俊，能说法国话，他和那些巡捕说，他家里并无人开会，那些巡捕只好走了。这真危险，假设没有马林的机警，我们就会被一网打尽了。这是因为马林用英文大声演说，夹杂着说了好几次中国共产党，被法国巡捕听去了，所以才有那一场风波。"②

陈潭秋也在回忆中说："这天吃过晚饭后，大会的参加者晚八点集合于李汉俊的家中，主席宣布大会继续工作时，在隔壁房间内发现了一穿长衫的可疑人物，追问这不知名的人，问他是谁，他回答说找社联组织的主席王某，后又说找错了，即很快的出去了。对的，离李汉俊房子经过三幢房子的地方有一个社联的组织，但大家都知道这一组织并没有主席，更没有姓王的人在。因此这人对我们非常可疑，我们即很快收集了文件隐藏起来了。只剩下李汉俊和陈公博。真正没有经过十分钟，李汉俊的家中即出现九个侦探和警察搜查房子。除了公开的马克思主义书籍外，他们什么也没有找到，因此，没有人被捕。"③

当时受汉俊嘱托为会议提供照应的兄嫂薛文淑曾提到这次搜捕事件发

---

① 包惠僧：《共产党第一次全国代表会议前后的回忆》，见李忠杰等编：《中国共产党第一次全国代表大会档案文献选编》，中共党史出版社 2015 年版，第 159 页。

② 李达：《中国共产党的发起和第一次、第二次代表大会经过的回忆》，见中国社会科学院现代史研究室编：《"一大"前后：中国共产党第一次代表大会前后资料选编》（二），人民出版社 1980 年版，第 9 页。

③ 陈潭秋：《回忆中国共产党第一次全国代表大会》，见中共中央党史研究室、中央档案馆编：《中国共产党第一次全国代表大会档案文献选编》，中共党史出版社 2015 年版，第 124 页。

生后汉俊家中的情况，她说："我只是记得有一天，我回到家，一进门就发现天井里有些烧剩的纸灰。厨师老廖告诉我说，有法国巡捕来搜查过二先生（指汉俊）的房间，并说没有抓人。这时汉俊已不在家，我上楼到他房间看了一下，除了书架上的书比较零乱以外，没有别的迹象，其他房间据老廖说连进都没有进去。因为书城曾对我说过'你少管汉俊的事'，所以汉俊回来后我没有问，他也没有提这件事。后来回想起来，那次可能就是在开中国共产党成立的第一次代表大会。"①

8月初 因前为法国巡捕侦之，中国共产党第一次全国代表大会暂时中断。与会代表经商议后，相继转移至嘉兴南湖续会。汉俊留守未去。会上，与会代表进行无记名投票，选举陈独秀、李达、张国焘组成中央局，作为党的全国领导机构。汉俊未当选，仅获得刘仁静投给他的一票。至此，中国共产党第一次全国代表大会圆满完成全部议程，胜利闭幕，宣告了中国共产党的正式诞生。会后，汉俊与董必武共同起草了呈交给共产国际的报告《中国共产党第一次代表大会》②。

汉俊等在《中国共产党第一次代表大会》中写道："在这以后，我们提高了警惕，为了继续开会，只好到附近一个小城市去。我们在那里研究了委员会起草的实际工作计划。在我们对其他政党的态度问题上，产生了短时间的争论。"③

刘仁静回忆："后来李达的爱人王会悟说到她家乡嘉兴南湖去开会吧，

① 《薛文淑对李汉俊的点滴回忆》，见中共"一大"会址纪念馆、上海革命历史博物馆筹备处编：《上海革命史资料与研究》（第3辑），上海古籍出版社2003年版，第579页。

② 这份文件未署名，但据董必武在1929年致何叔衡的信中确认，报告为他与李汉俊共同起草。参见《董必武同志关于"一大"情况给何叔衡同志的复信》，见中共中央党史研究室、中央档案馆编：《中国共产党第一次全国代表大会档案文献选编》，中共党史出版社2015年版，第69页。

③ 《中国共产党第一次代表大会》，见中共中央党史资料征集委员会编：《共产主义小组》（上册），中共党史资料出版社1987年版，第52页。

第二天我们就到了嘉兴南湖。李汉俊没有去，陈公博因为那天晚上出事害怕了，就没有敢到南湖去开会。所以'一大'的那些会，也不是每一个人都参加了的。我记得会议都是周佛海主持的，张国焘回忆录中说是他主持的，我不知道是怎么回事。……南湖会议上进行了选举，是用无记名投票方式，我也投了票。我记得这么一件事：投票后在唱票计票时，有一张票上有李汉俊、李达。董必武问：这是谁写的？我说这是我写的，他也就没再说什么了。后来回到北京，我又见到李汉俊，他对我的那一票表示感谢。我又见到蔡和森，他说：你这票是有历史意义的一票，因为只有你选举了李汉俊。南湖选举的结果是：陈独秀、李达、张国焘当选为中央委员，没有后补委员。后来张国焘留在上海组织劳动组合书记部，又在北京建立了分部。"①

陈潭秋在回忆中特别提到了汉俊未参加南湖闭幕会议的原因："这是大会的最后一天。李汉俊和陈公博没有出席，因为在搜查后，在他们后面有人盯梢。那天早上是阴天，但在八点钟后，即有许多游人，当然因此使我们的工作困难，但在十点半钟时，下起小雨来了，游人都散了。因此保证能安心工作，我们一直讨论到晚上十一点，除了最后批准党章外，我们还讨论了对孙中山的态度问题，关于设立中共临时中央局的问题，然后举行了中央局的人选。"②

8月10日　汉俊以"汉俊"本名于《民国日报》副刊《妇女评论》第二期上发表《妇女问题底重要性》。该文原定于是月3日在该刊创刊号上刊登，但因创刊号版面有限，遂挪至第二期始见报。在文中，汉俊延续了他之前关于妇女解放问题与劳动问题密切关联的观点，明确指出"两性问题是和劳动问题及用什么方法去打破现代经济制度、用什么方法去传播

① 《访问刘亦宇谈话记录》，见中央音乐学院马列主义教研室中共党史组编：《中国共产党第一次全国代表大会》，1979年版，第123页。

② 陈潭秋：《回忆中国共产党第一次全国代表大会》，见中共中央党史研究室、中央档案馆编：《中国共产党第一次全国代表大会档案文献选编》，中共党史出版社2015年版，第124页。

社会主义、学问的研究、民间的宣传……同一重要的问题，是同一急需讨论的问题”。正因如此，《妇女评论》杂志的创刊就是旨在“讨论两性问题及解决妇女问题的方法，以期得到一种正当的了解和正当的方法，以期防制那阻碍真正两性问题底传播和阻碍女子发展的一切要素的”。

同日 汉俊分别以“海镜”和“厂晶”笔名于《小说月报》第12卷8号上译登了日本文学家山岸光宣及金子筑水之《近代德国文学的主潮》《“最年青的德意志”的艺术运动》，介绍了德国文学当时的发展状况。

8月11日 中国劳动组合书记部（即中国工会办事处）在上海成立，是为中国共产党领导工人运动的总机关。

8月14日 汉俊以“汉俊”本名于《民国日报》副刊《觉悟》上发表《冤哉枉也！——抨击张东荪先生的人们》长文，共分二十个部分，对张东荪的基尔特社会主义观点进行了批判。张氏鼓吹资本家要对工人“发慈悲”，多发展实业，这样才是使工人过上“‘人的生活’的唯一方法”。对于这种劳资调和论调，汉俊运用马克思主义的阶级分析法指出，追求利润、剥削工人是资本家的本性，他们决不会发慈悲真心为工人好。“他们口里说是为救济贫民振兴实业兴立工场，他们却让人冻死饿死在他仓库前面，不肯开门；拼命地延长工作时间，拼命地设法购买新机器以求减少工人；拼命地设法少给工资，以求生产费低贱……他们垄断了生产机关，掠夺了劳动者底剩余价值，却对劳动者说‘你们没有我们就不能活命’。他们自己掠夺了劳动者底剩余价值，却说强盗可杀。他们杀人放火，却说为维持安宁。他们本来是为争夺市场而起的战争，却说是为维持人道正义。”汉俊认为，劳动者与资本家始终处于对立的地位。工人要实现阶级觉悟，只有进行社会革命，用阶级斗争的手段打倒“强盗阶级”，推翻旧的政治制度，建立社会主义。

8月17日 汉俊以“汉俊”本名于《民国日报》副刊《妇女评论》第三期上发表《女子怎样才能得到经济独立》，提出只有打破私有经济制度，才能真正实现女子的经济独立。这种观点与汉俊之前发表的《男女解放》《妇女问题底关键》《妇女问题底重要性》等文章一致，都明确点出了传统资产阶级女权运动的不足，即虽以争取男女在政治、法律、教育、职业的平等权利为目的，但并不能从根本上解决妇女问题。汉俊指出："女子所以堕到了现在地位，完全是因为伊们在经济上失了独立。"至于怎样得到经济独立，他认为，"只有打破现在私有经济制度的一途"。也就是说，中国妇女解放运动的根本目标，就在于通过社会革命的方式消灭私有制度，最终实现社会主义。汉俊呼吁广大女性同胞与男同胞联合起来，"一方面从事这平等运动，一方面又切莫忘记援助并参加劳动运动，并且还须把后者比前者看得重要，不要忘记最后的成功还是男子劳动者。世界的女子呵，和世界的无产男子结合起来呵！"

8月31日　汉俊以"汉俊"本名于《民国日报》副刊《妇女评论》第五期上发表《妇女弱点底由来》，再次强调只有打破私有经济制度，才能解除女子在经济上的束缚，实现女子的自由发展。他在文中疾呼，"旧妇女底弱点，是现存经济制度底结果。我们要扫除旧妇女底弱点，恢复女子底人的地位，只有设法打破现存的这掠夺的经济制度，解除女子在经济上被征服的地位，使男子无所施其术，使女子能够自由发展的一法"。

是月　中国共产党第一次全国代表大会闭幕后，新渔阳里6号退租，外国语学社自行结束。时已输送30余人到达莫斯科。

9月1日　《新青年》第9卷5号广告称，李漱石（汉俊笔名）翻译之《资本论》《经济学批评》《革命与反革命》，李定（汉俊日本就读晓星中学时的曾用名）翻译之《价值价格与利润》四部著作，将由人民出版社出版。

9月14日　汉俊以"汉俊"本名于《民国日报》副刊《妇女评论》第七期上发表《男女社交应该怎样解决》，指出男女社交问题是封建礼教和男子的性别歧视产生的，解决办法在于打破私有制度，实现女子经济上的独立。这是汉俊对妇女解放问题的又一次阐释。汉俊认为，“在这私有制度还没有打破的过渡时代，我们就只好满足于限于阶级的男女社交了。幸而机械工业要来恢复女子卖劳力的生活，解放女子性的桎梏，放女子由深闺里面跑出来了，我们就须愈益促进这种倾向”。在汉俊看来，在当前的社会环境下，解决男女社交问题的方法就在于一方面“援助女子在社会上得到职业，并进而作一切职业向女子开放的运动，使女子易于从事职业，如设公共育儿所之类，使女子的劳动报酬和男子一样，使女子能够受男子同等的教育，使女子能够有财产权。又一方面男子要除去轻视女子和专在性上认识女子的心理，女子除去卑视自己和专在性上认识男子的心理。一方面又须实现自由结婚和自由离婚”。至于来自“礼教”的束缚，“只要男女社交实现，彼也就要自然倒了。因为道德是由事实发生出来，需要彼的事实没有了，彼也就不能存在”。

9月30日 汉俊以“汉俊”本名于《民国日报》副刊《觉悟》上发表《中国人为什么向日本政府请求博士学位?》，对日本政府意欲授予中国山东籍历史学者柯劭忞[①]博士学位的事件予以了评论。汉俊批评说：“以不识货的外交官而代中国学者请求博士，已使人不无感想，何况柯氏又是山东人呢！至于叫柯氏向日本大学提出请求，就更奇怪了。柯氏要得博士，为什么不可向中国学术机关或欧美各国请求，一定要向日本大学请求呢？难道山东人已经编入了日本籍了么？又难道是中国人要得博士非同朝鲜……人一样，非向日本请求不可的么？何况柯氏所著元史是中国历史之一部分，中国人对于中国历史的判断应当在日本人之上呢!”

是月 陈独秀和中央局研究，议决在沪成立人民出版社，由李达负责，社址位于上海成都南路辅德里625号李达寓所(今成都路7弄30号)，

① 柯劭忞(1848—1933)，山东胶州人，著名历史学者。民国成立后，任清史馆总纂官，参与编修《清史稿》14年，负责总阅全稿。

对外假称社址在广州。该社后来出版陈望道译《共产党宣言》及《列宁传》等书籍 15 种，并计划出版汉俊译《价值价格与利润》等书。

10 月 4 日 陈独秀在老渔阳里 2 号寓所被法国巡捕房逮捕，同时被捕的还有杨明斋、包惠僧、柯庆施、高君曼，后又捕到褚辅成、邵力子等人。后经张继等人努力，被捕人员获释。是月 26 日，法国巡捕房以“《新青年》杂志有过激言论”为由，罚洋一百元，书籍没收。①

11 月 10 日 汉俊以“汉俊”本名于《小说月报》第 12 卷 11 号上译登《新希腊文学的近状》，介绍了希腊文学界的发展动态。同日，汉俊又以“海晶”笔名于该刊译登了日本左翼文学家平林初之辅的《民众艺术底理论和实际》。

12 月 10 日 汉俊以“海镜”笔名于《小说月报》第 12 卷 12 号上译登了村松正俊之《意国文学家邓南遮》，对邓南遮其人进行了评价。这是汉俊继 1919 年末发表于《星期评论》上的《军国主义的末路如何》《徐树铮与谭能党》之后，第三次撰写与邓南遮有关的文章。但与之前两篇文章对邓南遮的批判态度相比，汉俊此次译登的《意国文学家邓南遮》一文对其的评价却偏于正面。文章称邓南遮是“全意大利人所尊为三大诗人之一的诗人”“意大利文坛的总帅”，其影响力“已跃出意大利而扩张到全世界”，是“檀德以后第一人”。

是月 施存统于日本东京被捕入狱，并在受审过程中向日本警方供述了上海党、团的有关信息及与汉俊等人的交往情况。施存统在口供中提到：“上海之社会主义团体，与余有关者乃共产党、社会主义青年团及社会主义大学校。此皆为秘密团体，故没有固定办事地点，与各地同志相互联络，每以各团体主任或委员住处为通信地址。上海之共产党有两

① 韩罗以、吴贵芳译：《上海工部局警务日报（Police Daily Report）资料摘录（1921 年 1 月至 1924 年 12 月）》，见中共“一大”会址纪念馆、上海革命历史博物馆筹备处编：《上海革命史资料与研究》（第 6 辑），上海古籍出版社 2006 年版，第 680 页。

种。一种乃陈独秀所创建，信奉纯粹之马克思主义；另一种为黄界民（黄介民）派所组织，信奉杂以无政府主义思想之马克思主义。而余有关者乃前者。社会主义青年团成立于大正九年八月，目的在从事实际运动；现居上海南成都路辅德里六百二十五号之李达专掌团务，李人杰负总责。李达又名李鹤鸣，李人杰又称李汉俊，皆曾留学日本。社会主义大学校为宣传主义之所谓通信学校，由陈独秀、俞秀松、吴明（即陈公培，编者注）、李人杰、沈定一（玄庐）、王仲甫（重辅）及余等七人于大正九年五月成立，其团员与社会主义青年团同，然前者专事实际运动，后者则以宣传主义为目的。……在杭州师范学校学习期间，余曾发表论文《非孝》，排斥儒教、否认忠孝。因该文，颇受中国青年欢迎，以至于为主义者所知，后得以结交同志，开始交往。其主要者为：陈独秀、戴天仇（季陶）、李达、张国焘、俞秀松、黄璧魂（女）、李淖、周佛海、谢晋青、李人杰、杨明齐（斋）、李和明、哲民（费哲民）、李灵丹、邵力子等，余来日后仍有书信往来。就中，陈独秀、戴天仇二人乃余最崇拜者，彼等一直汇寄生活费与余。……迄今交往之日本社会主义者，有堺利彦、高津正道、伊井敬、宫崎龙介、山川均、高濑清等。最初得会堺乃前年（一九二〇年）十二月许，李达来函与堺，询问其载于《改造》杂志文中所略者何字，余代转。时经谢晋青介绍与朝鲜人权某(概权熙国）一同访堺。次乃去年(一九二一年）二月，李人杰托余购买其时尚未能公开出版之卖文社刊《空想的及科学的社会主义》一书时，以及数月前介绍上海俄国过激派代表所派张太雷时。”①

是月　汉俊受聘汉口督办商场建筑事宜处总工程师。离沪赴汉前，嘱托兄嫂薛文淑替其赎回亡妻遗物。关于当时的情景，薛文淑曾回忆说：

---

① 《施存统の供述》，见［日］石川祯浩：《中国共产党成立史》，东京岩波书店2001年版，第486—487页。

"这以后过了一段时间，汉俊要离开上海去湖北，临走前交给我张当票说：'你以后有钱就把它赎出来，没钱就算了。'他走后，书城托小姑爷（张国藩）接我全家去武汉。行前，我拿100元钱去当铺把东西赎出，原来是他亡妻遗下的首饰，这些首饰以后汉俊又给了后来的妻子。当时我很纳闷：汉俊在外据说是教书，又写文章，总该有点收入，而他从来分文不交给家里，连他的孩子的全部用度，都是由书城供给，他生活又简朴，几乎一日三餐都在家里吃，没有什么用钱的地方，何至于还要去当铺？现在我想，他的钱大概都用于革命之需了。"①

---

① 《薛文淑对李汉俊的点滴回忆》，见中共"一大"会址纪念馆、上海革命历史博物馆筹备处编：《上海革命史资料与研究》（第3辑），上海古籍出版社2003年版，第580页。

1922年　32岁

1月4日，上海召开大会，要求废除“二十一条”，解决山东问题，反对四国协定。国内各界亦纷纷响应，掀起筹款赎路和追究梁士诒责任之运动。

2月4日，中日签订《解决山东悬案条约》及《附约》。

2月6日，中、美、英、比、法、意、日、荷、葡九国在华盛顿会议上签订《九国公约》，规定：尊重中国之主权与独立及领土与行政之完整，废除“二十一条”，收回山东主权，取消外国在华势力范围和一切特权；施用各种之权势，切实设立并维持各国在中国全境之商务实业机会均等之原则。

4月29日，第一次直奉大战爆发，张作霖败北。

5月4日，孙中山再次下令挥师北伐，提出“受国民之托，树立共和，惩治邪恶，民治发达”口号，分兵三路，直取江西。

8月1日，中共旅欧支部在巴黎创办《少年》月刊，是为中国共产党在海外出版的第一份刊物。

8月24日，长辛店三千余工人举行大罢工。26日胜利，当日工人复工。

9月14日，安源路矿一万七千余工人举行大罢工。18日胜利。

10月，中共中央机关由上海迁至北京。

12月30日，第一次苏维埃代表大会决议，俄罗斯联邦、南高加索联邦、乌克兰、白俄罗斯四国结成联盟，成立苏维埃社会主义共和国联盟

（简称“苏联”）。

1月1日 汉俊以“汉俊”本名于《民国日报》副刊《觉悟》的增刊上发表《中国底乱源及其归宿》及《我们如何使中国底混乱赶快终止?》两篇长文，指出中国唯有建成社会主义方能终止混乱局面。在《中国底乱源及其归宿》一文中，他将中国社会的混乱归因于三个方面，一是“中国这社会底各局部间的进化程度太不一致而发生的激烈的调和作用”，二是“中国在全体上与世界底进化程度悬隔太远而发生的剧烈的调和作用”，三是“世界底资本阶级与中国底资本阶级在中国这市场上的争夺战”。汉俊认为，这种混乱局面是“中国进化急速的表现，要中国进化到了社会主义，才能终止”。在《我们如何使中国底混乱赶快终止?》一文中，汉俊对如进化到社会主义的问题做了进一步的阐释。他指出，中国走向社会主义不一定必须经过一个资本主义充分发展的阶段，因为“资本主义在现在中国没有充分发展的可能，并且又有非向社会主义的路上走去不可的必要”。在这种情况下，中国只有可能走社会主义这一条路，“中国底混乱又要中国进化到社会主义才能终止”。正因如此，“我们要使中国底混乱赶快终止，自然非努力使中国赶快上社会主义的路上不可了”。为实现这一目标，汉俊勉励中国的有志之士们继续努力。

同日 汉俊与中国共产党在沪的全部党员及中朝两国社会主义青年团团员百余人于市内散发印有共产主义口号的贺年帖。这是中国共产党正式成立后的一次重要舆论宣传活动。

陈独秀在1922年6月代表中共中央写给共产国际的报告中，特别将此事作为一项重要业绩加以汇报。报告中写道：“一九二二年正月一日，上海共产党全部党员及中国、朝鲜社会主义青年团团员一百余人、工人五十人，上午分散‘贺年帖’（内载鼓吹共产主义的歌）六万张于上海市内，下午分散攻击国际帝国主义及本国军阀的传单二万张于‘新世界’等群众聚会的游戏场。”①

关于这些贺年帖的具体内容，当时上海公共租界工部局警务日报中留有清晰记载：“此日报告前夹存当时宣传品一件。形状：书面纸、红色、印写。内容：一面印写‘恭贺新年’四字，另一面印花边，内排印文字如下：太平歌，天下要太平，劳工须团结。万恶财主铜钱多，都是劳工汗和血。谁也晓得：为富不仁是盗贼。谁也晓得：推翻财主天下悦。谁也晓得：不做工的不该吃。有工大家做，有饭大家吃，这才是共产社会太平国。”②

当时参与贺年帖发放的陈望道后来曾回忆：“一九二一年③新年，陈独秀建议我们到外面去拜年。贺年片上一面写‘恭贺新禧’，另一面写共产主义口号。我们一共七、八个人，全都去，分两路，我这一路去‘大世界’和南市。两路都是沿途每家送一张贺年片。沈雁冰，李汉俊、李达等都参加了。人们一看到贺年片就惊呼：‘不得了，共产主义到上海来了’。”④

1 月 3 日　汉俊在上海闻知汉口租界人力车夫因反对车行加租罢工并取得胜利的消息后，以“汉俊”本名于《民国日报》副刊《觉悟》上发表《汉口人力车夫罢工底教训》，明确揭示了工人运动的发展方向，即从要求增加工资、改善工作条件，进化到要求“生产关系的支配权”和“政治上的支配权”。汉俊赞扬在生产事业上本不占重要地位的人力车夫们通过罢工“觉悟了他们底实力，比他们向来所不敢比拟的一切绅士老爷底实力还

① 陈独秀：《中共中央执委会书记陈独秀给共产国际的报告》，见李忠杰等编：《中国共产党第一次全国代表大会档案文献选编》，中共党史出版社 2015 年版，第 69 页。

② 韩罗以、吴贵芳译：《上海工部局警务日报（*Police Daily Report*）资料摘录（1921 年 1 月至 1924 年 12 月）》，见中共“一大”会址纪念馆、上海革命历史博物馆筹备处编：《上海革命史资料与研究》（第 6 辑），上海古籍出版社 2006 年版，第 680 页。

③ 应为当事人误记，当为“1922 年”。

④ 宁树藩、丁淦林：《关于上海马克思主义研究会活动的回忆——陈望道同志生前谈话记录》，《复旦大学学报》（社会科学版）1980 年第 3 期。

要大”，而这种实力“由知识阶级底说明固然也能觉悟，但远不如他们自己由实际运动中体会得来的确切深刻而且迅速”。汉俊在文中还谈到近来发生的汉口英美烟厂工人罢工，说数千男女工人因为厂方对工人采取扣工钱、搜身、罚站等侮辱性措施“一致团结起来罢了工”，迫使资方答应了工人代表提出的大部分要求。对于这些罢工事件，他指出劳动者“只要能够觉悟自己底实在的能力，就会去设法表现出来”。他特别列举了欧洲工人罢工的例子，即一般先因生活所迫而罢工以求增加工资，胜利之后往往进而提出缩短工作时间、改善工厂卫生、设备等要求，“渐而至于主张自己在生产关系上的权力，终于要求生产关系的支配权了……又要进而要求政治上的支配权”。至于工人团体，一般先是组织职业工会，随阶级觉悟的提高，渐而组织产业工会，并进一步组织一地、一国工人的联合会，最后形成联合世界一切无产阶级的组织。汉俊希望湖北乃至全中国的工会运动能够比照欧洲的发展规律和方向不断前进，既觉悟到要得到生产关系上的“支配权”，也要得到政治上的“支配权”。

1 月 4 日 《民国日报》报道汉口商场督办由汤芗铭接任，汤并聘请汉俊为总工程师。

1 月 15 日 中国社会主义青年团机关刊物《先驱》创刊。原为半月刊，后因多种障碍未能按期出版。邓中夏、施存统等为主要撰稿人。因遭北洋政府查禁，从第 4 期起迁至上海由团临时中央局出版，后改团中央执行委员会出版。

1 月 22 日 汉俊以汉口督办商场建筑事宜处总工程师的身份，偕包惠僧、项英等出席“京汉铁路江岸工人俱乐部”成立大会，并发表《日本劳动组合的情况与中国工人组合的步骤》演讲报告，号召工人阶级团结起来，为争取工人的基本权利而不懈斗争。

关于当天与会的场景，包惠僧在回忆录中写道：“……那天细雨蒙蒙，刘家庙是距汉口十五华里的乡下，路上泥泞很深，非常难走，可是到会的人很多。全体工人除了出勤的以外，差不多都到了。他们并把各厂的厂长都请到了。会场布置得富丽堂皇，有茶烟、点心招待。各处来参加俱乐部成立大会的，有京汉铁路郑州、信阳、驻马店各站厂的工人代表，汉口租界人力车夫工会的代表等，李汉俊也被邀参加，他是以汉口市督办公署总工程师身份出现的。还有粤汉铁路徐家棚总站工人俱乐部代表。我是代表劳动组合书记部参加的。约在上午十时宣布开会，由德甫担任主席，报告俱乐部的筹备经过及组织俱乐部的意义，主要内容是提高工人的地位，崇尚正当娱乐，学习文化等。……李汉俊讲了《日本劳动组合的情况与中国工人组合的步骤》。我是以《劳动周刊》的代表被主席邀请讲话的（因为劳动组合书记部的名词不很通俗），我讲的题目是《新文化运动与工人运动》，并介绍了全国各地的工人组合运动。”①

1月23日 汉俊以“汉俊”本名于《民国日报》副刊《觉悟》上发表长文《唯物史观不是什么?》，共有九节内容，分两期连载，至是月31日载毕，详细阐释了唯物史观的主要内容和若干基本原理，是中国知识界对恩格斯的《社会主义从空想到科学的发展》第二章（哲学部分）解读的开篇之作。汉俊在开篇即写道，“唯物史观是马克斯（Marx）社会主义底基础；不能了解他底唯物史观，就不能了解他底主义；误解了他底唯物史观，就要误解他底主义。我们现在因为有许多人，对于他底唯物史观，有许多误解；所以特做这篇文章来解释”。

汉俊认为，相较于费尔巴哈，马克思、恩格斯是“用具体的科学替代了抽象的哲学……马克斯底学说不是抽象的哲学，乃是具体的科学，而又是一切哲学底后继者”。他特别强调，马克思主义的唯物史观绝不等同于哲学的唯物论，这是“绝对的错误”。这是因为，“唯物史观是论精神如何随社会状态、随生产方法、随生产器具、随劳动、照一定的轨道而进的问

① 《包惠僧回忆录》，人民出版社1983年版，第95页。

题的，哲学的唯物论是肉体与精神、物质与心灵、神与世界的事情的。唯物史观是间或一时期发生若何思想是什么道理的，哲学的唯物论是要解答思想与物质间的关系如何，思想底起源如何的问题的。这两者之间有绝对的区别是不可互相混同的”。

汉俊还特别强调，“唯物史观不是盲目的经济史观”。他在文中指出，“马克斯对于经济以外的物质的诸条件，也是充分承认了彼等底意义，仔细究明彼等底影响的。所以马克斯并没有无视经济以外的物质的诸条件。不过马克斯经了仔细的研究，发现了这些条件底影响很微弱，都只是经济条件底附属。而且这些条件底影响都是随人类底进化而减退的；所以论历史进化底大体的时候，是不妨置之于问题之外的”。不难看出，汉俊虽然看到了上层建筑对于经济基础的反作用，但他仍在一定程度上将唯物史观放在“经济史观”的框架中加以理解，显示出“经济决定论”的倾向。这与日本社会主义学者河上肇的观点是一致的。河上肇曾指出，“马克思的历史观……普通称他为‘唯物史观’，我想称他为‘经济史观’……因为他说明社会上历史的变迁，注重在社会上经济条件的变化”。这种过分强调经济因素影响的观点，显然在一定程度上影响了汉俊对唯物史观的解读。①

是月 针对一战结束后各国在华盛顿会议上的动向，共产国际于莫斯科召开远东各国共产党及民族革命团体第一次代表大会。中国共产党遣王尽美、邓恩铭、张国焘、瞿秋白等与会。

---

① 将唯物史观与“经济史观”等同视之，在五四时期中国知识界蔚为普遍。戴季陶就曾明确表示，“经济的历史观，就是唯物史观”。李汉俊也谈到，“马克斯用了这经济史观，才把从前一切唯物的史学家们所未能说明的说明了，把历史底变迁完完全全说明了”。李大钊在《我的马克思主义观》中也仍未彻底脱离“经济史观”的倾向。据日本学者斋藤道彦、后藤延子、石川祯浩等人考察得知，李氏该文前半部蓝本来自河上肇在《社会问题研究》第 2 辑上发表的《马克思的社会主义的理论体系》，后半部则来自福田德三的《续经济学研究》，都是较具代表性的“经济史观”著作。

是月　施存统遭日本政府驱逐，乘船回国。据上海公共租界工部局警务日报记载："施存统因共产党嫌疑自日本被追放抵沪，在96 Pao Kong Lee，Avenue Gottie（即霞飞路宝康里96号，编者注）安置。"①

2月2日　汉俊以"汉俊"本名于《民国日报》副刊《觉悟》上发表长文《读张闻天先生底〈中国底乱源及其解决〉》，分四期连载，至是月6日载毕。

1月2日，张闻天曾在《觉悟》上发表《中国底乱源及其解决》一文，对汉俊同月1日撰写的两篇长文《中国底乱源及其归宿》《我们如何使中国底混乱赶快终止?》进行了点评，并全面阐释了自己的政治观点。其中，张闻天对汉俊文中所持的"纷乱一定产生进化"的结论表示质疑，认为"进化"一词用得并不准确，应用"进步"更好，并指出纷乱的结果不一定必然产生进步，也可能带来灭亡。"我们受过科学洗礼的人，一定要看透：怎样的纷乱会产生灭亡；怎样的纷乱会产生进步。"同时，张闻天还从生产力与生产关系的角度说明"进化"与革命也不能等同。他认为，生产力如流水一般，富有流动性，生产关系像这流水的横断面，具有固定性。当这两者和谐时，就只有进化，如果这两者发生冲突再不能弥补时，就会发生革命。此外，张闻天对汉俊提到的调和能够产生进步的观点也提出了批评，指出"中国现在的调和作用不一定能够产生进步，如今日所受到的一切自己内部和外部来的祸乱，根本上不能破坏中国人底固有意欲，固有的思想系统，那么中国要求进步是不可能的……在今日的中国如其再主张什么新旧调和、南北调和等这种臭调子，真是灭亡之朕兆"。

对于张氏的意见，汉俊发表《读张闻天先生底〈中国底乱源及其解决〉》

① 韩罗以、吴贵芳译：《上海工部局警务日报（Police Daily Report）资料摘录（1921年1月至1924年12月）》，见中共"一大"会址纪念馆、上海革命历史博物馆筹备处编：《上海革命史资料与研究》（第6辑），上海古籍出版社2006年版，第680页。

以为回复，再次重申了反对劳资调和的立场，并对个别观点进行了补充说明。他在文中写道：“我所用的‘调和作用’底‘调和’二字，不是妥协的调和，乃是适应的调和，乃是同化或淘汰的调和。梁漱溟先生所用‘调和意欲’底‘调和’二字，究竟什么意义？与我所用‘调和’二字究竟是不是同一意义，我们不能晓得：因为我们没有读过梁漱溟先生底《东西洋文化及其哲学》一书，张闻天先生也没有为我们说明出来。说梁漱溟先生所用‘调和意欲’底‘调和’二字，与我所用‘调和作用’底‘调和’二字是同一意义么！而梁漱溟先生却以这‘调和意欲’为中国人‘只能达到平衡不能达到进步’的原因，显然是妥协的意义，与我所用‘适应’或‘同化或淘汰’的意义不同。说梁漱溟先生所用‘调和意欲’底‘调和’二字，与我所用‘调和作用’底‘调和’二字不是同意义的么！以应当已了解梁漱溟先生所用‘调和’二字和我所用‘调和’二字底意义（只要张闻天先生是把我那篇《中国底乱源及其归宿》的文章从头至尾看贯的，一定是会了解的）的张闻天先生于引用了梁漱溟先生‘中国人则不然，他的根本精神是有为调和意欲，只能达到平衡不能达到进步’一句话之后，接着就说‘中国现在的调和作用（由前后文看来，即我所说的中国混乱原因的调和作用）不一定能够达到进步’，似乎又是同一意义的。究竟是否同一意义？使人不无迷惑。”

针对汉俊的回应，张闻天 2 月 14 日于《民国日报》副刊《觉悟》上发表《给汉俊先生底一封信》作复，再次围绕“调和”观点进行了说明：“你底调和二字是有同化和淘汰底意思，意是不错的。但我们争论底要点是在说：中国现在这种调和是同化和淘汰底调和呢，或是妥协底调和呢？社会底现象是非常复杂的。有时有一部分的确是同化的淘汰作用，而其他一部分却是妥协作用的。并且有时就是同一现象在这方面看来，是同化和淘汰作用，在那一方向看都是妥协作用的。你说：‘机械工业正在征服手工业，新式交通机关正在征服旧式交通机关，君主立宪主义曾征服了笼统的保皇主义，第三阶级民主主义曾征服了贵族主义，民主派曾征服了洪宪和复辟……’是‘表现同化和淘汰作用正在进化（即进步）的方向上’，而我的观察却以为这种调和作用是妥协的调和作用。但到底哪一个的观察对，哪个的不对，我实在不敢下十分的肯定。”

2月26日　在汉俊的指导下，李伯刚（书渠）等带领粤汉铁路徐家棚总站工人正式成立徐家棚粤汉铁路工人俱乐部。汉俊并为工会章程及经费管理规则的制定提供了意见。徐家棚粤汉铁路工人俱乐部后来与株萍、新河、岳州铁路工人俱乐部联合发起成立了全国第一个铁路总工会——粤汉铁路总工会。

李伯刚（书渠）在去世前曾特别回忆了汉俊在徐家棚粤汉铁路工会成立前后的情况：“一九二一年底或一九二二年初，李汉俊从上海回武汉，同我见面时，还在批评我们以前在利群书社时的想法。……这时他对武汉工运很感兴趣，参加过粤汉铁路、京汉铁路、汉阳铁厂、汉口英美烟厂等处工会的活动，任湖北工团联合会的教育顾问。他说，他以前在上海所接触的几个工会，几乎都是挂招牌的，不像武汉的工会组织踏实。他参加过多次武汉中共区委员会的会议，有几次是借武汉中学教务处的房间开的，董老、陈潭秋都参加了。有几次是在三道街西马圈刘昌群家里开的。当时我在徐家棚粤汉铁路工会工作，兼搞马克思学说研究会的活动并兼《武汉星期评论》的编辑，常找李汉俊作学习报告，为《武汉星期评论》写稿。有时谈到工会的问题，他主张工会会员应以普通工人及小工为基础，团结待遇较高的机器工人，不要职员参加，有好的也只能作名誉会员。对经费管理要特别注意节约，手续清楚。我起草徐家棚工会章程及经费管理规则，接受了他的这些意见。劳动组合书记部当时没有统一的规定，对这个章程和规则也没有不同意见。他对工会还主张先搞几次经济斗争，从斗争中提高工人的觉悟，进而搞政治斗争。”①

傅光培也曾引述李伯刚的话写道：“‘二七’大罢工之前，汉俊指定李伯刚到粤汉铁路徐家棚工会负责。据伯刚说，当时他是徐家棚粤汉铁路工会的负责人，是由汉俊和董老等负责指挥的。汉俊并指定陈雪涛到江岸工会总部负责。”②

3月20日 武汉地区党团负责人包惠僧致信中国社会主义青年团中央书记方国昌（施存统化名），称今后来信可寄汉口商场督办处汉俊转交。约在此前后，汉俊在武昌的寓所成为武汉地区党团组织开会地点。③

3月26日 湖北女子师范学校校长王式玉欲开除进步教师刘子通及进步学生杨子烈、徐全直、夏之栩、陈比南、庄有义五人，导致学潮发生。汉俊受托进行调解，帮助学生复课。关于此事，几位当事的湖北女师学生皆记忆深刻。

夏之栩曾提到：“因闹学潮，我们和武汉学生联合会建立了联系，学生联合会就号召其他学校来援助我们。李汉俊虽然没有直接指导我们学校的学潮，可他经常和董必武、陈潭秋等人一起商量应该怎样领导学生运动。女师的学潮后来有些不好下台了，如果僵持下去，就会搞得我们既不能读书又不能毕业，斗争就有可能完全失败。他们认为解决这次女师学潮的办法就是调停。于是请了李汉俊、李廉方、陈时等五人来调停。调停的结果是王式玉去职，我们也离校，但文凭照发，算我们毕业。”④

---

① 李伯刚：《回忆李汉俊》，见中国革命博物馆党史研究室编：《党史研究资料》（第4册），四川人民出版社1983年版，第283—284页。

② 傅光培：《忆李汉俊烈士》，见潜江县政协文史资料研究委员会编：《潜江文史资料》（第4辑），1987年版，第182—183页。

③ 《包惠僧致国昌信——拟派魏以新、董锄平参加广州大会》，见中共上海市委党史研究室等编：《觉悟渔阳里：上海社会主义青年团创建史料选辑（1919.5—1922.5）》（下册），上海人民出版社2017年版，第1505页。

④ 夏之栩：《回忆李汉俊老师》，见中国人民政治协商会议全国委员会文史资料委员会编：《革命史资料》（第14册），文史资料出版社1985年版，第177—178页。

李文宜（哲时）详细回忆了汉俊协助学生平息学潮的全过程："全体同学动了公愤，于三月二十六日这天包围了校长室，要求收回开除学生的成命。闹了半天，顽固的王式玉校长坚持要开除学生，宁可辞职也不收回成命。我们趁势将纸笔递给他，非常气愤的要他写辞职书。他被迫写好，正在签名时忽见李汉俊带领陈时、李步青等几位教育界知名人士来到校长室，看见已写好的辞职书后簇拥着王式玉离开了学校。我们这一群天真的学生太单纯了，以为胜利了，正在分享胜利的喜悦时忽然得到令人愤怒消息：'开除五名同学的牌子在三道街教育厅的大门外挂出来了。'我们一部分同学，约四十人于下午四时许，列队到教育厅去要求收回成命。教育厅竟无一人，让我们扑了个空。我们毫不示弱决心等到天黑、坐以待旦，不达到目的誓不罢休。第二天，教育厅第一科长纪宏来劝我们回校，我们提出要宗彝厅长亲来谈判。第三天，宗厅长来了，他告诉我们条件已经谈好了，即：己班五名同学，另在校外开补习班，半年后毕业文凭照发；辛班的两名同学，由家长负责准许转学外省。这些同学学籍恢复了，但都不能回原校上课。我们听了很不满意，但被除名的七名同学本人已接受了，学潮至此告一段落。事后得知，李汉俊等人出面调停，是党组织的考虑和安排。这使女师学潮得以基本上胜利结束，做到了有理、有利、有节。当时李汉俊同志在国立武昌高等师范学校当教授，在社会上有威望，他曾留学日本，研究过马克思主义，并有不少译著。由于陈潭秋、黄负生等同志的介绍，一些较进步的学生认识了李汉俊同志。"①

当时参与了学潮的女师学生刘茂舒也回忆说："两方面的消息都传到了学校，同学们又高兴又气愤。有学联的支持，大家胆子更壮了，立刻整队开往教育厅请愿。教育厅的人闻讯吓得都躲开了。女学生拥进各个办公

① 李文宜：《回忆李汉俊在武汉的生活片断》，见中国人民政治协商会议湖北省委员会文史资料委员会编：《湖北文史集粹》，湖北人民出版社1999年版，第610—611页。

室，将所有的电灯全部打开，席地而坐，表示她们的斗争是光明正大的。在教育厅，她们坚持了二天一夜。各报连续刊载了女师学生与顽固不化的封建势力坚决斗争的消息。声势浩大的女师学潮震撼了武汉三镇，引起社会上进步力量的同情和热情支持，许多男校的师生和学生家长纷纷带着饼干、水果、油条、包子和豆浆，到教育厅慰问女学生，鼓舞她们的斗志。双方坚持不下，必须找出一个妥善解决的办法，经湖北区党委负责人董必武、陈潭秋等同志研究后，分别请：武昌高师的教务长李廉方、中华大学校长陈时、教授李汉俊、《大公报》负责人袁达三、武汉中学校长刘觉民等社会名流，出面调停，条件是：校长王式玉辞职，五名被开除的学生，发给毕业证书，提前毕业离开学校。为了不荒废她们的学业，陈时给她们安排了免费食宿，并请了董必武、陈潭秋、李汉俊、黄少谷等十三位老师给他们五个人上课，直到这学年寒假。”①

是月 湖北女师学生自发成立“妇女读书会”，汉俊受邀任教师，为其讲解《雇佣劳动与资本》等马克思主义经典著作及社会主义的有关内容。汉俊位于黄土坡的寓所常为上课地点。在汉俊的教导下，这些女师学生逐渐确立起马克思主义的信仰，如袁溥之、李文宜等后来先后加入了中国共产党。

袁溥之回忆：“我认识李汉俊老师是在1922年春夏之间，那时我和十几位武昌女子师范的同学到他家参加‘妇女读书会’。女师的老师董必武、刘子通、陈潭秋向我们介绍说，汉俊老师是留日学生，对马克思主义很有研究。以前我曾读到过《工钱劳动与资本》（即《雇佣劳动与资本》，编者注），现在知道他就是此书的译者，自然是十分敬佩的。汉俊老师温文尔雅，博学多识，不苟言笑，亦不爱高谈阔论。他十分关心青年的思想进

① 刘茂舒：《武汉妇女运动的第一声春雷——湖北女师学潮》，见武汉市妇女联合会编：《武汉妇运史资料》（第6辑），1983年版，第47—48页。

步，热情解答各种问题，说理通俗明达，很受学生欢迎。他把自家的客厅供我们读书会学习讨论之用，四壁书橱装着我们凑钱买的书和他赠送的书。赠书有关于社会学的由日文翻译过来的书，还有小说戏等文艺书籍。汉俊老师曾给我们讲过《工钱劳动与资本》等马克思主义原著，他不是照本宣科地讲，而是用他自己的话把马克思的理论介绍给我们。那时，我们都对劳动人民累死不得温饱，而老板不干活却享尽荣华的社会现象极为气愤不平，但不明究竟。听汉俊老师讲了马克思主义的理论后，才知道工人的剩余劳动被资本家剥削去了。”①

夏之栩回忆：“在罢课期间，我和一些同学加入了社会主义青年团，可是当时我们连什么叫社会主义都不太懂。陈潭秋、刘子通等老师就对我们说，你们应该学点东西，老是瞎嚷嚷不行。于是就成立了一个以女师学生为主的约有二十来个学生参加的‘妇女读书会’，请李汉俊老师给我们讲课，黄负生、陈潭秋也来讲过课。读书会的学习地点很不固定，有时在李汉俊家，有时在刘昌群家。我们阅读的书籍除了从利群书社借来的之外，有不少是李汉俊等人捐给我们的。李汉俊讲课的内容，主要是社会科学的一般常识。李汉俊在武昌高师就是讲社会学的，他讲的社会学包括唯物史观等马克思主义的基本原理。在他们的指导下，我们还学习了《共产党宣言》等著作。像《工钱劳动与资本》（即《雇佣劳动与资本》，编者注）这样的著作我们看不懂，就请李汉俊给我们讲解。听了他的讲课，使我们处于启蒙阶段的思想，逐步向社会主义前进了。李汉俊特别关心妇女解放问题，他告诉我们：反对校长王式玉的斗争，仅仅是反对封建专制斗争的一部分，女学生总在学校里斗争不行，要争取学联的支持和社会上的广泛支持，还应积极从事社会活动，没有社会革命，妇女就不能彻底解放。李

① 袁溥之：《湖北省委讨论过李汉俊恢复党籍的问题》，见中国人民政治协商会议全国委员会文史资料委员会编：《革命史资料》（第14册），文史资料出版社1985年版，第183—184页。

汉俊和其他老师的教导，使我们眼界开阔了，为走上革命的道路打下了很好的思想基础。”①

李文宜（哲时）也提到：“在一九二二年的女师学潮中，学生中思想较进步的三十多人组织了‘武汉妇女读书会’。读书会借用了黄土坡李汉俊先生家的堂屋阅读新书刊。靠墙壁的书柜里，陈列了许多书籍，可以随时借阅。读书会的书记李学惠是女师丙班的毕业同学，负责借书、通知开会，在讨论时作记录，己班同学夏之栩曾住在那里为李先生抄写讲义。紫阳湖畔洪景街的女师校舍距离黄土坡李先生家很近，我常随同学到读书会去借书或听李先生解答问题。”②

4 月 4 日 中共中央在杭州召开全会（即第一次西湖会议），共产国际代表马林建议共产党人直接加入国民党，以便于在国民党内开展政治活动。此一意见未被全会接受。会后，陈独秀于 4 月 6 日致信共产国际远东局负责人维经斯基，再度表示反对共产党员和青年团员加入国民党之建议，并陈述理由。

4 月 9 日 中国社会主义青年团武汉地方执委会正式成立，下设五个委员会。汉俊为妇女运动委员会和社会教育委员会成员。

4 月 26 日 青年共产国际远东执行委员会代表达林抵广州，与孙中山多次晤谈国共合作问题。按达林建议，中共中央召开负责干部会，陈独秀、蔡和森、张太雷、张国焘、谭平山、林伯渠等参加。达林建议在保持中国共产党政治独立之前提下，整个组织全部加入中国国民党。对此，与会代表在会上发生激烈争论。

5 月 1 日 汉俊应武汉学生联合会邀请，赴汉口演讲国际劳工运

---

① 夏之栩：《回忆李汉俊老师》，见中国人民政治协商会议全国委员会文史资料委员会编：《革命史资料》（第 14 册），文史资料出版社 1985 年版，第 178—179 页。

② 李文宜：《回忆李汉俊在武汉的生活片断》，见中国人民政治协商会议湖北省委员会文史资料委员会编：《湖北文史集粹》，湖北人民出版社 1999 年版，第 612 页。

动史。

5 月 5 日　中国社会主义青年团第一次全国代表大会在广州召开，15 个地方团组织共派代表 25 人出席会议，正式宣告中国社会主义青年团的诞生。

5 月 29 日　刘昌群收到中国社会主义青年团中央书记方国昌（即施存统）寄给汉俊等人的信，回复讨论派遣张绍康出席中国社会主义青年团第一次全国代表大会的原因。①

6 月 6 日　汉俊以“汉俊”本名于《民国日报》副刊《觉悟》上发表长文《研究马克思学说的必要及我们现在入手的方法》，明确指出马克思主义由三部分组成，并阐释了研究马克思主义理论的正确态度及方法。汉俊在文中将马克思主义学说划分为“理论”和“政策”两个层面，认为马克思主义在政策上“就是所谓‘社会民主主义’的部分”，在理论体系上则“可以分作‘唯物史观说’‘经济学说’‘阶级斗争说’三大部分”。其中，“‘唯物史观说’是关于过去的理论，是研究过去社会组织变化的原因和经过的，亦可以叫作社会组织进化论；‘经济学说’是关于现在的理论，是用分析剖解的方法研究现在的资本主义经济组织，并预言了这组织必然的运命的，亦可以叫作资本主义经济论；‘社会民主主义’是关于将来的理论，是研究如何实现社会主义的方法的，亦可以叫作社会主义运动论”。汉俊指出，在马克思主义理论的三大组成部分中，“‘阶级斗争说’是像一条金线一般把上述三大部分的根本缝起来，以成就其为一个完整的大组织的部分，马克思学说底有机连络就在这一部分”。这一观点与李大钊《我的马克思主义观》一文中写到的“阶级斗争说恰如一条金线把这三大原理从根本上联络起来”② 可谓如出一辙。汉俊还特别注明，他对马克思主义

① 《刘昌群致国昌信》，见翟学超等编：《湖北革命历史文件汇集·群团文件（1922 年—1924 年）》，中央档案馆、湖北省档案馆 1983 年版，第 21—22 页。

② 《李大钊选集》，人民出版社 1978 年版，第 177 页。

理论体系的认识和理解主要是参照河上肇所著的《近世经济思想史论》第三讲第二段的“唯物史观绪言”。这也再次显示出他受河上肇理论阐发影响之深。

在此基础上，汉俊进一步强调，“因为马克思底学说是一个有机的体系，我们虽为研究便利起见，把彼分作几部分，但在彼本身上，是不能分的；无论哪一部分，如果缺少了其余各部分的参照，必不能得到正确彻底的了解。譬如唯物史观，如果没有阶级斗争底参照，就要成为机械论。唯物史观和阶级斗争，如果没有经济学说底参照，就只能得到空洞的观念，亦且不能了解现在的社会，尤其不能了解将来社会的底组织”。他呼吁青年知识分子在研习马克思主义时，“不要把现在先进各国所有的社会现象视为‘对岸之火’，取‘与我无关’的态度，也把彼底由来、内容、结果，拿来仔细研究”，既要看“研究马克思学说全貌的书”，又要看“专门研究一部分的书”。此外，他还具体列举了当时国内已出版的介绍马克思主义学说的代表性书目，为青年知识分子指明了方向。

6月15日　中国共产党首次发表对时局的主张，指出军阀与国际帝国主义相互勾结是中国内忧外患的根源，明确提出“中国共产党是无产阶级的先锋军，为无产阶级奋斗，和为无产阶级革命的党”，“无产阶级在目前最切要的工作，还应该联络民主派共同对封建式的军阀革命，以达到军阀覆灭能够建设民主政治为止”。在这种情况下，“中国共产党的方法，是要邀请国民党等革命的民主派及革命的社会主义各团体开一个联席会议，在上列原则的基础上共同建立一个民主主义的联合战线，向封建式的军阀继续战争”。①

是月　汉俊以“汉俊”本名于《武汉星期评论》“妇女运动号”上发表《第

① 《中国共产党对于时局的主张》，见中央档案馆编：《中共中央文件选集》（第1册），中共中央党校出版社1989年版，第45—46页。

三阶级底妇女运动》《第四阶级底妇女运动》，主张妇女只有打破资本主义制度才能真正求得经济独立，从而获得真正的解放。

是月　第一次直奉战争结束，黎元洪复任总统。汉俊兄长书城应黎之邀再度赴京，出任总统府顾问兼国务院参议。

7月10日　汉俊以“海镜”笔名于《小说月报》第13卷7号上译登日本文学家千叶龟雄之《波兰文学的特性》，详细介绍了波兰文学当时的发展状况。

7月16日　中国共产党第二次全国代表大会在上海举行。汉俊未出席，但嘱李振瀛（时从郑州经武汉去上海）将意见书转交给党中央，表达对党的组织制度以及中国共产党加入国民党的不同看法。

蔡和森在1926年撰写的《中国共产党史的发展（提纲）》中曾提到：“在第二次党的大会时，这些意见大部分是汉俊的，望道、存统只赞成一部分。这是一九二二年七月第二次大会时，汉俊写一意见书，说明他对于马克思主义的见解，并说：我并非根本反对劳动运动，而是因种种缓急而主张先作学生运动。他反对加入国民党，是以为我们这样幼稚的组织而与别党合作完全是空话。对党的组织，他主张采用苏维埃联邦宪法为原则，合乎无政府主义的倾向，因中国经济不发达，交通不便利，故中国共产党无集权制的必要，且目前亦无集中组织之必要……这意见书到后（他自己并没有来，这一本意见书是托振法[①]同志从河南带至大会），仲甫（即陈独秀，编者注）同志当时曾致电叫他，但他始终没有到会。”[②]蔡和森在文中所说汉俊“反对加入国民党”一事，与汉俊1927年9月在《湖北省改组委员会职员登记表》中自陈的“主张援助国民党”[③]一说以及张国焘回

① 原文如此，应为“振瀛”。

② 《蔡和森文集》（下），人民出版社2013年版，第812—813页。

③ 李汉俊：《湖北省改组委员会职员登记表》，台北中国国民党党史馆馆藏，编号：汉12993.2。

忆中提及的汉俊主张“支持孙先生的革命运动”[①]似有较大出入。

8月28日 中国共产党第二届中央执行委员会在杭州西湖召开特别会议（又称第二次西湖会议），汉俊未出席。会议决定国共合作方针由“党外联合”转向“党内合作”，共产党员可加入国民党。会议并选出中央委员五人：陈独秀、蔡和森、张国焘、高君宇、邓中夏。共产国际代表马林于会上主张增加汉俊和李大钊为中央委员，因与会代表反对未果。

陈独秀在1923年中国共产党第三次全国代表大会上的报告中曾提到西湖会议时的情况，称：“中央委员会的成员只有五人，因此，代表会议后，杭州委员会建议扩大中央委员会，再增加两名委员。可是上海和北京反对这个建议。”[②]

蔡和森也在1926年的报告中说：“至西湖会议时，马林不满意新委员完全系新分子，主张扩大加李汉俊、李大钊为委员。”[③]

是月 汉俊在武昌胭脂山启黄中学办“暑期妇女补习学校”，为学员讲解唯物史观及社会主义。这一团体实际是之前“妇女读书会”的延续。

当时参加“暑期妇女补习学校”的湖北女师学生袁溥之曾回忆：“一九二二年八月，我们又在胭脂山启黄中学办了暑期妇女补习学校。刘子通教国文，陈潭秋教英文，还请邓中夏教职工运动。汉俊老师讲的是《共产党宣言》，也不是照书本讲的，他讲的革命真理给人印象很深。”[④]

同样参加补习学校的李文宜（哲时）也提到：“……报名参加学习的

---

① 张国焘：《我的回忆》（第一册），现代史料出版社1980年版，第138—139页。

② 陈独秀：《在中国共产党第三次全国代表大会上报告》，见中共中央党史研究室第一研究部编：《共产国际、联共（布）与中国革命文献资料选辑（1917—1925）》（第2册），北京图书馆出版社1997年版，第485页。

③ 蔡和森：《中国共产党史的发展（提纲）》，见中央档案馆编：《中共党史报告选编》，中共中央党校出版社1982年版，第30页。

④ 袁溥之：《湖北省委讨论过李汉俊恢复党籍的问题》，见中国人民政治协商会议全国委员会文史资料委员会编：《革命史资料》（第14册），文史资料出版社1985年版，第184页。

有四十多人，其中女师同学居多数。讲课的教师有：李汉俊讲唯物史观，刘子通讲伦理学和心理学，董必武讲国文，陈潭秋讲社会发展史，邓中夏讲职工运动，还有黄少谷教英文，刚从美国留学回来的李西屏、赵师梅也都被请来演讲。教师们都很热心，不用讲稿，站在黑板前挥汗如雨。学生也没有课本，全凭自己笔记……李汉俊先生讲课虽深入浅出，但由于我们程度太低，听了似懂非懂，也难于笔记，可是他讲的革命道理对我们产生了启蒙的作用……妇女读书会成员在李汉俊先生的引导和支持下，有的参加了卢森堡、李卜克内西的纪念活动，有的在人力车夫罢工时进行了人力车夫家访慰问，有些人还参加了京汉铁路大罢工时的江岸宣传慰问工作及以后的施洋烈士追悼会。”①

当时与汉俊一同在武汉从事工人运动的李伯刚（书渠）回忆说：“为了扩大加强妇女工作，一九二二年暑期党创办了一个妇女读书会②，借武昌启黄中学开会，参加的有各女子学校的学生，中小学的女教员，还有个别家庭知识妇女。李汉俊作了全面系统的妇女问题报告，陈潭秋同志负责组织，也做了报告。这次学习动员范围相当广，影响相当深刻。隔了不久就进一步发起组织女权运动大同盟，在武昌黄鹤楼开会成立，有些搞工运工作的同志也去讲了话。”③

是月　汉俊介绍施洋、杨德甫、陈天等湖北工运领导人参加马克思学说研究会，以提高其思想水平。对于此事，杨德甫曾在自述中写道：“在这（指‘双十节’，编者注）以前两个月，由包惠僧、李汉俊介绍，有施洋、袁子英、郭寄生、廖乾武、张辛吾、陈天、周无为、张孑余我们十多

---

① 李文宜：《回忆李汉俊在武汉的生活片断》，见中国人民政治协商会议湖北省委员会文史资料委员会编：《湖北文史集粹》，湖北人民出版社 1999 年版，第 613 页。

② “妇女读书会”名称应为误记。李伯刚似将该年 3 月由湖北女师学生在汉俊家中成立之“妇女读书会”与 8 月成立之“妇女补习学校”两团体名称混淆。

③ 李伯刚:《李汉俊在武汉》，见罗仲全编:《中共一大代表李汉俊》，四川人民出版社 2000 年版，第 162 页。

人，加入了马克思学说研究会，提高了我们思想水平。”①

9月4日 孙中山召集在沪国民党人士53人，座谈改进党务意见。陈独秀、张太雷、马林等均应邀列席。是月6日，孙中山指定陈独秀等9人组起草委员会，负责草拟国民党党纲及党章草案。陈独秀并担任国民党党务改进计划起草委员兼国民党本部参议。

是月 汉俊以“汉俊”本名于《武汉星期评论》上发表《欢迎中国思想界的寒暑表兼晴雨计的梁启超先生》，批判梁启超贩卖改良主义，指出改良主义在中国是行不通的，唯有彻底反帝反封建，中国革命才能胜利。

是月 汉俊受邀赴武昌私立中华大学讲授唯物史观，并赴法政讲习所讲社会学通论。

是月 汉俊受聘至国立武昌高等师范学校新成立之历史社会学系，任“兼任教授”，主讲唯物史观及社会学。到历史社会学系工作后，汉俊将大部分精力都投入教学活动中，并利用课余时间编写课程讲义。

汉俊曾在1924年12月1日撰写的《发刊旨趣》一文中提到：“国立武昌师范大学有一个历史社会学系，系民国十一年九月，高师时代，改局为系时所成立。……初成立时，教员四名，翌年增为五名，本年又增至六名。”②

当时与汉俊同在武汉的李伯刚（书渠）对其教学活动印象深刻：“李汉俊回来后，武昌师大新成立了一个历史社会系，开唯物史观等课。李汉俊任主任，这大概是全国高等学校设置这种系、开这种课最早的。主要的课程都是李汉俊一个人兼任，如唯物史观、普通社会学、社会学史，都是他一个人兼。任开国就是社会历史学系的学生，他加入了共产党，大革命时牺牲了。听李汉俊讲课的人很多，经过李汉俊与学校交涉，有些校外的

---

① 杨德甫：《杨德甫自述》，见陈素秀等编：《京汉铁路工人大罢工史料汇编》，河南人民出版社1999年版，第821页。

② 李汉俊：《发刊旨趣》，《民国日报》副刊《觉悟》1924年12月1日。

同志，也可以自由去旁听，如刘子通、夏之栩、徐全直等，都去听过，我也去听过他讲唯物史观。”①

汉俊任教武昌高师期间的助教学生赵春珊（瑞麟）曾提供了汉俊编写的讲义要点内容：“李先生每日工作除在学校课堂讲书外，其余时间，多在书房内编写讲义，主编讲义：一为社会学，一为唯物史观，作为师大的教材。……甲、讲学要点　共15点：一、社会的定义——社会学在当时的大学还是一门新科目，且许多大学没有这一科。社会学是一个新科目，对于社会与社会学的定义很不明确。李汉俊说：‘有人认为社会是生物特有的现象，但生物之中，植物不能有社会，动物之中不同种类动物如牛马与人不能成为一个社会，同一动物有时相合、有时分散，不能成为巩固的社会。譬如虎与虎，不能结成社会。’社会是‘同类有群者生命相互必需的关系’。社会学就是讲这种关系的学说。他认为社会学就是‘群学’，社会就是‘群’之意，以别于个体而言也。二、经济条件决定人类的意识——上层建筑是经济基础决定的，这是天经地义的。也就是说人类的意识，是经济条件的反映，譬如封建思想是土地私有制的经济基础产生的上层建筑，资产阶级思想是自由竞争的经济基础产生的上层建筑，没有这种经济基础以前，不会发生这种与之相适应的上层建筑，因之上层建筑如伦理道德、政治制度、文学艺术都是随某种经济基础的产生、发展而死亡的。上层建筑不是凭空而想出来的，而是以经济为根而产生的。这就是唯物主义所主张的。……不过上层建筑的意志出现以后，他又能帮助促进经济基础的发展，如果不承认这个意志的反作用，那就成了机械唯物论，如费尔巴哈所主张的了。三、英雄造时势与时势造英雄说。辛亥革命之所以出现，是由于清朝的腐败与帝国主义的压迫，孙中山先生把握了时代的需求，才

① 李伯刚：《李汉俊在武汉》，见罗仲全编：《中共一大代表李汉俊》，四川人民出版社2000年版，第161—162页。

能革掉清朝之命而成为英雄人物。……总之，一个英雄人物，必须掌握时代的要求，顺水推舟，才能使事业有所成就，英雄之名，也就随之而显。否则，不顾时代之要求，脱离客观现实，全凭主观臆断，瞎指挥，致事不成。四、唯心论与唯物论。主张唯物胜过唯心。物质是第一性，思想是第二性，思想是客观事物的反映，这才具有真实性和可靠性。……五、生理的两个本能。人类为达到求生存与幸福的欲望，而必须基于求食与生殖的两个本能……这两个本能，凡属生物都有的。……六、革命与改良——革命是彻底推翻原来制度而创立新的制度，所谓社会革命，譬如孙中山先生闹革命，是推翻帝制，建立民国，与原来的清朝制度完全不同，故称为革命。而康有为的戊戌变法是维持清朝制度，在旧制度上加以改良而已，故称为改良。所以说革命是彻底的变革，而改良是不彻底的变革。……总之，我们应当拥护革命，反对改良。……七、存在是真理。……社会主义学者说：资本主义制度，现在有人喊打倒它，足以证明资本主义存在的基础已经发生了动摇，因为它是旧事物，是走下坡路的，以后存在的基础逐渐缩小，久而久之，就要完全丧失存在的价值而归于消灭，社会主义制度已经出现在世界上，而且存在了。……八、坦白二字的重要。九、要有正确的社会舆论。……十、需要与可能。衡量一件事情的价值，要用‘需要’与‘可能’这两点来衡量。……一事当前，要就当时的情况，用这两点来衡量，否则对于谈事情的取舍没有把握。十一、痛斥无政府主义——无政府主义是唯心论者，是有害的主义，并痛斥当时我国无政府主义者张东荪无一定主见，有时与反动派勾搭，最无价值。十二、提倡科学的社会主义。……自从马克思诞生后，他在伦敦图书馆博览群书多年，编著成伟大的著作《资本论》，阐明了科学的社会主义。一九一七年俄国十月革命据之以实现第一个社会主义国家。十三、唯物史观的基础。‘人类在他们底物质生活资料底社会的生产的时候，就要入某种一定的必然的与他们意志独立的关系。这关系就是与他们当时的物质的生产力的一定的发展阶段相适应的生产关系，这个生产关系的总和，形成社会的经济的结构，也就是法制的政治上的上层建筑所依从成立的社会的意识形态所相与适应的真实基础物质的生活资料的生产方法，在一般上决定社会的政治的及精神的生活过程。'这几句话就是唯物史观的基础，明乎此就明白了唯物史观的全貌。十四、社会组织与经济条件。……十五、历史的阶级斗争。除原始社会没有阶级斗争外，其余都免不了阶级斗争。……也只有社会主义实现，消灭了阶级和剥削，才能消灭阶级斗争。"①

10月10日 湖北全省工团联合会成立，汉俊被选为执行委员兼教育主任委员。当选的湖北省工团联合会主席杨德甫回忆："于双十节成立湖北工团联合会，我被选为正主席，兼总务部长，张笃为付（副）主席，陈天为总干事，施洋为法律顾问，包惠僧为组织顾问，李汉俊为教育顾问，同时宣布将所有工人俱乐部一律改为工会。"②

10月12日 汉俊出席国立武昌高等师范学校湖北学友会筹备大会，并被选举为大会职员。之后13日、25日、29日，汉俊参加全体职员大会。

湖北学友会会员丁德善于翌年4月出版的学友会会刊《江汉潮》创刊号上详述了学友会成立的经过，其中提到"李汉俊"的基本信息："籍贯：潜江，职务：社会学。"③

11月2日 汉俊出席国立武昌高等师范学校湖北学友会成立大会。到会者包括鄂籍教职员、毕业生以及在读学生共百余人。④

11月5日 共产国际召开第四次代表大会，陈独秀、刘仁静等作为中共代表赴莫斯科与会。刘仁静于会上发言，宣布"我们党已决定和国民

---

① 赵瑞麟：《关于李汉俊先生》，见罗仲全编：《中共一大代表李汉俊》，四川人民出版社2000年版，第141—147页。

② 杨德甫：《杨德甫自述》，见陈素秀等编：《京汉铁路工人大罢工史料汇编》，河南人民出版社1999年版，第821页。

③ 丁德善：《本会成立经过略述》，《江汉朝》（创刊号）1923年4月1日。

④ 丁德善：《本会成立经过略述》，《江汉朝》（创刊号）1923年4月1日。

党建立统一战线了，其形式是我们的党员以个人名义参加国民党”，是为中国共产党首次将国共合作问题公之于众。

11月27日　汉俊友人沈玄庐于《责任》创刊号上发表《浙江省平民自治宪法说明书》，详细介绍了由汉俊草拟的《浙江省平民自治宪法》的内容。沈玄庐在文中特别提到：“起初，这部宪法草案是李人杰先生主稿的，当三届省议会开会之初，主张拿这部宪法向省议会请愿，要我介绍；继后我认为这种宪法，最好是革命后发生，未革命以前，就发生这种宪法，无奈太想捡便宜。当时虽费了几天工作，草成一篇介绍书，终于因为格（隔）着这个形势，提出去必遭很可惜的打销，于是和蒋百里先生同提出一个浙江省制宪程序案（后来就成立为浙江省制宪组织法），希望浙江全体人民，各个有提宪法的权，这种宪法，或者类于此种性质的宪法，以及其他性质的宪法，都有提出的机会。这部浙江省平民自治宪法，就依了浙江省制宪组织法所赋予的权提出了。”

12月20日　张绍康（春光）写给团中央某人的信中称，汉俊每周到湖北地方党团组织所办的武昌、汉口两个马克思学说研究会轮流进行指导。张绍康在信中写道：“汉俊每星期至少有一次公开讲演，在中华大学文科授四小时唯物史观，在高师教育社会学系充社会学主科教员，法政讲习所四小时社会学通论，讲义纯系自编。武昌、汉口两个马氏学会，每星期开会一次，他轮流到会指导。”①

① 《春光致□□□信》，见翟学超等编：《湖北革命历史文件汇集·群团文件（1922年—1924年）》，中央档案馆、湖北省档案馆1983年版，第34—35页。

1923年　33岁

1月1日，孙中山对外发表《中国国民党宣言》。翌日，公布党纲。

1月12日，共产国际执委会作出《关于中国共产党与国民党的关系问题的决议》，强调了国共两党进行合作的必要，并认为进行党内合作是“适宜”的，要求中共“必须保持自己原有的组织和严格集中的领导机构”。

1月26日，孙中山会晤苏俄政府代表越飞，发表《孙文越飞联合宣言》，公开确立了中国国民党的联俄政策。

2月4日，京汉铁路两万余工人举行大罢工，致上千公里铁路顿时瘫痪。是月7日，罢工遭到直系军阀吴佩孚武力镇压。全路工人被殴致死及被捕后死于狱中者共五十人，另有伤者三百余、入狱者四十余，许多工人家属亦遭到洗劫。京汉铁路总工会江岸分会委员长林祥谦及武汉工团联分会律师施洋相继就义。是为“二七惨案”。是月9日，京汉铁路总工会和湖北省工团联合下令工人复工。

3月1日，孙中山于广州组大元帅府。

3月，中共中央由北京迁回上海。四五月间迁往广州。8月再迁回上海。

7月1日，中国共产党机关刊物《前锋》月刊创办，陈独秀发表《中国农民问题》一文。

8月2日，俄共（布）中央政治局任命鲍罗廷为孙中山政治顾问。10月，鲍罗廷抵广州，同中国共产党、社会主义青年团在广州的中央执行委员开会，讨论改组国民党的方法，并决定力劝孙中山召集改组国民党的会议。

10月25日，孙中山于广州召开中国国民党改组特别会议，讨论改组国民党之必要性和改组计划。会上，孙中山指派廖仲恺、谭平山等九人为中国国民党临时中央执行委员，汪精卫、李大钊等五人为候补临时中央执行委员，组成国民党临时中央执行委员会，聘鲍罗廷为顾问，办理改组事宜。

11月12日，国民党发表改组宣言。29日，邓泽如等国民党右派分子上书弹劾中国共产党。

12月3日，孙中山以强硬态度收回广东海关关税主权。

1月30日 为了进一步指导工人运动，同时增长青年人的实践经验，汉俊偕学生任开国、赵春珊（瑞麟）、张作范、徐孝祥乘火车赴郑州参加京汉铁路总工会成立大会，并于途中与陈潭秋、恽代英、施洋、张国焘等会合。此前，汉俊还鼓励由川到汉、居住其家中的刘弄潮以成都学生联合会代表的身份一同赴会。

汉俊学生赵春珊（瑞麟）曾撰文详述了当时的经过：“有天，李汉俊老师向我系同学（全系只有十余人）说：‘我们讲社会问题，光讲了一些理论问题，若不与实际相结合，体会是不深刻的，譬如讲劳工问题，若不亲身参加工人运动，是不行的。目前有一个好机会，就是京汉铁路总工会在郑州开成立大会，你们是否愿意以来宾身份参加呢?’此时正值寒假期间，全系十余人中，只有四个同学愿前往参加。一是我（原名赵瑞麟、湖北当阳人），二是张作范（山东寿光县人），三是任开国（四川眉山县人，北伐大革命中牺牲了），第四个好像记得是徐孝祥（四川云阳县人）。一九二二年正月卅日下午，我们四个同学随李老师一同过江到汉口江岸东站，会见了林祥谦。他与我们李老师好像很熟识，他们交谈，我们在旁边听。林祥谦身材不高，瘦瘦的，头戴顶礼帽，身穿一件蓝色长衫，他当时很忙。招待我们的地方是在距江岸火车站不远的一个低湿的地方，是一些芦席搭盖的工棚，这就是工人俱乐部。傍晚，林祥谦就在这个棚子里招待我们吃了一顿饭。夜晚，我们坐火车去郑州。到了车上，除了李老师和我们四个同学外，还有各地代表。我记得有：陈潭秋、恽代英、施洋，还有张国焘……三十一日夜晚，我们四个同学见各地代表和来宾对工会赠送有祝贺的礼物，去请教李老师，他很赞成。于是我们四人到街上买了五尺红绫子。由我向施洋请教写几个什么字为好？他随即说：写'大地赤化'四个字。记得是由施洋代写的，下面写了我们的校名，就送去了。"①

刘弄潮也曾提到："李汉俊同志每天工作都很紧张，除了备课、写文章、到学校上课外，还接待很多拜访他的青年，主要是武汉各工团的负责人和武昌高师的学生。他接待热情，谈吐极健。我记得李汉石同志为了工运的事经常来找他，他不在时，汉石就向我谈他过去和汉俊在京汉铁路作工运的事情。有时李启汉等同志来谈工作，李汉俊同志要我听听，让我了解当时火热的工人运动情况。他曾经指着书柜里的精装书对我说，研究马克思主义不仅要啃这些大部头的经典著作，还要投身到工人运动中去实践，使理论与实践一致。我在汉俊同志家里住了将近半月，当时京汉铁路工人运动蓬勃兴起，他希望我能参加实际斗争，多和工人接触，并把我介绍给施洋同志，要我以社青团员的身份，以成都学生联合会代表的名义，去郑州参加庆祝京汉铁路总工会成立大会典礼。"②

汉俊长女李声馥回忆："一九二二年③一月底，父亲带领赵春珊等四个

---

① 赵春珊：《赴会记事》，见中华全国总工会工运史研究室等编：《二七大罢工资料选编》，工人出版社1983年版，第702—703页。

② 刘弄潮：《我所了解的李汉俊》，见潜江县政协文史资料研究委员会编：《潜江文史资料》（第4辑），1987年版，第43—44页。

③ 李声馥误记，应为"一九二三年"。

学生，与陈潭秋、恽代英、施洋等同志一起，到郑州出席了京汉铁路工人总工会的成立大会。在代表们聚会以后，他们欢庆歌舞，父亲平时端庄严肃，但这时他为工人们的胜利而情不自禁的高兴起来，他也与代表们一起欢乐舞蹈。”①

是月初 汉俊兄嫂薛文淑偕子来汉投奔汉俊。据薛文淑回忆：“约一九二三年初，我们到了武昌，住在牙厘局街。母亲、汉俊及孩子们已先于我们住在那里了（书城当时已去北京担任总统府顾问）。我和声韵住在前后房，汉俊住在对面。他在武昌一些大学里教书，还是和在上海一样地整天忙碌。”②

是月 经兄长书城故交万声扬（武定）介绍，汉俊与万氏姨妹陈静珠结为夫妻。书城由京抵汉主持婚礼。陈静珠没有太多文化，这与汉俊的文化界领袖身份形成了鲜明对比。正因如此，汉俊与陈氏的这段婚姻，最初引起周围不少亲友的异议。

薛文淑就曾提到：“婚礼是在武昌青年会举行的，参加的约有二三十人。汉俊因为没有像样的衣服，就穿上书城亡命美国时做的燕尾服。在婚礼进行中，有人提出要新娘报告恋爱经过，新娘小声说：‘请汉俊代答。’汉俊说：‘我和新娘今天是第二次见面，不知道她要说什么，请诸位原谅。’大家一笑了之。汉俊与他前妻（姓陈，已去世五年多）感情很好，过去大家劝他续娶，他就声称，对方一定要姓陈，而且要志同道合；并且说，如果找不到这样的，就找一个什么都不懂的人。陈静珠连字都不认识，并且是双‘解放脚’，还戴着耳环、手镯、戒指，‘全付（副）武装’，我们曾为他们是否能合得来而耽（担）心，可是，出乎意料之外，他们之

① 李声馥：《我的父亲李汉俊》，见中国人民政治协商会议湖北省武汉市委员会文史资料研究委员会编：《武汉文史资料》（第3辑），1981年版，第38—39页。

② 《薛文淑对李汉俊的点滴回忆》，见中共“一大”会址纪念馆、上海革命历史博物馆筹备处编：《上海革命史资料与研究》（第3辑），上海古籍出版社2003年版，第580页。

间的感情却一直很好。”①

汉俊学生夏之栩也回忆说：“大约一九二三年初，李汉俊结婚，我们几个女同学跑去反对。我们说：‘你结婚总应找个有点水平能跟你一块儿工作的人呀！’李妻是一个家庭妇女。李汉俊讲：‘这种时候就是要这样一个人，她什么也不懂，什么也不问，不是可以省些麻烦？’他又问：‘现在那（哪）里可以找到能帮助我工作的呢？’我们说：‘我们没本事。’当时确实也不容易找，因为像他那一辈的女同志不多，我们也只好承认他做得对。”②

汉俊长女李声馥曾听汉俊提起续弦陈氏的原因：“一九二七年③，我和哥哥年龄都还小，很多人劝我父亲续弦。以他当时的地位、声望，人们给他介绍了一些名媛淑女、大家闺秀。但是父亲一概谢绝，却娶了一位鄂城县葛店没有多少文化的陈静珠。这件事当时引起了很多人异议。父亲被害若干年以后，还有人向我们家的人打听这件事的缘由。我听兄长们说，父亲与我继母陈静珠结婚，原因有二。其一是，父亲喜爱简朴，他喜欢农村妇女的朴实，如果有一位勤劳、朴实的劳动妇女持家，他可以抽出更多的精力，从事马克思主义的研究，从事革命活动；其二是，父亲看到，我们的年龄还小，多年来，他为革命奔波南北，没有对我们照护好，我们也跟着他吃了不少的苦，他想有一位农村妇女做我们的后母，使我们也可以享受一些家庭温暖，得到健康成长。”④

2月1日　汉俊出席京汉铁路总工会成立大会，并发表演说。大会遭直系军阀吴佩孚手下军警镇压，总工会会址为军警占驻。众人当晚开会决

---

① 《薛文淑对李汉俊的点滴回忆》，见中共“一大”会址纪念馆、上海革命历史博物馆筹备处编：《上海革命史资料与研究》（第3辑），上海古籍出版社2003年版，第581页。

② 夏之栩：《回忆李汉俊老师》，见中国人民政治协商会议全国委员会文史资料委员会编：《革命史资料》（第14册），文史资料出版社1985年版，第179页。

③ 李声馥误记，应为“一九二三年”。

④ 李声馥：《我的父亲李汉俊》，见中国人民政治协商会议湖北省武汉市委员会文史资料研究委员会编：《武汉文史资料》（第3辑），1981年版，第39页。

议发动总罢工。汉俊则在会上同张国焘发生龃龉。

京汉铁路总工会委员长杨德甫在自述中提到："我们里面的音乐和外面的枪声对比奏乐后，由我报告京汉铁路总工会筹备的经过及吴佩孚谈话的情形，并致谢词。……继由李汉俊、包惠僧、赵子健、张特立及各省市名流人士，各工团代表各界来宾都有激昂的演说，各路分会的代表也讲了话。大家一致高呼：'京汉铁路总工会万岁！'双方坚持到下午四点钟，由张特立致谢词后，宣告散会。"①

湖北工运界代表李伯刚（书渠）在回忆中转述了汉俊的说法，明确提到了他与张国焘之间的意见分歧："一九二三年一月底，很多武汉同志前往郑州参加京汉铁路总工会成立大会，工会调专车运送，陈潭秋、林育南、施洋、李汉俊都去了。党中央派张国焘参加，当时李汉俊就对张国焘的做法很不满，并作过斗争。郑州开会时，我留守武汉没有去，听李汉俊回来说：当讨论罢工要求条件时，张国焘提出十几条，有'毕其功于一役'的想法。少数同志（李汉俊在内）主张不多提，只提要求吴佩孚派人送还总工会东西一条，因为罢工是要吴佩孚承认总工会，这一条就是承认总工会，也包含了道歉之意，其他条件留待以后再说。当时的情形对我们来说，只利于速战速决，不宜迁延时间，而张国焘只看到工人代表情绪激昂一面，没有对客观具体条件作全面分析，所提条件，远离现实，犯了主观主义的错误。"②

汉俊学生赵春珊（瑞麟）在其撰写的《二七事件亲历记》中回顾了当时情形："二月一日上午，大约九点钟的时候，各地代表和来宾约有几百人。据闻，北京、长辛店、上海、湖南都有代表来祝贺……我们的队伍

① 杨德甫：《杨德甫自述》，见陈素秀等编：《京汉铁路工人大罢工史料汇编》，河南人民出版社1999年版，第822页。

② 李伯刚：《李汉俊在武汉》，见罗仲全编：《中共一大代表李汉俊》，四川人民出版社2000年版，第162—163页。

徐徐前进，不过数分钟，突然停了下来，听说前面有军队阻止，各地代表只得停立，等候交涉。……军阀的横暴，激起了代表们和工会主事者的愤怒，一小时后，突有人喊：'冲呀！冲呀'，我们的队伍终于可以前进了。会场设在一个戏园内，各地代表和来宾坐满了戏园。工会筹备人候代表们坐定后就宣布开会，报告开会宗旨。主席刚说：'今天是京汉铁路总工会成立大会……'，戏台后面突然来了一位身穿黑色大衣的警察，后面跟着一个持手枪的卫兵，急急忙忙地走到台前，向主席台厉声喊叫：'我奉吴大帅（军阀吴佩孚）的命令，不准你们开会。'此时，主席台上有几个人向他理论，他只是重复狂叫'不准开会'。简直不可理喻。当主席再次宣布开会时，这个警察（后来才知道他叫黄殿宸，是郑州警察局长）仍旧捣乱，狂叫不已，以致会议不能进行。……我们回到旅馆时，门前已有军队站岗，我们刚进门，军人就问：'你们是哪里的代表？你们的住房内还有什么东西，赶快拿出来上火车！'于是，各地的代表们被强行押上了火车，我们被集中在开往武汉的一个车厢内。……于是各代表相继发言，有的讲到军阀阻挠开会，表示咬牙切齿的痛恨。有的说，工人只要能团结起来，就能打倒军阀。我们最需要的就是团结，要互相提携。说着说着，代表们就在火车上跳起舞来。李汉俊老师平素在课堂上讲课是很严肃的，此刻也跳起舞来。后来，车厢的代表一个接一个演说，到了汉口火车站才停下来。"①

2月2日　汉俊返抵武汉，偕学生赵春珊（瑞麟）、任开国、张作范、徐孝祥于武昌高等师范学校与李大钊晤谈。

赵春珊（瑞麟）曾提到："李汉俊老师和我们与武汉的代表一起，于二月二日回到武汉。我们回到学校时，北大教授李大钊正在我校教务主任

① 赵春珊：《二七事件亲历记》，见湖北省政协文史资料委员会编：《湖北文史资料》（第4辑），1987年版，第105—107页。

室作客，他找我们四个同学询问了开会的情况。”①

傅光培（养荪）也回忆说：“在‘二七’惨案发生之前，即汉俊等由郑州把总工会搬到汉口时，李大钊烈士已在武昌高师等汉俊，汉俊回校时，即率同学赵春珊等人与李大钊烈士谈话数小时。”②

2月4日　京汉铁路工人全线罢工。汉俊当日同李大钊、董必武等筹划商议组织湖北工团联合会慰问罢工工人事宜。是月6日上午，陈天率湖北工团联合会慰问团抵江岸，由京汉铁路总工会委员长杨德甫接待。③另据亲历者刘弄潮回忆：“记得二月四日到六日之间，我送施洋的信到李汉俊家，遇到了来武昌高师讲学的李大钊、董必武、李书城，他们正在讨论由施洋同志发动武汉工团派代表到江岸慰问的事。施洋同志要我把这一消息先传达给广大工人，以鼓舞他们的斗志。”④

2月7日　二七惨案发生后，汉俊遭当局通缉。是月某日夜，督军署欲再行抓捕，经工友报信，汉俊连夜离家经上海赴北京，于兄长书城处暂避。

书城在写给华觉明的信中提到：“民国十二年，汉口铁路罢工发生，‘二七’惨案时，当夜有工友送信到武昌汉俊家中，嘱其速避，他即夜离开武汉转到北京，住其兄书城寓中。”⑤

书城妻薛文淑回忆说：“一天深夜，家人都已睡熟了，突然听见有人急促的敲汉俊的门。我开了一道门缝，瞧见一个身着短褂工人模样的人提

① 赵春珊：《赴会记事》，见中华全国总工会工运史研究室等编：《二七大罢工资料选编》，工人出版社1983年版，第703页。

② 傅光培：《回忆李汉俊烈士几件难忘之事》，见中国人民政治协商会议湖北省潜江县委员会文史资料研究委员会编：《潜江文史资料》（第2辑），1986年版，第28页。

③ 杨德甫：《杨德甫自述》，见陈素秀等编：《京汉铁路工人大罢工史料汇编》，河南人民出版社1999年版，第822页。

④ 刘弄潮：《我所了解的李汉俊》，见潜江县政协文史资料研究委员会编：《潜江文史资料》（第4辑），1987年版，第44页。

⑤ 《李书城致觉明的一封信》，《革命史资料》1981年第2辑。

着马灯，轻声喊：‘李先生，李先生，赶快离开这里。’不一会儿，汉俊便和那人一起出门走了。第二天清早我发现有一个形迹可疑、穿长袍的人老是在街的对面（街很窄）走来走去。隔了几天，汉俊才回家。阴历年后，不知什么原因，汉俊也只身去北京。”①

汉俊学生赵春珊（瑞麟）曾提到：“二七罢工失败后，林祥谦、施洋等烈士遇害后，李先生一直被反动当局视为危险人物。在北伐大革命前三年中，鄂省当局拟将其逮捕，他每次听到督军署传出紧急风声，李先生即停课离校前往汉口商场督办署（在今汉口民生民权路中间一条顺河街上）万声扬秘书长房内暂避风浪。我曾前往探望数次。本来汉口商场督办汤芗钊（铭）是北洋军阀之一，焉能庇护进步人士呢？因为是时湖北督军萧耀南系吴佩孚部将，同属北洋军阀，此日，汤是湖北失意军人，萧为了巩固自己的地位，不能不给汤一个有职无权的官衔，以安反侧，汤在萧面前，还能讲一点人情，而且李先生不但是万先生的连襟，而又挂名汉口商场督办署总工程师的名义，而且李先生的胞兄李书城先生与民国要人们有旧交，有这些错综复杂的关系，李先生得以数次前往避难。有时我们学校布告栏内，一公布李先生因事请假，我们就估计到李先生又往汉口商场督办署避难去了，我们前往一见果然如是。”②

汉俊挚友傅光培（养荪）回忆说：“‘二七’惨案发生后，汉俊被通缉，由汉口商场督办公署秘书万声扬的警卫员罗前泽护送他乘轮赴上海，由上海转至北京。当时其兄李书城在北京，因此汉俊能在北京安身。”③

2 月 27 日 中共中央发表《中国共产党为吴佩孚惨杀京汉路工告工

---

① 《薛文淑对李汉俊的点滴回忆》，见中共“一大”会址纪念馆、上海革命历史博物馆筹备处编：《上海革命史资料与研究》（第 3 辑），上海古籍出版社 2003 年版，第 583 页。

② 赵瑞麟：《关于李汉俊先生》，见罗仲全编：《中共一大代表李汉俊》，四川人民出版社 2000 年版，第 149—150 页。

③ 傅光培：《忆李汉俊烈士》，见潜江县政协文史资料研究委员会编：《潜江文史资料》（第 4 辑），1987 年版，第 183 页。

人阶级与国民》宣言，揭露吴佩孚屠杀工人之罪行，号召全国人民团结起来打倒压迫和残害工人的军阀，为自由而奋斗。

是月 汉俊经兄长书城介绍，于北京政府外交部任秘书。约在此时，汉俊与耿丹等联络策动湖北籍国会议员胡鄂公等在国会提出“查办吴萧案”，介绍铁路工人代表向国会请愿，并推动劳动立法。据李伯刚（书渠）去世前的回忆录记载：“‘二七’之后，李汉俊去北京，我去安源。听说他在北京搞了几项活动：（一）联系胡鄂公等，介绍京汉铁路工人代表到国会请愿。胡在国会提出弹劾吴佩孚镇压京汉铁路工人，解散京汉铁路总工会案；（二）帮助胡鄂公等在国会提出提案，要求公布工会法，想通过这种立法手续，取得工会的合法地位；（三）建议工人代表到东北联络奉系军阀进攻吴佩孚，铁路工人保证尽量配合协助，对直系军阀采取各种手段予以破坏打击。”①

是月 汉俊入中共北京地方委员会党支部过组织生活。其间，常与苏联驻京大使馆联系，并与李大钊多次晤谈。②

3月3日 共产国际执行委员会发表《就京汉铁路罢工工人流血事件告中国铁路工人书》，揭示中国铁路工人通过罢工斗争和牺牲，已经同为反对各国剥削者而斗争的世界无产阶级联合起来了，指出中国共产党不仅要捍卫铁路工人的利益，而且也要捍卫整个工人阶级的利益。

是月 汉俊又相继在北京政府教育部、农商部任职。其间，以部分收入资助从武汉到北京求学的女共产党员徐全直、夏之栩和陈碧兰。

4月 汉俊长子声簧入北京培根小学读书。

5月5日 汉俊出席由北京马克思学说研究会及马克斯主义研究会于国立法政专门学校联合举办的“马克思生日纪念会”，演讲唯物史观。

---

① 李伯刚：《回忆李汉俊》，见中国革命博物馆党史研究室编：《党史研究资料》（第4册），四川人民出版社1983年版，第285页。

② 《李书城致觉明的一封信》，《革命史资料》1981年第2辑。

据《大公报》5月6日报道记载："昨日为社会主义家马克思一百零五周年诞生日。北京马克思学说研究会及马克斯主义研究会两团体，在法政专门学校开纪念会，并发散一纪念刊。到会者有二百余人。午后一点，主席宣告开会，场中挂一马克斯相。奏乐后，众向马克斯相行三鞠躬礼。主席报告马氏略史……继由李汉俊讲演马氏学说之唯物史观，邝摩汉讲演阶级斗争，卜士崎讲演马克斯主义与俄买斯（即俄罗斯，编者注），皆有极长之演词。讲演完时已四点，遂行散会云。"①

5月10日的《民国日报》副刊《觉悟》中也提到："本年五月五日，是马克斯百〇五周年生期纪念；北京马克思学术研究会与马克斯主义研究会两个团体，联合假国立法政专门学校大礼堂开纪念会，并印送特刊，到二百余人。公推汪剑农君主席报告马氏略史……其后又有李汉俊君讲演唯物史观……阐明学理，参证事实，发挥尽致，听者异常感奋……"②

同日 汉俊因在北京政府任职受到党内通告批评，单方面向中共中央致信宣布脱离中国共产党。据汉俊在1927年9月10日亲笔填写的《湖北省改组委员会职员登记表》中自述，"自共产党成立后，汉俊即因反对无条件接受第三国际津贴及命令暨主张援助国民党而遭排斥"。担任上海党组织代理书记时，由于自己发现主持工会的领导（即张国焘，编者注）与社会主义青年团有腐败问题，遂主张将其解散，进而遭到"公开的讥评与反对，陈独秀亦由粤来函攻击"，1921年中共一大上，又因主张援助国民党及组织职业工会，遭到其他同志的"坚决反对及否定"。是年底，汉俊"卸脱一切责任地位，返鄂专心教授及劳动运动，然见彼辈种种谬误主张及行动，亦不能不有所抨击，于是恶感益深，压迫愈甚"，遂萌生离意，

① 《马克思生日纪念会纪》，《大公报》1923年5月6日。

② 《北京的马克斯生日纪念会》，《民国日报》副刊《觉悟》1923年5月10日。

主动宣布退党。[1]

马林也在5月31日写给共产国际执委会等部门的信中提到了汉俊退党的事情，并称其为“最有理论修养的同志”。他写道：“这个小小的组织中，也有各种各样的冲突，问题并不在于涉及策略上的不同派别，而首先是关于集中制的问题。李汉俊是最有理论修养的同志，他曾在湖北工作，强烈主张不要集中制，而且认为，现在想靠少数人去争取大多数群众是策略上的错误。他尤其主张在知识分子中进行宣传，主要是理论宣传。罢工之后，这种思想更加突出。中央委员间的人事冲突导致了他退党。这样我们就失去了一个优秀的理论干部。另一方面，在杭州（浙江）也有一个党员[2]退党，他与李汉俊过从甚密。不过，他指责中央委员会只局限于在工人中进行宣传，而忽视了农民：在下一次党的代表大会上将讨论土地问题，我们将会从浙江、直隶和湖南的代表那里得到一些材料。”[3]

汉俊挚友傅光培（养荪）曾披露过一段他与汉俊的对话，称汉俊脱党主要源自跟张国焘之间的矛盾：“一九二五年三、四月，汉俊来李书城家住，我与他朝夕见面。我因听赵子健说过，汉俊因同张国焘吵架而脱党，于是，有一天便问起他脱党的事。汉俊告诉我：‘张国焘谴责我：你只注意吸收大知识分子入党，不注意吸收工人入党，违反党的阶级性，是大错特错。我回答他：这一点也不错，马克思、恩格斯、列宁，不都是大知识分子吗？没有他们的努力，今天你我能知道共产主义吗？于是，张发火说：你不守党纪，不服从领导，把你开除出党。我回答：用不着你开除，我脱离你这个党组织。’我问汉俊：‘还有什么党组织吗？’李答：‘还有党中央嘛！

① 李汉俊：《湖北省改组委员会职员登记表》，台北中国国民党党史馆馆藏，编号：汉12993.2。

② 联系后文，此一党员应系沈玄庐（定一）。

③ 马林：《致共产国际执行委员会、红色工会国际、共产国际执行委员会东方部和东方部远东局》，见中共中央党史研究室第一研究部编：《共产国际、联共（布）与中国革命文献资料选辑（1917—1925）》（第2册），北京图书馆出版社1997年版，第453—454页。

张国焘太专横跋扈，有孔老二的“君、亲、师”的封建专制作风，我们很多同志都反对他这种恶劣作风。’我问道：‘师也能杀人吗?’汉俊说：‘一个人不管你官做得多么大，职位功名多么高，如果得罪了他的乡中老师，这个老师就有权报告县、府、省、中央，革去这个学生的官职，而处以应得之罪。’当时，汉俊从不对人说自己是脱了党的人。”①

6月12日　中国共产党第三次全国代表大会于广州召开。大会接受共产国际执行委员会于是年1月12日通过之《关于中国共产党与国民党的关系问题的决议》，决定全体共产党员以个人名义加入国民党。大会选出由九名正式委员、五名候补委员组成的新一届中央执行委员会。汉俊在缺席大会的情况下，被选为第三届中央候补委员。

6月14日　《民国日报》上发布启事一则，称汉俊受聘为上海大学社会学系主任。启事中有记：“上海大学自去冬于右任先生接办后，锐意革新，一面筹募款项，一面罗致人才。于是在上海向不著名之学校，一变面崭然露头角尖。……又闻该校下年起已预定之教职员如下：总务长为邓安石，教务长为瞿秋白，社会学系主任为李汉俊，中国文学系主任为陈望道，俄国文学系为瞿秋白兼任，绘画系主任为洪禹仇，附设中学部主任为陈德徽。其所聘新教员如程太炎、李大钊（以上为特别讲座）、俞平伯、田汉、沈仲九、施存统、刘宜之、朱自清等，皆属海内知名人士。”②

6月25日　马林致信汉俊，对其未出席中共三大表示遗憾，申明党已取消批评其任职北京之通告，并认为之前党内“左派”在一大上对其的错误指控不符事实，冀其继续为党工作。信件由李大钊转交。这是党的高层领导首次明确表态为汉俊“平反”，肯定了汉俊在一大上的正确主张。

马林致汉俊信中有记：“亲爱的李汉俊（Lihandjien）同志：今天，我

---

① 傅光培：《回忆李汉俊烈士几件难忘之事》，见中国人民政治协商会议湖北省潜江县委员会文史资料研究委员会编：《潜江文史资料》（第2辑），1986年版，第24—25页。

② 《上海大学革新之猛进》，《民国日报》1923年6月14日。

们的李大钊同志离广州去北京，我利用这个机会给你写上一封信。在大会期间你不能前来参加，使我感到非常遗憾。你自己也知道，组织的成员非常少，了解情况的人不多，因而在会议召开之前，我们几次要求你到这里来参加会议。我认为，这次会议比我们前二次所开的会议好得多，工作进行得相当顺利。我想，北京支部的工作困难，已经以这样一种方式解决，你再没有什么理由站在组织之外了。在第一次会议上，小组在上海对你的态度是错误的，在那时候我已经表示了这种意见，并且自那时以后说过多次。现在，我们的同志都同意这种意见。正因这个理由，我们想尽一切办法要求你到这里来。关于在北京接受一个官职的通告，已被取消。这一决定，当时是在错误情报的基础上作出的，而主要的是，这种决定不能成立。这种错误的命令，是在那时作出的。那时我们不能在一起讨论，并且在调查研究之前，过早地作了决定。在这次大会上已经证明，去年有许多事情是错误的。我希望，新的中央委员会能更好地进行工作，比老的中央委员会有更大的信心。但当然，许多工作依靠党员和支部的帮助，没有密切的合作和好的集中制，要建立一个好的组织是不可能的，认为中国应该与别的国家不同，这是没有道理的。现在，通告已经收回，我认为，你要立即参加工作。即使你在北京，你可以用许多方式帮助我们的工作。去年的一个最大错误是：每月的教育工作被完全忽视了。今年在这方面将作得好一些。新的月刊《前锋》的第一期，现在正在付印。这一期是由施存统同志负责编辑的，他的健康状况很坏，在这次大会之后需要进行休息。他过分地把他的力量放在组织工作方面，现在他已精疲力竭，需要长期的休息。正由于这个理由，我希望李同志帮助陈（独秀）出版一种好的月刊，陈同志也非常需要你的帮助。除了办月刊之外，还要办一个季刊。月刊应该是一种结合实际的刊物，文章应该绝大部分有关中国形势的报道，而不应像以前那样是一种理论性的刊物，而应该是一种战斗性的刊物。但当然应该比周刊的文章站得更高，看得更远一些。请你帮助陈出版《前锋》刊物，同时帮助李大钊同志在北京完成《政治周刊》。要把国民党改组为现在的民族革命政党，必须吸收北方的新党员，因此开展一个好的宣传工作是可能的，并且能获得成功。……上海的怀疑分子企图自行其是，在二月失败之后，在工人中建立一个新的组织来分裂工人，其结果只能出现一个更坏的小组织。他们为了发展成一个大的组织，就忽视参加组织人员的质量。他们之中最好的成员可以参加我们的小组，但他们的行动清楚地表明，他们要搞分裂。今后会证明，这些没有原则的政客，正在组织一个反对共产主义和共产党的工人组织，和把一些优秀分子开除出这一组织。我应该迫切地要求你，尽你一切力量阻止这些冒险分子对汉口工人组织的破坏。项德隆在党中央委员会之内，张连光是候选人。程潜在进行多次会谈之后，同意与我们进行合作。你回到汉口之后，就能对湖北许多有困难的同志进行帮助。但是不管你到什么地方，不要忘了经常地给《前锋》杂志供稿。你对杭州的于树德同志也可能进行一些帮助，他对土地革命工作特别感兴趣，我们在这方面，必须着手搞起来。我们要收集资料，有可能的话在月刊上进行讨论。前进吧！请帮助我们！在离开之前，我希望能见到你。请来信并写明你的地点，使我能经常给你写信，即使我在国外，也能给你去信。致以敬意，你的同志。”①

7月 武昌社会主义青年团地方委员会委员长胡彦彬在《关于武昌S.Y.工作总报告》中，将汉俊列为“先后离鄂在外埠S.Y.服务者”，其“现在服务地点”显示为北京，说明此时武昌方面仍视汉俊为组织内的同志。②

是月 中国共产党发表第二次对时局的主张，指出“只有国民会议才

---

① 《某同志在广州写给李汉俊的信》，见中央档案馆、广东省档案馆编：《广东革命历史文件汇集（1921—1926年）》，广东省供销学校印刷厂1992年版，第9—13页。

② 《胡彦彬关于武昌S.Y.工作总报告——成立日期、略史、团员名单及组织宣传等工作情况》，见翟学超等编：《湖北革命历史文件汇集·群团文件（1922年—1924年）》，中央档案馆、湖北省档案馆1983年版，第65—69页。

真能代表国民，才能够制定宪法，才能够建设新政府统一中国”，号召全国各商会、工会、农会、学生会及各职业团体推举多数代表，择适当地点召开国民会议，“须以真正国民革命的势力，扫荡全国军阀及援助军阀的外国势力”。①

8月25日 汉俊以“汉俊”本名在《今日》上发表长文《对于政府提交国会的工人协会法的批评》，对同年4月18日内阁草拟之《工人协会法》进行了逐条分析，并批评了部分条款对于工会建立的掣肘。汉俊在文中写道：“政府这回提出的这个法案，实在是支离灭裂，莫名其妙，既使人不能不怀疑政府懂不懂工会是什么，又使人不能不疑惧其用意，并使人不能不怀疑是否根据了已有和预想的事实。社会不乏高明之士，当然有彻底的批评。国会不乏高明之士，当然有彻底的纠正，使之与事实相适，并使之能够适合立法的精神，保护社会的弱者，促进经济的发展，保障健全的进化。尤其在经济压迫日益厉害、社会秩序日益不保、国民道德日益堕落、有亟宜图谋经济发展、整顿社会秩序、保持国民道德之必要的现在中国，不能不彻底纠正。”

9月初 汉俊偕学生夏之栩等由京返汉，受聘国立武昌师范大学（原武昌高等师范学校）历史社会学系教授，主讲唯物史观和社会学。其间，聘夏之栩代抄讲义以资助其生活。对此，夏之栩曾回忆说：“不久，我们几个人也到北京去考学校。学校没考取，我们就通过正在北京治病的刘子通找到李汉俊。我把想回湖北的打算同他讲了，他说：‘那你就跟我们一块回去吧！’就这样，我们跟李汉俊一同回到了武汉。回到武汉以后，我们找不到工作，因为我们都是学师范的，只能教书，可别人又不敢要我教书，党的经费十分困难，都是靠一些同志的工资作经费，也不能养活我们

① 《中国共产党对于时局之主张》，见中共中央文献研究室、中央档案馆编：《建党以来重要文献选编》（第1册），中央文献出版社2011年版，第289页。

这些人。李汉俊看到我的困境，就对我说：‘你到我那儿去吧，帮助我抄写讲义，就住在我家。’他知道我的家已变成了党接头的地方，而且家里只有我和母亲两人，没有生活费，很困难，于是他每月给我二十块钱，要我拿回家去交给我母亲，维持党的机关。陈潭秋、黄负生、包惠僧、刘子通（后来包、刘离开了武汉）等人常来我家，他们也给予过资助，以维持这个机关。李汉俊有时也到我家里来，我母亲同他的关系很好，李汉俊对其他同志也很好，我们对他没有什么不好的印象。一九二三年下半年，我一直在李汉俊家帮他抄讲义，我一面抄，一面自己也顺便学点东西。记得讲义上有讲历史上各种流派的社会主义的，有圣西门、欧文、傅立叶的空想社会主义，然后就分析那（哪）一种是科学的。”①

9月29日 汉俊致函国立武昌师范大学校长张继煦、事务主任李廉方，对学校不良状况和缺点提出谏言。据《江声日刊》同年11月14日刊载的《李汉俊致张继煦、李廉方》信中记载：“学校重要开支，除了教职员的薪金，学生膳费，附中附小的经费以外，应当再没有别的什么了。除了这重要开支外，还有什么要用五千元？为什么去年所定每系每月五十元的图书费不能支出，仪器不能增加一点，又为什么还要破坏校章收新生的膳费，拒有志的穷学生于校门之外？又为什么把应当分班教授的科目合起来，既不便于学生，又破坏规定，专图教员的减少？凡此种种皆于学校成绩及使学校为文化中心的问题，有莫大的关系。兄等究竟有何计划，打算怎样运用这笔款子增高学校成绩，使为湖北文化之中心？”

是月 汉俊与武汉社会主义青年团取得联系，并与上海党中央保持通信。

据武汉团员刘昌群、任开国是月23日写给林育南的信中记载：“汉俊

---

① 夏之栩：《回忆李汉俊老师》，见中国人民政治协商会议全国委员会文史资料委员会编：《革命史资料》（第14册），文史资料出版社1985年版，第179—180页。此段文字中提及的黄负生，1921年加入武汉共产主义小组，1922年4月病逝，此处或为回忆舛误。

兄近谈颇恰，伊在师大教授，听讲人数颇多，外专、中华均有同学来旁听——想半年后，师大空气当有变更了。待人才造就渐多，然后我们的事情才有办法啊。现在的架子空得很，一切事情，都是感心有余而力不足的。”①

汉俊学生夏之栩也提到：“这个时期，给李汉俊的来信都寄到我家，由我转交给他的，李汉俊和上海党中央的通信也由我家转，我经常看到有许多从上海给他的信。李汉俊的回信很厚，他曾对我说：‘我们对有些问题的看法，意见不一致，通过通信来辩论。’至于究竟是争论的什么问题，跟谁争，我没有去问，李汉俊也没有说过，我只是知道他与中央一些同志大概有不同的意见。”②

10月4日 因“质问未与诚意答复之故”，汉俊向校方提出辞呈。翌日，校事务主任李廉方亦请辞。是月10日，经连襟万声扬、校长张继煦调停，汉俊于次日复课。13日，张继煦称病，离校去京，旋发函学校教职工及学生声明辞职。校内学生遂分成两派，并发展为激烈斗争，形成学潮。

据《民国日报》是月25日报道记载：“武昌高师自改大学以来，号称增加学额，加聘教授，而旧势力弥漫，教员之有新思想者多被排斥，因之意见分歧，不能合作。前次已有教员七人联名辞职，事务主任、教务主任相继不返校。经校长张继煦再三从中调解，竭力挽留，始克平息。然张以该校前途无望，乃于日前，托病请假就医，潜赴北京。到京后，始致教职员、学生一书，宣言辞职，而事务、教务两主任亦相继宣言离校，以践同去同留之约。学生闻之大哗，现拟大开会议。结果如何，尚未可知，而该

① 《昌群、开国致育南信》，见翟学超等编：《湖北革命历史文件汇集·群团文件（1922年—1924年）》，中央档案馆、湖北省档案馆1983年版，第91页。

② 夏之栩：《回忆李汉俊老师》，见中国人民政治协商会议全国委员会文史资料委员会编：《革命史资料》（第14册），文史资料出版社1985年版，第180页。

校日前已成无政府状态矣。”①

《教育与人生》周刊第 8 期也报道了此事：“武昌师大自校长暨李、黄二主任辞职后，校中陷于无政府地位，颇有倾覆之象，现在教职员及学生，翻（幡）然觉悟，决定挽留张李黄三先生，以后不再自相残杀，与外人以口实。十一月六号已将李黄二先生迎回办事，张校长方面，业派代表赴京，坚请返鄂，但张校长提出数项条件，交全校教职员及学生讨论，如能认可，即行回校，否则决不再来：(一) 关于用人行政，须受校长支配；(二) 凡教职员对于校中有意见，须向评议会陈述，不得诘难校长；(三) 须恢复十一月一日以前秩序。以上各条，均已通过，校中业去电欢迎，不日即可回校。闻学生方面，颇不满意胡钱陈许各教员，誓非驱逐不止云。”②

10 月 20 日　中国社会主义青年团中央机关刊物《中国青年》周刊于上海创刊，恽代英、萧楚女、林育南、任弼时、邓中夏、张太雷等先后任主编，后于 1927 年 11 月受当局干涉停刊。

10 月 28 日　汉俊致信《江声日刊》记者，说明学潮事件发生始末，澄清相关报道中的不实指摘。据《江声日刊》10 月 31 日刊登的汉俊信中记载：“再本日贵报所登《武昌师大风潮别报》中所述，颇有揣测和不合事实之处，兹为合并纠正如左：第一，如贵报二十七日‘时论’所言，校长辞职原因何在，因校长辞职函中所言笼统，旁人不能代为武揣，唯该校长知之。而该记事都断言校长辞职原因之所在，殊属可怪。第二，该记事言‘七日晚有教员七人，请校长免黄教务职’，究竟有无此事，鄙人不敢断言，然鄙人未曾向校长作如是之要求，则不能不与声明。第三，言‘报名历史学社会学系实只三人’，当系‘报名者有五六十名之多，而录取者

① 《武昌师大校长去职》，《民国日报》1923 年 10 月 25 日。

② 《武昌师大风潮可望解决》，《教育与人生》第 8 期，1923 年 12 月 20 日。

只三名'之误。第四，言'照章不能成系'，不知所照何章；如系指上年'不满十五人之系不与成立'之规定而言，则生物学系与地学系亦应'照章不能成立'而竟亦成立，该记事未言及此，不能不与补足。第五，言'系既不成，系主任安附？有系主任欲者因之迁怒于经理招生事项之李黄'，当系侦查未确。历史社会学系今年一年级，虽未照生物学系与地理学系之破坏规定而成立。然而上有三年级一班。有一班就能有一系主任（地学系只有今年五人成立的一班，亦有系主任），故'主任安附？有系主任欲者……'云云，不能成立。因鄙人于上月二十九日质问校长及李君廉方信中，曾言及校长在京对耿君[①] 所下历史社会学系主任之聘函，为何返校后变为专任教授之聘书，而找一与该系毫无关系之事务主任（即李君廉方）做指导员故，不能不合并声明。再耿君亦非有主任之欲者，彼在京时，曾再三请过校长将系主任之聘函换为专任教授之聘函，校长坚决未允，请阅者诸君不要误会。所言太多，望记者先生原谅，敬请铎安！李汉俊敬启十月二十八夜。"

11 月 4 日　汉俊致信武昌师大校长张继煦，向其致歉并请其尽速返校。此信共缮两份，一份由汉俊兄长书城转交，一份由汉俊直接寄往张氏(未寄出，为万声扬压制)。

《江声日刊》11 月 14 日载汉俊信中有记："观兄谈话，此次迫兄出走的之罪魁完全在弟，唯弟可牺牲（弟必不怪兄是'昧良心打破弟这一碗饭'），学校不可牺牲，学生不可牺牲，望兄急速返校，以轻弟之罪过。弟于十八日得兄辞职函之时，即已揭示与兄同进退；此次见兄谈话，亦复决心独退，无需兄用'催眠术'（学生代表所发表之原文，有'校长谓只有用眠术'之一语）；学生大部分是主张无条件挽留兄返校者，只要兄肯返校，学生必不拒绝'新教员'(学生代表所发表之原文，有'校长谓他们——

① 即耿丹，时为武昌师大教务主任。

指学生而言——不要新教员’一语），弟无钱也不会‘以金钱运动一部分学生罢课’来向兄请愿，望兄大胆返校为幸！……言不尽意、专此敬请旅安！弟汉俊上十一月四日。”

11 月 7 日　汉俊再度致信《江声日刊》记者，表示愿意将与校方往来信件全数交付萧楚女（时用笔名“匪石”）以为公证。

11 月 8 日　汉俊第三度致信《江声日刊》记者，澄清报上关于自己的不实指摘。据《江声日刊》11 月 13—15 日刊登的汉俊信中记载：“综上所言，可知‘武昌师大全体学生’代李黄二君答辩鄙人者，皆未得事实之真相。想系学生与事实隔膜之故。苟由李黄二君直接答复，当不至如是。鄙人亟盼学生诸君，少用全体名义，作什么宣言启事，以暴露现在学生界及教职员界之丑态！……‘武昌师大全体学生’在来件中所发表的张校长谈话，因非全文，读者诸君对于鄙人致张校长之函当有许多地方能了解，兹为便于明了起见，将该谈话全文一并寄上，请贵报予以登出为幸！敬请铎安！”

11 月 24 日　中国共产党第三届第一次中央执行委员会会议在上海召开，陈独秀、李大钊、蔡和森等八人出席。会议决定进一步促进国民党改组，在全国范围扩大国民党组织，即：凡有国民党组织之处，中国共产党党员、社会主义青年团团员“一并加入”；凡国民党无组织之处，我党则为之建立。会议还决定中国共产党要通过党团性质的秘密小组在国民党内贯彻共产党的纲领和政策，努力争取“站在国民党中心地位”。①

11 月 25 日　苏联罗斯塔社北京分社社长斯列帕克致信维经斯基，称汉俊是一位“难得的干部”“宝贵的工作人员”，最近又重新“向党靠近”了。

信中有记：“李汉俊不在北京，他现在在武昌教书。我很了解他，曾

---

① 《国民运动进行计划决议案》，见中共中央文献研究室、中央档案馆编：《建党以来重要文献选编》（第 1 册），中央文献出版社 2011 年版，第 348—349 页。

几次同他谈过话，他常到我这里来。我同样认为，他被排挤出党，应该感到遗憾，尽管最近他好像又重新向党靠近了。关于李汉俊的传闻很多，由于他不同意党的策略，他本人愿意退党。遗憾的是，我本人未来得及，就这件事详细采访他。我同他谈话时，还很好，只是后来听一些同志说：李似乎认为在整个中国不可能发生工人革命，所以必须放弃在工人中的工作，并着手做知识分子的工作，他说，知识分子是革命的主要推动力。我不能保证我转告的话完全属实，怎么买来的就怎么卖嘛。还有一件不愉快的事。他曾在北京这里担任政府公职，我记不清在哪个部了，既没有通知党也没有得到党的认可。显然这是不能允许的。当中央建议他离开这个部时，他说，他有家，有孩子，等等。我认为应该和李同志谈谈心。他是一个宝贵的工作人员，我们不能失去他。但是我有一种印象，他身上有一些个人主义的无政府主义萌芽，如果现在不采取措施，往后会发展得相当严重，那时我们当然就会失去他。这里也有自尊心受到伤害，对中央有抱怨等等问题。我认为，关于他的问题你应该同张（国焘）好好商量一下。我毕竟无法了解只有中国同志才能知道的那些细节。所以，我不想说那些我认为我自己都不十分清楚的东西，我建议你直接同张谈他的事。我也同张谈谈。我把他的地址告诉你：'中国，湖北，武昌，师范学院，李汉俊教授收'，以备万一用得着。不要惊奇，他有教授的头衔，这在中国是常有的。当然这个地址是公开的。"①

是月 汉俊于武昌师大历史社会学系师生中组织"历史社会学研究会"。据汉俊自述，之所以发起成立研究会，是由于"投考学生及学校当局对于本系所习科目之重要及性质不无误会，本系师生有感于此，爰于去年十一月组织'历史社会学研究会'，一以共同研究，务求所学之精深，

---

① 《斯列帕克给维经斯基的信》，见中共中央党史研究室第一研究部译：《联共（布）、共产国际与中国国民革命运动（1920—1925）》，北京图书馆出版社 1997 年版，第 326 页。

以研究所得公诸社会，使社会明了本系所研究学科之性质及重要”[①]。

是年 汉俊与来京探望的刘仁静晤谈，并感谢其在中共一大南湖闭幕会议上选举中央委员时投了他一票。据刘仁静回忆：“约在一九二三年，李汉俊也到了北京，住在西城丰盛胡同。我去看他时，他对我在党的第一次代表大会上投他一票表示感谢。蔡和森在北京(或是在上海）碰到我时，曾谈起我在‘一大’选举李汉俊的事，说我投的那一票有历史意义。”[②]

① 李汉俊：《发刊旨趣》，《民国日报》副刊《觉悟》1924年12月1日。

② 李丹阳：《刘仁静谈李汉俊》，《上海革命史资料与研究》2012年号。

1924年　34岁

1月18日，即将出席国民党第一次代表大会的共产党党团召开会议，讨论对国民党代表大会的态度和在该党中的工作方针。鲍罗廷出席并讲话。

1月21日，列宁逝世。翌月24日，中国国民党于广州举行追悼列宁大会，孙中山亲书“国友人师”四字以表敬意。

2月7日，全国铁路工人代表大会于北京召开，正式成立全国铁路总工会。

4月12日，《国民政府建国大纲》公布。建设程序分军政、训政、宪政三个时期，至宪政时期，建国方为大功告成。

5月5日，设于黄埔的国民党陆军军官学校第一期学员入学。翌月16日，黄埔军校正式举行开学典礼。孙中山兼任军校总理，廖仲恺任校党代表，蒋介石任校长。周恩来、恽代英、萧楚女、熊雄、聂荣臻等共产党人先后于该校担任政治领导工作以及其他工作。

5月31日，北京政府外交总长顾维钧与苏俄代表加拉罕正式签订《中俄解决悬案大纲协定》，并互换照会，宣布北京政府与苏俄政府建交。

7月15日，广州沙面数千工人罢工，反对英、法帝国主义“不准中国人自由出入租界”的“新警律”。罢工坚持月余始胜利。

9月17日，第二次直奉大战爆发，吴佩孚大败。

10月23日，冯玉祥发动“北京政变”，囚禁曹锟，推翻直系军阀控制之北京政府，皖系段祺瑞任临时执政。冯玉祥所部改称国民军，同情广东革命政府，并电邀孙中山北上，共商和平统一大业。

11月5日，溥仪被逐出紫禁城，逊清小朝廷宣告终结。

12月7日，中共中央、青年团中央及共产国际代表联席会上，决定成立“常设性”“享有全权”之中共中央北方局，李大钊任书记、谭平山为副书记。1925年初即撤销。

1月20日　中国国民党第一次全国代表大会在广州召开。大会通过由中国共产党人参与起草的、以反帝反封建为主要内容的宣言，确定联俄、联共、扶助农工之三大政策。李大钊、谭平山、毛泽东、林伯渠、瞿秋白等十名共产党员被选举为国民党中央执行委员会委员和候补委员，约占委员总数的四分之一，国民党中央组织部、农民部、工人部始由共产党人领导。会后，全国各级国民党党部相继进行新建或改组。

2月11日　值京汉铁路大罢工一周年纪念，汉俊以“镜湖”笔名在《江声日刊》上发表长文《纪念“二七”的意义》，对京汉铁路大罢工的经验教训进行了总结。汉俊在文中首先阐释了马克思主义的阶级斗争理论，指出“在阶级的社会里，有进化就必有革命。然而一时代有一时代底物质基础，所以一时代底革命就有一时代底主要潮流与主要中坚。在欧洲，自宗教革命到法兰西革命，是资本阶级革命的时代；其革命的主要中坚就是资本阶级，主要潮流就是资本阶级的感情。自法兰西革命，一直到现在，是无产阶级革命的时代；其革命的主要中坚就是无产阶级，主要潮流就是无产阶级的感情”。在此基础上，汉俊分别引述了两段马克思的原话作为对二七大罢工的“纪念词”和“教词”：“这个自治制，是光荣璀璨之新社会底报导。劳动者底巴里，应当在这意义上永被纪念。死难者当埋于劳动阶级之大心情中，州（永）久生存，历史已经把破坏自治制者定到刑架上了”，“劳动者用和平的手段就可以达到目的，英国美国这种国家底存在，固然是不可否认的事实。但在其余重要的欧洲各国，威力却必须革命的手段。一旦时机到来，他们就必定用威力”，“要使革命成功，需联合一致”。文章最后，汉俊称颂京汉铁路大罢工虽然失败了，但表明“中国民族还没有死，也没能衰老，中国民族不是自甘暴弃的民族，也不是自甘落伍的民族，他还是年少活泼的，还是血气充足的”。这表明汉俊并未因罢工失败而沮丧，仍寄望于中国无产阶级的作用和力量。

2 月末　中国共产党第三届二次执行委员会会议召开。会议通过《同志们在国民党工作及态度决议案》，认为中国共产党人对于国民党中“极腐败的分子，亦宜取敬而远之的态度，须努力避免不必要的冲突”，主张“一切宣传、出版、人民组织，及其他实际运动，凡关于国民革命的，均应用国民党名义，归为国民党的工作”。

5 月 1 日　杨德甫等武汉工运界领袖联合发起成立“武汉工会委员会代表联席会”，并于市内各处散发“劳动节的‘三八’原则”传单。

5 月初　国立武昌商业专门学校改组为国立武昌商科大学，聘汉俊为教授，讲唯物史观及社会学等内容，后又兼任研究班教授。

汉俊学生杨献珍曾回忆：“大约一九二四年前后，李汉俊曾来武昌商科大学讲授唯物史观，我当时曾听过他的讲演。他讲的《唯物史观》以讲义的形式铅印成书，不是在某个书店出版的。① 我在武昌高商曾看见过这本《唯物史观讲义》。当时在武汉这样系统地宣传马克思主义的，大概李汉俊算是第一人。”②

武昌商科大学张国瑞在撰写本校校史时也提到：“耿丹任教务长后，把武师大教授李汉俊请来，任社会学教授，新聘由日本回国的南夔为银行

---

① 汉俊授课用《唯物史观讲义初稿》《唯物史观讲义初稿（乙）》于是年初由武昌正信印务馆印刷成册。

② 李丹阳：《杨献珍回忆李汉俊同志民国初年在武汉的活动》，《上海革命史资料与研究》2014 年号。

簿记学教授，夏维海为商业广告学教授，于宅城为租税学教授，胡志民为世界近代史教授，格拉塞为德文教授，这些新来的教授之中，以李汉俊的社会学讲授最受学生欢迎，因而兼任了研究班教授。大学研究班，是对专门部各班和应届毕业学生开设的。研究时间为一年，允许选读规定的课程，通过考试合格发给大学毕业文凭，四年级应届毕业生不愿读大学研究班者，只发专门部文凭，愿读大学研究班者，准许入班学习。大学研究班开班时，首先开设《辩证唯物论》一课，由李汉俊教授讲授，讲授时几乎轰动全校。参加研究班的学生计有沈质清陆琮等二十余人。其他课程聘选教授不易，中途停办了。”①

汉俊挚友傅光培（养荪）在回忆录中写道：“中共‘一大’之后，汉俊回武昌高师、高商讲课，并为共进中学讲课。他讲授社会发展史、辩证唯物论等课。他曾给我讲义，使我学了一点点马克思主义。他说：‘只有多数知识分子学懂学通了马克思主义理论，才能用马克思主义武装头脑，才能为共产主义献身。’”②

5月10日 中共中央执行委员会第一次扩大会议于上海召开。会议通过《共产党在国民党内的工作问题议决案》，分析了国共合作实现后共产党内出现的若干右倾偏向，认为只有发动工人阶级参加斗争，“防止资产阶级的妥协性，民族解放才能彻底”。会议还根据同国民党右派争夺工人运动领导权的复杂情况，适当调整了党的工会活动和产业工人加入国民党的政策，使党在开展独立活动时不至受过分的束缚，能够灵活机动，留有余地。

5月12日 国民党汉口党部遭破坏，当局大肆逮捕从事工人运动的共产党员及工会领袖。杨德甫、周天元、黄惠（志章）、罗海臣、许白昊、

---

① 张国瑞：《记国立武昌商科大学》，《武汉文史资料》1986年第2辑。

② 傅光培：《忆李汉俊烈士》，见潜江县政协文史资料研究委员会编：《潜江文史资料》（第4辑），1987年版，第182页。

刘芬（伯垂）等相继被捕。这次事件不仅重创了湖北地区工人运动蓬勃发展的势头，同时对中国共产党在湖北的发展和壮大造成了严重阻滞。

5月16日 《时报》等多家报纸报道汉俊于是日被捕，此一消息后经武昌师大、商大校方以及汉俊本人辟谣。

《时报》是月19日报道有记："师大、商大教授李汉俊，以过激嫌疑，十六日晚被捕，押军法处。两校教职员商营救办法，拟向军署保释。"①

《申报》是月19日报道有记："汉口电：李汉俊因遭军警注意，昨（十六）由汤芗铭派卫队护送来汉。因有被捕误传，屈佩兰今（十七）谒萧（耀南）询问，并无其事。"②

《民国日报》是月23日报道有记："十九日汉函：昨见报载商科大学教授李汉俊在武昌三道街华鄂学会被捕，记者比即向官厅方面之友人探寻逮捕李氏之原因及被捕情形。讵知彼等满口否认，谓并无此事，记者尤以其秘不可宣也。遂至三道街华鄂学会内探寻，该会驻会会员亦力辩其非，并谓华鄂学会乃堂堂学术团体，李氏乃堂堂大学教授，岂容官兵无故蹂躏。后又至商科大学探寻，其校谓李氏照常上课，学校已有公函致各报馆更正，李氏个人亦有专函致各报馆更正，并声明社会学并非社会主义，以辟谣言之所从生，被捕之说，实属谬误云。"③

5月21日 中共中央机关刊物《向导》第66期刊登署名"独秀"之《汉口之党狱》，针对杨德甫、许白昊、刘伯垂等被捕事发表公开声明，称直系军阀表面上是"压迫工人过激运动"，实际上是"破坏国民党运动"，而"摧残为民族独立解放运动的国民党，实际上便是帮着外人压迫中华民族"。

5月30日 国民党中央为武汉等地发生的抓捕事件发表公开宣言，指控当局罗织"宣传过激主义"之罪名，以非法方式擅自捕去刘芬、杨德

① 《教育界消息》，《时报》1924年5月19日。

② 《国内专电》，《申报》1924年5月19日。

③ 《李汉俊未被捕》，《民国日报》1924年5月23日。

甫、许白昊、张国焘等数人。[1]

6月17日　共产国际第五次代表大会于莫斯科召开。中国共产党遣代表李大钊、王荷波、彭述之、刘清扬出席大会。大会批判统一战线工作中“左”的和右的机会主义倾向，强调共产党在同上层谈判时必须保持彻底而绝对的独立性。

是年夏　汉俊因受当局通缉，偕学生夏之栩离汉赴京，并将夏介绍至北京支部。据夏之栩回忆：“武汉市的国民党组织刚建立不久就遭到了一次大破坏，许白昊等人都暴露了。市党部垮台后，我没事干了，在武汉也不能继续活动。李汉俊也受到这次组织破坏的牵连，被学校解聘并遭到通缉，在武汉呆不住了。这时李汉俊问我，‘你以后打算怎么办啊?’我说不知道怎么办，他就说，‘这样吧，我还是去北京，那里的事情多，你愿不愿意跟我走?’我说，‘我同你一道去北京工作吧。’于是，在武汉党支部的同意下，我同李汉俊一起到北京去了。一九二四年夏，我们到了北京，李汉俊把我交给了北京支部（那时还没有成立市委），我们就分开了，以后再也没有见过他。”[2]

9月10日　中国共产党发表第三次对时局的主张，揭露曹锟、吴佩孚当政一年来投降卖国、军阀混战以及惨杀京汉铁路罢工工人等罪行，号召全国国民“组织起来，在国民革命的旗帜之下，推翻直系，解除一切军阀的武装，尤其要在根本上推翻外国帝国主义在中国一切既得的权利与势力。只有这样才能免除定期的惨杀与战争，只有这样才能得到永久真正的和平”[3]。

---

① 《国民党为京汉党狱发表宣言》，《大公报》1924年6月3日。

② 夏之栩：《回忆李汉俊老师》，见中国人民政治协商会议全国委员会文史资料委员会编：《革命史资料》（第14册），文史资料出版社1985年版，第181页。

③ 《中国共产党第三次对于时局宣言》，见中共中央文献研究室、中央档案馆编：《建党以来重要文献选编》（第2册），中央文献出版社2011年版，第114页。

是月　国立武昌师范大学改组为国立武昌大学，汉俊由京返汉任教。

是月　经汉俊建议，王平章、刘子谷等进步学生于家乡汉川开办小学，取名“全人”，旨造就全面发展的人。汉俊早年留学日本时曾入读晓星中学，该校办学宗旨中即有“用天主教爱的精神去培养学生，学生要德智体全面发展为‘全人’，以拯救人类为己任”之语。这或许是汉俊为之取名“全人小学”的由来。

10月　国家主义派（因办有《醒狮周报》，故又称“醒狮派”）首领之一李璜受聘武昌大学任西洋史教授，旋又在校组织“国家主义研究会”。汉俊遂同学生任开国、周延庸等与醒狮派展开论争。

汉俊学生赵春珊（瑞麟）曾提到：“我在校期间，历史社会学系主任是浙江人黄人望（字百新），他是章太炎先生六大弟子之一，主讲中国通史；著名的国家主义派首领之一，四川人李璜主讲西洋史；首义军人，留英学生，湖北人耿仲钊主讲公民学；湖北政法学院毕业的湖北人卢慰乾（人称‘小政客’）主讲法学通论；李汉俊先生主讲社会学及唯物史观。他们这些教授，平时晤面还能和平相处，唯独在讲学的见解上是不能相容的，特别是李先生对于国家主义派（当时办有《醒狮周报》）是极力批判的，有势不两立之势。后来我们对青年党（原国家主义派）印象不好，这部分是受李先生的影响所致。”①

是月　在汉俊关心下，湖北女子师范大学原训育主任周敏升任该校校长。据女师学生李文宜（哲时）回忆：“正当我们感到不知怎么办的节骨眼时，李汉俊先生又来女师了。他开门见山的问我：‘邓校长走了，你们还想要一个什么样的校长呢？’我说：‘那些造谣诽谤邓校长的人，如果不是他们那一伙的人来当女师校长的话，新来的任何校长，都会同样受到他

---

① 赵瑞麟：《关于李汉俊先生》，见罗仲全编：《中共一大代表李汉俊》，四川人民出版社2000年版，第150页。

们的排挤打击的。除非女师来一位女校长，他们就无法造谣了。’李先生听了点了点头问：‘那么请哪一位女校长呢？’我说：‘现在女师的训育主任周敏行吗？’李先生听后，没做声便走了。约在一九二四年秋，周敏当了女师的校长。这年暑假我毕业后留在女师当了半年的训育员，帮助学校整顿秩序，希望这位校长为妇女争口气，把学校办好，不辜负李汉俊先生对女师一而再、再而三的多次关怀。当时我想，李先生既非女师教员，又非学生家长，为什么三易校长都与他有关呢？这在我始终是个疑问。当然李先生对女师的关心，是关心教育事业的改善，是关心革命事业。”①

是月　第二次直奉大战爆发，冯玉祥组临时摄政内阁。汉俊兄长书城任陆军总长，支持冯玉祥驱逐溥仪出宫，并赞成冯氏电请孙中山北上共商国是。

11 月 14 日　经汉俊、郁达夫等教授活动，湖北督署拟聘耿丹代理武昌大学校长职务，旋引发罢课风潮。

是年 9 月，原校长张继煦因经费无着，决意辞职。教育部批准张氏辞呈后，原欲委派北京大学教授李四光接任，后因部分人士以“学者难当此重任为由”反对作罢。旋又提请陶行知接任，虽得以通过，后因种种原因未能到任。为解决武昌大学经费问题，湖北省政府欲将武昌大学改为省立，并拟委派师大教授耿丹为校长。此一消息经公布后，于各界引起轩然大波，认为师大向为“国立”，校长皆由教育部直接任命，反对湖北省不顾惯例直接派员代理校务，以军阀干涉教育。校内师生遂发起罢课风潮，称“同人等不欲久居暴力之下，业已相率停止教授”，后演变为对耿丹的个人攻击。至是年 12 月，教育部改派北京大学理化教授石瑛为国立武昌大学校长，风潮乃止。②

① 李文宜：《回忆李汉俊在武汉的生活片断》，见中国人民政治协商会议湖北省委员会文史资料委员会编：《湖北文史集粹》，湖北人民出版社 1999 年版，第 611—612 页。

② 吴贻谷编：《武汉大学校史（1893—1993）》，武汉大学出版社 1993 年版，第 85 页。

11月19日 中国共产党发表第四次对时局的主张，号召全国人民团结起来促成国民会议的召开，并“极力反对军阀们拿什么各省军民长官会议来代替此会，执行此会职权”①。主张发布后，旋在全国范围掀起声势浩大的国民会议运动，使二七惨案后陷于低落的群众运动再度复兴，预示了大革命高潮的到来。

12月1日 汉俊在邵力子协助下，于《民国日报》副刊《觉悟》开辟“社会科学特刊”专栏，用以发表武昌大学“历史社会学研究会”之研究成果。同时以“汉俊”本名于专栏分两期连载《发刊旨趣》，至是月15日载毕。在文中，汉俊对社会学的内涵和意义做了清晰说明，指出“社会学所研究的题目是社会底起源、发达、组织、活动和理想。社会学研究社会组织，使人明了个人与个人、个人与社会制度、社会制度与社会制度之关系，因而了解个人与个人间之连带关系，及各个人所受之约束，更进而了解所以适应之方。社会学研究社会底起源、发达、活动及理想，使人明了社会进化之原理，对于社会前途得到一桩预知，不至于向社会进化途中投以障害，使社会进化不能顺利，而增多牺牲，更进而使人知道所以改造之方，以促社会进化之速成。由这两方面说，社会学为一切人所切需之科学，为教育之一良好工具”。在此基础上，汉俊立足马克思主义唯物史观的视角，对社会学与社会主义二者进行了区分。他强调，社会主义旨在“以现代社会病底根本原因在生产机关（即矿山、森林、土地、工厂、机器、原料品、半制品，以及交通机关等类，除了劳力以外，凡为生产能够供人直接消费的生产品上所必需的一切物件）底私有，而主张将这生产机关收为公有，并讨论收为公有之方，及收归公有之后如何管理、如何经营、如何将生产品公平地分配于各个人”。因此，社会学与社会主义二者

---

① 《中共中央第四次对于时局的主张》，见中共中央文献研究室、中央档案馆编：《建党以来重要文献选编》（第2册），中央文献出版社2011年版，第170页。

“各异其性质，各异其范围，是决不能混为一谈的”。

是月　汉俊以“汉俊”本名于《国立武昌师范大学校生物学杂志》第 6 卷 1 号上发表《生物学与社会学底成立史》，对生物学和社会学两门“兄弟”学科的发展历程及研究内容进行了简要介绍。汉俊指出：“一切社会科学者对于社会学之为一独立科学的抗争，终以社会者底努力，归于失败。社会学底能否成立，已同生物学之能否成立一样，现在已经不成问题了。不过在现在中国还有许多人，不了解。各大学及专门学校之设立是科者，还是寥寥无几。且还有许多人，对于他有误会，不过这种误会不是以前社会科学者对于他所有的误会，只是由无智生出来的误会罢了。社会学与生物学在其成立的经过，在其苦斗的历史，在其对于同性质的科学的关系，如上所述，都是一样，所以可以称为两兄弟。社会学者每受人误解的时候，必引生物学这老大哥以为例。”

是年　汉俊正式被中国共产党除名。

据中共中央机关刊物《布尔塞维克》1927 年第 1 卷 11 期记载：“李汉俊曾经加入共产党，一九二四年被共产党开除。”①

蔡和森在 1926 年的报告中提到，“大部分同志认为汉俊等退出党是独秀同志专横，使汉俊等消极，直到第四次大会都对汉俊表示同情，到现在才明了”②。由此可见，在 1925 年 1 月中共四大召开以前，汉俊已非党员。在四大上担任大会记录员的郑超麟在接受田子渝访谈时，表示同意蔡和森的说法。③

---

① 奇：《冤哉枉也李汉俊》，《布尔塞维克》第 1 卷 11 期，1927 年 12 月 26 日。

② 蔡和森：《中国共产党史的发展（提纲）》，见中共中央党史和文献研究院、中央档案馆编：《中国共产党重要文献汇编》（第八卷），人民出版社 2022 年版，第 370 页。

③ 田子渝：《中国共产党创始人李汉俊》，武汉出版社 2004 年版，第 151 页。

1925年　35岁

1月25日，周恩来发起黄埔军校中国青年军人联合会。

2月2日，中国共产党领导上海22家日资纱厂共四万余工人大罢工。

3月1日，由中国共产党和国民党左派共同发起之国民会议促成会全国代表大会于北京开幕，翌月16日闭幕。大会宣传了中国共产党反帝反封建的政治主张，对国民会议运动的方针及组织大纲等作出了决议。

3月12日，孙中山于北京逝世。

5月1日，第二次全国劳动大会于广州开幕，成立中华全国总工会。同日，广东全省农民协会成立。会员达20余万。

5月15日，上海内外棉七厂日本大班（即厂长）率打手枪杀中国工人、共产党员顾正红，伤多人，旋引发工人罢工。租界当局逮捕声援学生，并宣布在沪增加码头捐、实行交易所注册，进一步激化工人、学生及民族资产阶级的不满。

5月28日，中共中央召开紧急会议，决定以反对帝国主义屠杀中国工人为中心口号，发动群众于上海租界展开反帝示威，并由李立三、刘华等主持成立上海总工会。30日，上海学生及其他群众代表举行反帝游行，遭租界巡捕开枪镇压，致13人死，数十人伤，是为“五卅惨案”。是夜，中共中央召开紧急会议，决定将反帝斗争扩大到社会各阶层群众中，实行罢工、罢课、罢市，将斗争坚持下去。“三罢”风潮遂席卷上海。

6月4日，中国共产党第一份日报《热血日报》创刊，瞿秋白任主编。

6月23日，香港、广州罢工工人及广州各界共20万人于广州东较场召开大会，并于会后举行示威游行。队伍行经沙面租界附近沙基西桥口时，遭英、法海军陆战队以机枪扫射，致53人死，170余重伤，是为“沙基惨案”。

7月1日，中华民国国民政府于广州成立。6日，黄埔军校校军及国民政府所属各军统编为国民革命军，在各军中设党代表和政治部。

10月1日，国民革命军第二次东征，陈炯明部被全歼，广东革命根据地基本统一。后国民革命军开始南征。

12月1日，毛泽东于《革命》半月刊上发表著名长文《中国社会各阶级的分析》，用马克思主义阶级分析方法分析了中国社会各阶级，辨明了中国革命的敌人和朋友，初步提出关于中国新民主主义革命的基本思想。

12月29日，黄埔军校国民党右派组织“孙文主义学会”。该会后偕蒋介石一手炮制所谓“中山舰事件”。

1月11日　中国共产党第四次全国代表大会召开。会议修改了党章，选举了新的中央执行委员会，并推陈独秀、张国焘、彭述之、蔡和森、瞿秋白组成中央局，陈独秀任总书记兼组织部主任。汉俊因此时已非中国共产党党员，未出席大会，但大会代表在会上“都对汉俊表示同情”①。大会记录员郑超麟曾特别提到，陈独秀在会上多次谈及汉俊：“陈独秀在发言中说起李汉俊如何如何，可是他说错了，竟说李启汉如何如何，于是李启汉从自己的座位上站起来说，你把李汉俊说成李启汉了。陈独秀当即承认错误。”②

1月26日　中国社会主义青年团第三次全国代表大会在沪召开，决

① 《蔡和森文集》（下），人民出版社2013年版，第825页。

② 郑超麟：《关于中共四大的回忆与评价》，见李忠杰等编：《中国共产党第四次全国代表大会档案文献选编》，中共党史出版社2014年版，第98页。

定改名为中国共产主义青年团。大会选出团中央执行委员会，张太雷为总书记。

2月21日 汉俊偕薛德焴、王谟、黄侃、沈懋德、朱凤美、吴南熏等人召开国立武昌大学师生联席会议，任会议主席，以师生联席会议名义函请校长石瑛返校，并吁辞退教授余家菊。

是年初，"国家主义派"学者余家菊任武昌大学教育哲学系主任，恐石瑛将其辞退，纠集部分对石瑛改革举措不满之师生，发动"驱石风潮"。其间，汉俊曾受石瑛委托，持函前往调停，未果。事后，石瑛宣布辞职、愤然北上。2月21日，武昌大学全体学生发表宣言，一致谴责余家菊所为，挽留石瑛校长。同日，汉俊等召开师生联席会议，响应"驱余留石"，极大打击了"国家主义派"的嚣张气焰。①

3月初 继武昌大学之后，武昌商科大学也发生了驱逐校长屈佩兰的风潮。汉俊受该校师生公推为赴京教员代表，与教育部商讨新校长及增拨校款问题。后因事繁，改举陈达（雪涛）前往。②

3月24日 共青团武昌地委成员林根致函团中央，称武昌文华大学学潮失败的原因在于团员"受李汉俊之利用"。林根在信中写道："近来商大、文大两校学潮，都是他们自发自收。商大同志老早已成问题，并且非短期所可解决，现在地委已议决全体察看，支部组织暂取特殊对待的方法。文大学潮，地委已再三作切实之指导，而他们（何恐、汪守愚均在其内）完全不顾团体之决议，一意孤行，致陷于非常荒谬之错误（硬可说他们受李汉俊之利用，为耿丹作走狗，以拒旧校长而迎耿，连续三日在教厅告哀请愿，拒黄迎耿，言之羞耻而可痛！）而且现在复辟成功，他们一败涂地，无法挽救，势必至被开除，他们因此逃出不敢回校。此不但不

① 《国立武昌师大又起风潮》，《申报》1925年2月28日。

② 张国瑞：《记国立武昌商科大学》，《武汉文史资料》1986年第2辑。

受团体之指挥而致失败，且失败至不可救而且羞辱！现在地委已指示善后办法，同时执行纪律的裁制，并将此事在各部报告，作为训练同志的资料。”①

是月　汉俊加入国民党湖北省党部执行委员会，被选为常务委员。据同在执委会的邓初民（希禹）回忆：“我回到武汉的时候，董老（必武）已先在武汉建立并领导通过新的党纲党章而改组的国民党组织。我到武汉不久，董老就到法科大学教务长办公室来找我，我便由董老介绍，参加了国民党湖北省党部执行委员会的工作。那时，国民党湖北省党部执行委员会约有二十多人，大部分是共产党员，就我所知道的有：董老、吴德峰、蔡以忱、钱介磬、陈卫东、袁溥之、陈潭秋和他的夫人、李哲时（即李文宜）。此外，就是非共产党员，我记得的有：詹大悲、李汉俊、何羽道、孔庚、孙科。其中李汉俊、何羽道和我三人是常务委员，郭树勋是秘书长，吴德峰兼公安部长，李文宜任妇女部长，我任青年部长，后改任宣传部长等职。所进行的是地下工作。那时工会、农协、学生、妇女等组织也受其领导。这是我从事有组织领导的政治活动的开始。”②

4月6日　汉俊出席武昌商科大学社会科学研究会全体会员大会，并受聘为指导员。会上，汉俊向会员提出若干要求，包括看书后摘要报告内容、进行自由质疑辩论、开展社会调查等。后又多次出席常会，指导会员阅读自己翻译的《马格斯资本论入门》及《社会问题概视》等著作。

据武昌商科大学社会科学研究会秘书陈绍禹（王明）在该校校刊《商大周刊》1925年第3卷第6期上发表的会议通讯记载：“该会于四月六日开本年度第一次会员大会，到会人除全体新旧会员外，更到有指导员李

① 《林根致团中央信》，见翟学超等编：《湖北革命历史文件汇集·群团文件（1922年—1924年）》，中央档案馆、湖北省档案馆1983年版，第22—23页。

② 邓初民：《回忆大革命时期的武汉》，见中国人民政治协商会议湖北省委员会文史资料委员会编：《湖北文史集粹》，湖北人民出版社1999年版，第449页。

汉俊先生。开会秩序为：（一）报告该会以前经过情形。（二）请李先生指示进行方针。（三）讨论会务。（四）改选职员。李先生指示：（一）看书后应摄要报告，各会员质疑辩论。（二）调查社会情形，需从实地调查、简报统计入手。（三）每次开会自由讨论书籍上问题、社会问题、时事问题。……四月二十日，开第二次会员天（大）会，到会人除会员及指导员李先生外，更有同学旁听者数人。……会员讨论后，更由李汉俊先生将个人议论加以正确批评并将问题详一解释；共历四小时之久，不但指导员及会员毫无倦容，旁听同学更毫不觉历时已久；唯时已夜半（十一时半），遂散会。”①

4月22日 汉俊受邀于武昌商科大学做演讲报告，题为《机械工业发达后之劳工问题》，指出只有实施社会主义才能真正解决劳工问题。汉俊的演讲内容后经学生谭孙谋记录，刊登于《商大周刊》第3卷第6期上。

汉俊在报告中讲到：“欲解决劳工问题，则对此失业工人，不能不思有方法解决之，解决方法分为三种，略述于左：一、殖民政策。即本国失业工人，贩卖制造品于外国，为外国做工，唯机械工业发达之国，以失业工人为外国做工，而所制出商品必有消纳市场；又原料有限，必须有原料供给市场，各以求消纳供给市场之冲突，于是而殖民之战争起矣。（欧洲大战，其主因皆由殖民政策为其导火线。）国家殖民，原欲求人民经济之发展，其结果仍有战争，使人民经济益陷于困苦之境。二、社会政策。即以法律规定最低工钱，用法律规定最长时间，使资本家不得任意增加时间，减少工资，但劳工者仍不免为资本主义者所束缚，产业支配权仍为资本家所掠夺，且劳工者不免受资本家之轻视。三、社会主义。即收回生产机关（土地、森林、矿山、工厂、机器、半农品等）为共有，不为任何人所支配，个人取得生存权、劳动权；易言之‘即使个人都有自由生存的平

① 绍禹：《社会学研究会发展的确讯》，《商大周刊》第三卷第六期，1925年4月27日。

等机会’。社会主义主张生产共有，不是财产共有，消费品共有，是主张生产机关共有，阅者注意!”①

5月9日 《民国日报》副刊《觉悟》头版刊登广告，称汉俊等译《近代德国文学主潮》《霧飈运动》将分别编入《小说月报丛刊》第一、二集出版。

5月13日 汉俊做《社会主义底派别》演讲报告，经季永绥记录，分两期连载于《民国日报》副刊《觉悟》上，至翌月8日载毕。汉俊在报告中指出，社会主义的内涵极其复杂，“种种异样的名词，都包在社会主义一名称之下，极其容易弄得人混杂不清”。这些各式各样打着社会主义旗号的思潮，“有属于空想的，有属于科学的”。其中空想的社会主义，就是指“在理想中描写一个圆满的社会，来期望它实现，而对于能否实现的实际问题是不过问的”。相较之下，科学的社会主义“并不预先想象一种社会组织，来期望它实现，乃是用科学的方法研究过去及现在的社会，由这研究的结果，发现现在资本主义的社会组织必然溃灭，代兴者必然是社会主义的社会组织，因期望它及早实现，以免人类多受无谓的苦痛。现在普通所说的社会主义，是专指这科学的社会主义而言”。汉俊指出，科学的社会主义就是马克思主义。“现在无论哪一派社会主义，论其渊源，无不出于马克斯底学说。马氏底学说于理论方面有唯物史观说、经济学说、阶级斗争说；于政治方面有社会民主主义。唯物史观说是关于过去社会组织变化的原因和经过的研究，是关于过去的理论。经济学说是关于现在资本主义经济组织的研究，是关于现在的理论。社会民主主义是关于实现社会主义之方法的研究，是关于将来的理论。阶级斗争说就像一条金线一般，把上述三大部分得根本穿拢起来，使它变做一个整系统的学说。”这一观点与汉俊过去的多篇文章特别是1926年发表在《民国日报》副刊《觉悟》上的《研究马克思学说的必要及我们现在入手

① 李汉俊：《机械工业发达后之劳工问题》，《商大周刊》第三卷第六期，1925年4月27日。

的方法》同出一辙。

6月5日　汉俊出席湖北省教育会会议，讨论湖北教育界因应五卅惨案之声援措施及后续工作部署。翌日，汉俊参与筹组湖北各校教职员沪案外交研究会，并讨论发表第一次公开宣言。据6月17日《申报》刊登的《湖北各校教职员沪案外交研究会宣言》记载："本会同人，谬负教育之责，敢忘报国之诚。爰邀集武汉各校教职员，组织沪案外交研究会，业于六月六日正式成立，冀以对内指导群众，趋于正轨，对外宣示友邦，引其同情。除正式向外宣言外，揭筑数义，敢告国人。此次沪案，日本肇衅于先，英国助虐于后，自应以日、英为外交对手方，未可牵连多国，致贻排外口实，愈难收拾。此其一。各地国民，对日、英实行经济绝交，抵制其货物，日、英在华所办学校学生，应一律罢课，为此消极之抵制，借以促其反省。此其二。上海罢工工人，各地应急募资接济，俾能持久，故对于日、英罢工一节，先仅限于上海一隅，使易接济。一俟经济能力，确有准确，各埠亦可仿行。此其三。无界限的罢市、罢工、罢课，偶用之于对内则可，若用以对外，恐徒使我国工商感受痛苦。我国学生，牺牲光阴，匪惟不足以对外，且恐内部发生意见，反分对外力量，故不可不慎也。此其四。举国应一致主张，我国政府，急向日、英严重交涉，提出条件如下：（一）惩办凶犯；（二）撤换上海日、英理事；（三）抚恤伤亡；（四）取消码头捐及印刷附律；（五）收回日、英在华领事裁判权及□□；（六）释放被捕华人；（七）日、英政府正式向中国道歉。此其五。右述诸端，本会同人，几经讨论，一得之愚，激于公义，邦人君子，幸共鉴之。"

6月9日　共青团武昌地委致信团中央，将湖北督军是月6日晚镇压学联活动的原因归于汉俊等武昌师大师生告密，并称汉俊等成立的湖北各校教职员沪案外交研究会"完全是学者式的"，旨在"对学生泼冷水、下麻剂"，"其作用无非是软化或破坏学生的行动"。信中写道："是日（4日，编者注）学联议决次日黎明各校全队出发市上，劝商人不要开门，实行劝告罢市，此秘密决议，被师大学生代表泄露，而且该校校长（石瑛）及教职员（李汉俊等）与学生们（国家主义者），一致反对，并派人往各校鼓吹破坏，同时报告督军，于是压迫即来，当晚大队军警防守，此计划被破坏，然因此师大教授及学生之地位一落万丈，为一般学生群众所唾弃。我们更向其大下攻击，揭穿阴谋，颇大得学生群众之同情。……教职员们前数日即邀集学生代表组织‘学界沪案后援会’，含有缓和学生行动的作用。今日教职员和学生联合游行，师大、商大教授们组织‘援助沪案研究会’，完全是学者式的，对学生泼冷水、下麻剂，此外绅士式、官僚政客式以及饭桶流氓式的校长及教职们发许多胡说怪论，其作用无非是软化或破坏学生的行动。我们拚命和这些东西奋斗。他们可说是失败了，但现在最大危险就是放假，官厅已再下令放假，有些学校已放假了，学联虽极力阻止，恐无大效，我们现取收束的办法。”①

6 月 11 日　武汉三镇学生联合会举行大规模示威游行，抗议日英政府在“五卅”中的暴力行为，声援沪案处置。队伍行至汉口英租界时，英国水兵开枪射击，打死打伤数十人。当晚，汉口工人、市民为抗议太古公司毒打工人，亦聚集到太古码头示威，被军警逼进租界，英军再次枪击群众，又当场击毙数十人，击伤无数，酿成“汉口惨案”。惨案发生后，汉俊参与组织“学界外交研究会”，并指导群众运动。

6 月 17 日　汉俊等以“学界外交研究会”名义召开座谈会，欢迎上海学生代表梁栋、萧伯容、梁萧来鄂。会上，梁栋等报告了沪案（五卅惨案）之经过，向汉俊等调查了武汉声援沪案运动的近况，并请求募款救济在沪工人。②

---

① 《林根致团中央信》，见翟学超等编：《湖北革命历史文件汇集·群团文件（1922 年—1924 年）》，中央档案馆、湖北省档案馆 1983 年版，第 80—81 页。

② 《国内专电》，《申报》1925 年 6 月 19 日。

6月20日 据《申报》《晨报》等报道，汉俊遭湖北督军萧耀南通缉。后经学界外交研究会斡旋担保，缉捕令撤销。

《申报》是月20日报道有记："汉口电：萧英案株累各界多人，教职员李汉俊、王仲友、褚滙宗等在缉捕中，教职员联会拟具呈解释。"①

《申报》翌日再报："汉口电：外交研究会呈萧（耀南），谓李汉俊和平稳健，请取消通缉。"②

《时报》7月3日报道有记："汉口电：萧耀南令教育厅警务处，谓对李汉俊并未通缉，可撤销拘束，照常服务。"③

6月30日 汉俊、董必武、陈潭秋等出席武汉各界在武昌阅马场为沪、汉两案死难者举行的五万人追悼大会。董必武、吴德峰发表讲话。大会通过对英六项决议：（一）英撤海军陆战队及义勇队；（二）英舰一律退出汉口；（三）收回汉口英租界；（四）英政府抚恤并赔偿一切损失；（五）英政府向我政府道歉；（六）废止中英间一切不平等条约。

7月初 汉俊兄长书城在京组织湖北旅京同乡会，成立汉案后援会并赴汉支持汉口的群众运动，解决汉案问题。

7月4日 汉俊在学界外交研究会欢迎北京临时政府汉案调查专员邓汉祥的会上报告外交研究会成立经过，并应邓之请提供英人惨杀中国民众的材料。汉俊兄长书城亦出席会议。

邓汉祥曾提到："一九二五年上海五卅惨案发生后，汉口于六月十日又继续发生惨案。段祺瑞根据外交委员会提议，派我前往调查处理。……我一面约指导群众运动的李汉俊（即李书城的胞弟）、邓某（是否邓初民记不清楚）等商洽，要他们提供英人惨杀群众的材料，以作参考。我根据

① 《国内专电》，《申报》1925年6月20日。

② 《国内专电》，《申报》1925年6月21日。

③ 《本馆专电》，《申报》1925年7月3日。

各方意见，电段报告。”①

另据《申报》7月5日报道：“汉口电：（四日）午后五时，正式欢迎邓汉祥、邓宗瀛、周泽春，并请李书城等七代表及法团外援会全体代表作陪。关于汉案具体条件，决于席间，商定俟请示中央后，即向英领提出。”②

同日　“国家主义派”学者文德在《醒狮》周报第39期上发表《共产党人竟要我们学生李汉俊了?》③，指责汉俊为“共产党小领袖”，称其暗中指使他人“处处捣乱”，而“汉口这次事变，是李党的功”。

文德此文专为攻击汉俊而作，用词十分尖锐。文中写道：“共产党员萧楚女，前几天在《人权》日报上登了一篇‘反国家’的文字，内有一段妙语！大意是说，无论你们的《醒狮》销到多少，总要像我们的李汉俊先生不容于萧耀南，不容于武昌师范大学，才算好汉。我看了不禁好笑，又好欢，共产党人竟要我们学李汉俊了！萧君的这一段话，大概是因为报上载着萧耀南通缉李汉俊的消息。须知此项消息，是丝毫价值也没有的，李汉俊决不是被人通缉的人。萧耀南也决不会通缉李汉俊。何以故？（一）李汉俊顶着乃兄陆军总长李书城的招牌，处处捣乱，人人唾弃，可是萧耀南为着陆军总长的缘故，听说还请过他做武昌师范大学的校长。今春他向萧耀南要求做文科大学校长，听说也认可了。两回虽说都‘格于众议而不果’，总可见萧李的渊源不浅，何至于来缉李呢！（二）汤芗铭虽说不行时，可是萧耀南究竟要敷衍他。这位工程师（李汉俊在日本学工业）、唯物史观博士（李自称博士，又在武昌师大教唯物史观概论、唯物史观通论、唯物史观入门）、共产党领袖李汉俊教授，颇受汤

① 邓汉祥：《我所了解的段祺瑞》，见中国人民政治协商会议全国委员会文史资料研究委员会编：《文史资料选辑》（第8册），中国文史出版社1986年版，第132—133页。

② 《国内专电》，《申报》1925年7月5日。

③ 原刊如此。此一标题似为误印，当为“共产党人竟要我们学李汉俊了？”

氏的赏识，并委他做商场督办处的一等秘书，月薪三百元。就是没有总长哥哥，萧耀南为了督办座师的面子，也不好通缉他了。（三）李汉俊是极其乖巧的人，做事只用阴谋，决不硬干，专指挥别人，决不露面，又何至于被萧耀南识出破绽了！告诉萧楚女，李汉俊为避人耳目计，曾宣告脱离一切党籍，你这回‘我们的李汉俊’起来，岂不是又将他的真相揭穿了！由此三种理由，所以我认定李汉俊被通缉的话是假的。果然昨报已载明，萧耀南已经否认这话了！至若这种消息之所来，又可以决然断定是李党造的谣言。为什么造这种谣言呢？因为：（一）可以显出汉口这次事件，是李党的功。（二）可以向苏俄加领津贴。（三）可以夸示于国人曰！我们共产党又有人被通缉了——一如萧楚女之所为。这样的手段，敬告萧君，我们决不敢学！其实被通缉不一定就见得高明，天津的吴大头吴毓麟等等被通缉的多着呢！至若说不容于武昌师范大学，更是笑话。就是武昌师大不容他，他还是要到武昌师大来的。学生虽然不满意他，也莫可如何他。共产党虽然攻击石瑛，可是石瑛也决然莫可如何。这位共产党小领袖，萧君且静待李汉俊回到武昌师范大学做教授去，不要着急。”

7月6日 汉俊出席武汉各法团外交后援会联席会议，并经湖北工团联席会公推为“对汉案应提条件”审查员。据《申报》是月12日报道记载：“昨（六日）午后三时，各法团外交后援会全体代表及京同乡七代表，在省议会开联席会。郭璜主席讨论议案：（一）对英日经济绝交办法、（二）对汉案应提条件、（三）人权保障条例。……次讨论第二案。京代表王襄起谓，省议会所提六条、外交研究会所提十条，均不甚完备，惟教育会任松如所提十三条，较为详密。请以任案为基础，并请推举审查员先行逐条整理，再行提出讨论。众赞成，遂公推李汉俊、任松如、李治东、王襄为审查员，整理全案，毕交众通过如下。（甲）先决条件：（一）撤退英军舰，解除义勇队及印捕武装、（二）在英租界未收回以前，由我国军警驻扎保护、（三）英领事须声明不得再有伤害及侮辱华人之行为。（乙）本案条件：（一）收回租界，取消领事裁判权及其他一切不平等条约、（二）撤惩本案直接负有责任者及引起此次重大纷扰之各主要人等、（三）赔偿伤亡及因本案所受一切之损失、（四）英军舰以后不得航泊我国内河，非依国际法不得航泊我国领海、（五）取消海关雇用英人之管理权、（六）英国在内地设立之工厂应服从中国法律、（七）英政府向我中央政府及本案发生地地方政府道歉。”①

7月23日　曾与汉俊共同主持《星期评论》的戴季陶出版《国民革命与中国国民党》一书，攻击马克思主义的阶级斗争理论。此书是为“戴季陶主义”之发端，后来成为国民党新老右派实行反共的理论武器。

8月1日　针对文德在《醒狮》周报上对汉俊及中国共产党的恶意批评，萧楚女于《中国青年》第4卷86期上发表《谁叫醒狮派人学李汉俊?》，反驳了“醒狮派”对汉俊及共产党的攻讦。

萧楚女在文中写道：“李汉俊是否真被通缉我不知道，但报纸上确实是登载过他被通缉。我底原文，并没有说李汉俊是‘我们的李汉俊’；更没有一点意思表示汉口惨案和李汉俊有关。我并不畏惧醒狮派劈头加我以‘共产党员’四字，因为我久已就在四川明白宣言过，我是个信仰共产主义而反对即在目前中国施行共产政治的人（左舜生先生曾引我此语在三十二期《醒狮》上驳恽代英）。不过文德君故意指我之文有‘我们底李汉俊’这个意思，则未免太失著作者公平之态。文德君又说，从我底文中，可以‘显出汉口这次事变是李党的功，可以向苏俄领津贴’，则其口气不但活像萧耀南，而且活像英国帝国主义。文德君以如此深文周纳的老讼师手段和人辩论，纵然不惜著作家底道德，也当稍稍顾及国家前途。现在英国人正要说此次沪汉之事有苏俄在背后，乃代表中国国家主义之正式

① 《拟就汉案十条件通过人权保障请愿八条》，《申报》1925年7月12日。

机关报，竟不惜深文周纳，为之证实！……我声明，我并未承认李汉俊是我们底同志（他早已有他个人的行动），我并未有意思叫醒狮派的朋友去学李汉俊；我只有一个意思，便是问你们醒狮派，除了作几篇空文之外，竟究做了一点什么？我是叫你们不要空谈国家，空谈改革，要实地去做出一些事来给我们看！这一点，我希望勇敢的文德君，不要装聋，不要躲闪，不要丢下不理，好好地堂堂正正的赐教于我。最后，我忠告醒狮派朋友，你们正（真）不必把和你们辩论的人，都指为共产党，他们就因为和你们辩论，而被现今的军阀捉去杀了，也并不是你们什么可以引为光荣的事！"

8月20日 汉俊在《星期评论》社的故交、国民党左派领袖廖仲恺在国民党中央党部门前被右派暗杀。

8月25日 汉俊以笔名"俊"于《湖北妇女》第8期发表《反帝国主义运动之意义》，分析了帝国主义的产生及危害，号召世界各国弱小民族联合起来共同反抗帝国主义，形成反帝国主义运动。汉俊在文中指出，"现在各国下层阶级人民不堪帝国主义的压迫，已有统一的组织和进步的反抗运动，预备以全力扑灭此恶魔——帝国主义。我们是东方被压迫民族之一，已经被帝国主义者逼得无路可走，自然应该联合一切弱小民族与我们的仇敌——帝国主义作战。在这两方面——各国下层阶级的人民和弱小民族——同时向帝国主义者进攻的潮流中，不但有联合的可能，并且有联合的必要，这就不期然而然地结成联合的战线形成全世界的反帝国主义运动"。正因如此，当前的反帝运动实际包括了两层含义，一是"各国下层阶级人民要求经济解放"，二是"世界弱小民族要求民族改（解）放"。汉俊认为，"前者叫做社会革命运动，后者叫做民族革命运动，这两种运动联合起来，就是整个的反帝国主义运动"。

是月 汉俊经李大钊介绍，赴张家口任西北军干部学校教员兼翻译。据时任北京地委西部书记乐天宇回忆："国民党一军在张家口办了个西北军事干部学校，里面有我党的一个支部。一位苏联军事教官卡尔宾果（中国名叫李海梁）教炮科。李大钊同志曾往那里派过不少人，李汉俊也去过。最近我去张家口查勘革命纪念地，听地区党组织负责同志说，果然是汉俊同志在张家口教过书，并且大钊同志对他很重视。”①

是月　汉俊应冯玉祥邀请，偕兄长书城与其晤谈。其间，汉俊向冯提出若干建议对策，并推介了社会主义相关书籍。

汉俊兄长书城在写给华觉明的信中曾提到：“他（汉俊）常与苏联驻京大使馆有联系，并与李大钊经常会谈，曾到张家口向冯玉祥讲述俄国革命情形，赞扬苏联社会主义制度。”②

汉俊挚友傅光培（养荪）也回忆说：“约在一九二五年八月，应冯玉祥的邀请，汉俊曾同乃兄书城到张家口为冯讲解苏联情况，又应冯之邀请为冯的部下讲马克思主义课。”③

另据李伯刚（书渠）去世前撰写的回忆录记载：“一九二五年，李汉俊到北京，曾通过他的哥哥李书城（那时他是冯玉祥的高等政治顾问）会见过冯玉祥。他同冯谈过，中国只有搞社会主义才有出路，给冯介绍了一批社会主义的书目。并建议冯玉祥分批接受一些兵士的家属，到西北去实行屯垦；设立一两所大学，聘请一些进步的知识分子教课，宣传社会主义；经营国营贸易，避免不平等条约的关税控制，建立独立自由的国营经济；打通西北国际路线，同苏联取得联系；若干年坚决不进北京，只发表政治主张，对北京施加压力；取得若干政治经济上的收获，使力量充实，进而联合南方革命势力，解放全中国。他说冯玉祥很欣赏他的建议，但下面的

① 乐天宇：《我所了解的李汉俊同志的情况》，见罗仲全编：《中共一大代表李汉俊》，四川人民出版社 2000 年版，第 152 页。

② 《李书城致觉明的一封信》，《革命史资料》1981 年第 2 辑。

③ 傅光培：《忆李汉俊烈士》，见潜江县政协文史资料研究委员会编：《潜江文史资料》（第 4 辑），1987 年版，第 184 页。

人不懂，不易接受。当时我也欣赏他的这些建议，认为他的办法多。”①

9月初 汉俊由京返汉，回武昌大学任教。

9月7日 是日为《辛丑条约》之缔结日，武汉20余万民众举行水陆大游行，气氛激昂。“全国农工商学联合起来”“打倒帝国主义”“打倒媚外军阀”等口号响遍三镇。汉俊亦参加。

10月15日 共青团武昌地委黄镜致函团中央，称“李汉俊等近来极反动，他们预备积极向我们进攻，组织独立社会党”，并拟定了“对付李汉俊反革命派”的三项策略。② 黄镜此一说法后于翌年被蔡和森引述。

蔡和森在1926年的报告中也提到：“……李汉俊的主张也是代表资产阶级的利益的，他反对吃革命饭、领薪水(根本不了解职业革命家的意义，以为每个党员应另有职业)。他现在已开始反动了，俨然与人家共同组织新社会民主党，自以为是一半采法第二国际，一半是采法第三国际，而实际上他的主张反对苏俄联络日本，并办大学校以专门吸收我们党开除的同志，所以他现在完全成了中国共产党的敌人了。由不自觉的反动而趋于自觉的反动了。”③

是月 中共中央扩大会议在京召开，陈独秀作中央局工作报告。鉴于戴季陶主义出笼，国民党右派正极力向共产党进攻，陈独秀提议，中国共产党应及时退出国民党而独立，免受国民党政策牵制。此一动议未获大会采纳。会议通过《中国共产党与中国国民党关系议决案》，决定继续与国民党合作，竭力资助和扩大国民党左派，反对右派及戴季陶主义。

11月17日 共青团武昌地委负责人吴卫致函团中央，称汉俊与熊

---

① 李伯刚：《回忆李汉俊》，见中国革命博物馆党史研究室编：《党史研究资料》（第4册），四川人民出版社1983年版，第286页。

② 《黄镜致团中央信》，见翟学超等编：《湖北革命历史文件汇集·群团文件(1922年—1924年)》，中央档案馆、湖北省档案馆1983年版，第125—126页。

③ 《蔡和森文集》（下），人民出版社2013年版，第814页。

德山为组建社会党，在各校“暗地拉人”。①

11月23日　汉俊在《星期评论》社的故交沈玄庐及国民党右派人士林森、邹鲁、谢持等于北京西山碧云寺孙中山灵前召开所谓“国民党一届四中全会”，旋又在上海成立所谓“国民党中央党部”，宣布另立中央，与广州国民党中央对峙，是为“西山会议派”。25日，中共中央发出《中央通告第六十五号——与国家主义派及国民党各派斗争问题》，号召各地发表通电，声明西山会议无效。27日，国民党中央执行委员会于广州通电，指“西山会议派”此举为分裂活动。

12月4日　汉俊所在之国立武昌大学再起学潮，校长石瑛遭学生围殴，并被勒令交出校印，始得离开。② 五卅惨案后，石瑛秉湖北督军萧耀南命令，督促武昌大学学生提前离校，未实行考试。后该校附中学生返校后，石氏又在未通知附中教员的情况下，另遣人单独命题并举行考试，且试卷不由附中教员批阅，致附中教员于12月3日宣布集体辞职，旋又引发学生全体罢课。4日清晨，附中百余师生赴武昌大学本部，将校长室团团围住，并对石瑛实施捆绑及围殴，强行其宣布辞去校长一职。③ 此一事件后，外部舆论倾向认为是由中国共产党策动，实则是由“国家主义派”暗中推动。

据吴卫是月7日致团中央信中记载：“……我们在附中只有同志六、七人，他们均不在学校寄宿，所以当晚开会之事大都不知道，民校同志亦因人少不能反对他们，以致闹成此事，在我们亦事前不知道，知后愤极。此事发生后，此间人有些是知道是余家菊、李濂芳（廉方）等捣的鬼，有些是认为是民党左派弄成的，现在我们与大学及民校负责同志决

---

① 《团武昌地委致团中央信》，见翟学超等编：《湖北革命历史文件汇集·群团文件（1922年—1924年）》，中央档案馆、湖北省档案馆1983年版，第152页。

② 《本馆专电》，《时报》1925年12月6日。

③ 《纪事》，《新闻报》1925年12月10日。

定发一宣言，将反动派在中捣鬼的黑幕尽情揭开出来，使社会上明此真象，并反对解散附中全体，并决定要我校、民校同学联络附中无党派学生署名发一宣言，将其中黑幕尽情暴露出来。我们乃号召此间学生反对解散学校……”①

12月10日 汉俊以“海镜”笔名于《小说月报》第16卷12期上译登美国文学家L. Blumenfeld之《犹太文学与考白林》，介绍了美国犹太裔剧作家、小说家列翁·考白林的生平及相关著作，称其为“富有创作天才的作家”，赞其“语言使用底自由，叙述方法底微妙，不用通词，不用无聊的湾（弯）转语；就是加尔·马克斯（Karl Marx）底作者一气征服了优秀读者的原因”。

---

① 《团武昌地委致团中央信》，见翟学超等编：《湖北革命历史文件汇集·群团文件（1922年—1924年）》，中央档案馆、湖北省档案馆1983年版，第198—200页。

1926 年　36 岁

1 月 1 日，国民党第二次全国代表大会于广州召开，共产党员吴玉章任大会秘书长，重申联俄、联共、扶助农工三大政策，并决定予参加西山会议之国民党右派以党纪制裁。

1 月 11 日，张作霖宣布东三省独立。

2 月 23 日，国共两党联合发动民众讨伐吴佩孚。

3 月 7 日，驻守天津大沽口的国民军发现奉系军舰在大沽炮台附近活动，遂引发“大沽口事件”。12 日，日舰驶入大沽口，掩护奉军进攻天津，炮轰国民军，旋被国民军击退。16 日，日本联合美、英等八国向北京政府发出最后通牒，提出撤除大沽口国防工事等无理要求。

3 月 18 日，段祺瑞下令屠杀请愿要求拒绝八国通牒的游行群众，致死 47 人，伤 150 人，是为“三一八”惨案。鲁迅公开谴责是日为“民国以来最黑暗的一天”。

4 月 9 日，国民军鹿钟麟部发动政变，包围北京执政府。20 日，段祺瑞在天津通电，“决定引退”。

5 月 20 日，叶挺独立团作为北伐先锋奉命入湘，援助被直系军阀击败而拥护国民政府的唐生智，揭开北伐战争的序幕。

6 月 19 日，中国国民党中央致函中国共产党，提出根据“整理党务案”之规定，成立两党联席会议，并指派张静江、谭延闿、蒋中正、吴稚晖、顾孟余为国民党出席联席会议之代表。中共中央旋指派瞿秋白、谭平山、张国焘为中共出席联席会议之代表。

7月4日，国民党发表为国民革命军出师北伐宣言。9日，国民革命军誓师北伐，分三路进军。

8月4日，中共中央发表《坚决清洗贪污腐化分子》通告。

9月4日，英舰炮轰四川万县，炸毁房屋千余间，致军民死伤五千余人，酿成特大惨案。

9月17日，冯玉祥在绥远五原誓师，宣布将国民军改为国民革命军，全体将士集体加入国民党，参加北伐。

10月10日，北伐军攻克湖北武昌。

10月24日，上海爆发第一次工人武装起义，一度占领浦东，旋败。

12月13日，国民党的党政联席会议始在武汉办公。

1月 汉俊受聘至改组后的北京女子师范大学历史系义务任教，负责讲授“社会发展史”。

2月7日 共产国际第六次扩大会议于莫斯科召开，中国共产党代表蔡和森出席会议。会议讨论了中国共产党在民族解放运动中的任务，并通过《中国问题议决案》。会上，中国国民党作为同情政党被接纳为共产国际的成员，国民党右派胡汉民出席会议，蒋介石任主席团“名誉委员”。

2月21日 中共中央特别会议在北京召开，讨论时局及党的主要任务。会议通过了《关于现时政局与共产党的主要职任议决案》，确定中国共产党当前的中心任务是“在各方面准备广州国民革命势力的向北发展”，并指出“北伐的政纲，必须是以解决农民问题作主干”，要求各级党组织在北伐必经之湖南、湖北、河南等地，重点开展群众工作，组织农民支援北伐战争，“加紧的在农民之中工作，尤其是在北伐的过程上，以建筑工农革命联合的基础，而达到国民革命的全国范围内的胜利”。会议还决定建立中央军委，以便加强党的军事工作。

3月7日 由国民党左派张希曼创办之国立北京中俄大学宣告成立，

汉俊受聘为该校教授。

3 月 12 日　汉俊以“汉俊”本名于《国民新报副刊》之“孙中山先生逝世周年纪念特刊”上发表长文《十四年前的回顾》，指出国民党不应反对国共合作，认为正因有了共产党员加入，国民党才成为“有气的皮球”“有煤炭的车头”。汉俊在文中写道：“我们会记得辛亥革命前，于梁启超一派的保皇党说，中国不能行革命，恐怕列强来干涉，而遭瓜分之祸；先生曾毅然闻其谬，使一般同志，得以勇往直前，成就了颠覆满清之功。现在又有人说，主张打倒一切帝国主义，恐怕非力所能胜，且恐有引起列强实行瓜分或共管之虞。又有的说，先生亲俄，也恐有引虎入室之忧。国民党员中，持此疑虑的，似乎也不少。先生逝世后，国民革命与阶级斗争，共产主义与民生主义，共产党与国民党，成了国民党中最严重的论争，大有因此引起国民党分裂之势。我们对于瓜分或共管，或者可以借各国利害之不同，及各国内部无产阶级势力之膨胀，而断言其不能实现。对于亲俄之为引虎入室，或者可以借俄国已采社会主义的政策，无获得利润之必要；又日在帝国主义列强压迫之中，有借弱小民族的独立以为威胁，以为己助，以速帝国主义溃灭之必要，因而，有援助并亲善弱小民族之必要，而言其当无是理。对于国民革命与阶级斗争，或者可以因中国底军阀，是国际帝国主义底巡捕，官僚政客是国际帝国主义底家奴，富买是国际帝国主义底买办，农民是国际帝国主义底原料生产者，兵士、土匪、流氓、娼妓、乞丐是国际帝国主义底失业者，中产者及手工业者是国际帝国主义底失业候补者或被榨取候补者，中华民国底国民就是国际帝国主义统治下的一整个儿的无产阶级，而断言中国的国民革命就是一个无产阶级向国际帝国主义者及其巡捕、家奴、买办革命的阶级斗争。先生虽然曾经说过，马克思底阶级斗争说不能用于中国，但若先生还在世，或许要说只因为专注重在国内，所以有是言；且所谓国民革命的国民之中，并不包含国际帝国主义底巡捕、家奴、买办，及其所豢养的仆婢和智识者。我们对于共产主义与民生主义，或者可以说，共产主义离不掉马克思的唯物史观，在产业幼稚的国家，最初也脱不出民生主义的范围，如共产革命后的俄国然。对于共产党与国民党，或者可以说，共产党未加入以前的国民党，只是一个没有气的皮球、没有煤炭的车头，共产党加入后，才成为一个有气的皮球、有煤炭的车头，也才有许多旧党员，能够跑到北京来做善后会议员、做总长；此时如果除去了共产党，国民党又必要仍然回到以前没有气的皮球、没有煤炭的车头的状态；西山会议、同志俱乐部、民治主义同志会、孙文主义学会底成绩，皆可为证。只有共产党员应该反对共产党加入国民党，国民党员似乎没有反对共产党加入之理由。还有其他关于民权主义底民权，究竟应该用什么方法表现出来？我们或者可以认先生在前年入京时所主张的国民代表会议预筹会，即职业团体代表制，就是人民表现其主权的方法。然而这些问题，究竟应该怎样解决？先生如果还在世，或者已为我们解决了。然而，先生未及解决，就逝世了，将待何人来解决呢？将来或许还有更多更大的问题出现，将待何人来解决呢？三民主义底辩论和内容，也还有很多很多的地方待充实待整理，将待何人来与（予）以充实与（予）以整理呢？还有最重的，先生底事业将待何人来成就呢？朋友们请注意，这就是我们底责任了。”

3月18日 汉俊参加抗议帝国主义侵略的国民大会和示威游行，要求段祺瑞执政府驳斥八国通牒，驱逐八国公使。队伍行至铁狮子胡同进入执政府门前广场时，段祺瑞下令向游行群众开枪，制造了震惊中外的三一八惨案。汉俊等人遂返回中俄大学，向李大钊报告受伤情况。当晚李大钊召开北京党、团地委联席会议，议决将斗争坚持到底，组织对死伤者进行追悼、抚恤和慰问。①

① 李大钊年谱编写组编：《李大钊年谱》，甘肃人民出版社 1984 年版，第 228 页。

3 月 20 日　蒋介石借口共产党人欲以中山舰炮轰黄埔、实行暴动，宣布紧急戒严，逮捕海军局代局长、共产党员李之龙，监视和软禁大批共产党人，解除省港罢工委员会工人纠察队的武装，包围苏联领事馆，监视苏联顾问，是为“中山舰事件”。事件发生后，共产国际代表主张退让，中共中央被迫接受蒋介石的无理要求，令共产党员退出第一军。此一事件成为国共关系发展中的重要转折点。

4 月 20 日　全国第一次农民代表大会于广州召开。中共中央在致大会信中指出，农民运动必须与全国的民族革命运动相结合，而中国的民族革命运动，非得到农民大众的参加也不会成功。信中同时强调，农民运动必须接受工人阶级的领导，必须与工人运动相结合。

是年春　汉俊应陈独秀邀请，赴沪任上海大学社会系教授，接替郑超麟在社会学系的教学工作，负责讲授唯物史观。

据郑超麟晚年在回忆录中记载：“……以后李汉俊来，我也交出了一切功课。但李汉俊教了二三个月就走，社会学仍旧由我担任，直至上海大学被封闭时候。”①

汉俊挚友傅光培（养苏）也提到：“李（汉俊）走后不久，陈独秀就来信催汉俊去上海大学教书，是寄京绥铁路局交我，要我转交的（当时我在京绥铁路局工作）。不久，陈独秀又来信说自去广州参加国共联合工作，约李去广州，信上的署名均为一个‘秀’字。因汉俊已离京，这两封信我就保存下来了，一直藏在古碑帖夹页中，在‘文化革命’中被烧掉了，真是可惜!”②

5 月 3 日　第六届农民运动讲习所开学，由毛泽东任所长，高语罕任政治训练主任，萧楚女任教务主任，招学员三百余人。汉俊受邀常去讲课。据汉俊挚友傅光培（养苏）回忆：“当时毛主席在武昌办起了农民运

① 《郑超麟回忆录》（上册），东方出版社 2004 年版，第 228 页。

② 傅光培：《回忆李汉俊烈士几件难忘之事》，见中国人民政治协商会议湖北省潜江县委员会文史资料研究委员会编：《潜江文史资料》（第 2 辑），1986 年版，第 25 页。

动讲习所，共进中学学生全部参加，汉俊常去讲课。”①

5月15日 国民党二届二中全会于广州召开，通过“整理党务案”，限制中国共产党在该党的活动。翌月19日，“整理党务案”正式出台，国共两党联席会议成立。

5月30日 汉俊受邀出席上海市民“五卅”周年纪念大会，并于会上发表演讲。②

是月 因应去年12月武昌大学之“驱余”学潮，汉俊偕黄侃等组成临时校务维持会，任维持会主任。③

7月6日 汉俊以“李人杰”署名于日本《改造》第8卷8号上发表《中国无产阶级及其运动之特征》④，全文约1.2万字，共分9个部分，明确指出欲了解中国工人运动就必须弄清中国社会及中国在当今世界上所处的地位，并在此基础上分析了中国无产阶级及其运动的特征，总结了中国工人阶级的缺点。《改造》编者特于同期辟栏介绍汉俊基本情况，称：“李人杰，民国时期革命家，工人运动之领导者，京汉铁路工人大罢工之幕后领导者。曾在中国中部之某大学、某某大学任教授，目前执教于中国南方某大学，因时机不妥，不宜宣布该大学名称。李先生经常使用三四个化名，可知其现在之处境。李先生精通日文，本杂志所用之，系其以日文书写寄来之原稿。”是为海外迄今发现的唯一一份介绍汉俊之文字材料。

---

① 傅光培：《忆李汉俊烈士》，见潜江县政协文史资料研究委员会编：《潜江文史资料》（第4辑），1987年版，第184页。

② 《上海区委召开“五卅”纪念行动委员会会议记录》，见中央档案馆、上海市档案馆编：《上海革命历史文件汇集·上海区委会议记录（1926.4—1926.6）》，1989年版，第166—167页。

③ 吴贻谷编：《武汉大学校史（1893—1993）》，武汉大学出版社1993年版，第88页。

④ 原文为日文，后由李明亮翻译，收入《李汉俊文集》（中共湖北省潜江市委党史研究室、中共“一大”会址纪念馆主编，中共党史出版社2013年版，第393页），并由汤山土美子、石川祯浩及汉俊曾外孙女李丹阳作若干校正。

汉俊首先分析了中国工人运动产生的社会背景，强调当前的中国“是国际资本主义共同的殖民地，而且是最后的殖民地”，在西方帝国主义眼中还是一个“作为资本主义的剥削地和利润的实现地”，而不同于其他的殖民地。正因如此，西方列强为了将中国据为己有，正在不断地激烈竞争。各个帝国主义国家各自扶植一方军阀，供以军火、军费，利用其用武力统一中国，借此达到独占中国之目的。这是造成中国内乱不绝的根本原因。

其次，汉俊重点考察了中国无产阶级及其运动的特征。他在文中指出，中国的无产阶级产生与西方资本主义对中国的侵略有密切的关系。由于帝国主义将中国变成其公共殖民地，破坏了中国传统的经济构架，从而造成大量农民、手工业者失去赖以为生的生产手段，沦为失业者，这就为近代产业提供了大量的“雇佣劳动者”，农民也成为受其剥削的原料生产者。在这种情况下，中国工人阶级的工作时间之长、工资之低“真乃世界第一”。正是缘于中国工人所受之剥削在世界同行中最为悲惨，因而他们的斗争精神极其强烈，并带有鲜明的民族感情色彩。汉俊特别强调，作为“国际无产阶级”的一部分，中国工人阶级“在运动中，要穿上民族外衣；因为有秘密结社的传统特征，所以虽然穿着民族外衣，却不变为狭隘的爱国主义者，而是视社会主义为其肉体与灵魂的国际阶级斗争的战士……其团结精神容易形成中央集权的大同团结。因为穿着民族外衣能吸引社会的同情，加速运动的发展，并传给学生以社会主义精神，自己也能学习掌握社会主义原则，以促进运动的发展”。这是中国工人阶级的一大优势。

此外，汉俊也对中国工人阶级的缺点进行了总结。他认为，这些缺点主要包括三个方面。一是“乡土感情”，这种扎根极深的社会情感直接影响着工人阶级自觉的唤起，“从而妨碍现在之大团结”。二是“从心底不信任知识阶级”，还不能较好接受知识分子在开展革命运动方面的帮助。汉俊以汉口学生援助工人运动为例，说明在有些组织中，知识分子以雇员身份参加工人组织去接近较有觉悟的工人、进行“间接之领导”，“其活动成绩往往较好”。三是“人数太少、财力太弱”，汉俊将之视为工人阶级“发展及完成使命过程中的几乎是致命的缺点”。他认为，工人阶级数量太少，导致整体实力偏弱，过去同盟罢工之所以不能坚持长久，原因也正在于此。汉俊从世界无产阶级革命的全局指出，“中国的革命，必然是对国际资本主义的革命，其工人运动，也必然是国际的运动，事实也是如此。这样才能弥补其弱势财力和人数少的缺点”。

7月12日　中国共产党第四届中央执行委员会第二次扩大会议在沪召开。会议讨论了北伐战争中党的组织路线、国共合作的策略和民众运动的政策等问题，通过《中国共产党与国民党关系问题议决案》。会议指出，“中山舰事件”及国民党二届二中全会是国民党一贯对共产党的进攻，是同帝国主义军阀反赤运动相呼应的。有鉴于此，会议将过去视为国民党中派甚至左派的蒋介石、戴季陶等重新划为新右派代表，进而提出无产阶级要同资产阶级争夺领导权的任务。

7月25日　汉俊、张伯常、耿丹由汉赴湘，代表四川军阀刘湘、刘文辉、赖心辉与唐生智晤谈，争取其会攻武汉，共谋北伐。

据《申报》是月31日报道记载：“西南各省内部党派之复杂，莫过四川。十余年来，无一年之宁息。甲派附南，乙派附北，兵连祸结，迭为起伏。最近杨森、邓锡侯、田颂尧等受命于吴（佩孚），刘湘、刘文辉、赖心辉等则因迭受吴氏利用川人扰川之祸，积恨已深。虽未与粤正式合作，而对于北伐反吴之战，极表同情。当唐生智在衡，就国民革命军前敌总指挥誓师北伐之后，赖与二刘即派唐之同学张伯常为全权代表，携带三人亲函，与唐接洽，会攻武汉计划。张原为四川省长特派驻汉代表、川康边务督办顾问，及四川边防军驻汉办事处长。迟至昨二十五号，始由汉来湘，同行者有国立武昌大学教授李汉俊，及国立武昌商科大学教授耿丹。唐生智极表欢迎。张氏除面呈刘、赖等函，后比陈述川省内部近况，与赖等同情北伐，愿率川中健儿，协同北伐军，会师武汉各情形。唐表示极端欢迎川军加入北伐与国民军，在一条战线上合作，并希望乘此国民军猛攻岳州武汉动摇之时，火速发动驱逐川境内之反革命派。”①

是月　汉俊经张国恩、董必武介绍加入中国国民党，隶属湖北省党部直属区党部。虽非跨党党员，却接受中共负责人的指示行动，为国共合作、共谋北伐大业而贡献力量。②

8月　汉俊以湖北教育界代表身份参加中共湖北区委组织的湖北各界欢迎北伐军代表团，并任副团长（董必武任团长），于21日抵长沙。到湘后，与其兄书城会合，并相继到北伐军总司令部、北伐军指挥部、国民革命军鄂军第一师师部等表达对北伐军尽速进军湖北的期盼，与军方共商攻克武汉之计划。其间，汉俊曾作《打倒列强除军阀、进行反帝反封建压迫》的演讲。

当时与汉俊同在代表团中的成员李文宜（哲时）曾特别提到：“同年（一九二六年）八月，共产党组织了湖北各界欢迎北伐军代表团。在团长董必武同志、副团长李汉俊同志的率领下，到长沙去欢迎北伐军迅速进攻武汉。我是这个团的妇女代表。我们到长沙后，首先到中共湖南省委书记处请示，书记李维汉同志向我们分析了当时的形势，鼓励我们坚持孙中山先生的三大原则，并做了同国民党左派密切合作，警惕右派的破坏等指示。然后，我们去北伐军总司令部见到总司令蒋介石，又去北伐军前敌总指挥部见到总指挥唐生智，向他们表达了湖北广大人民群众殷切盼望北伐军迅速进军武汉、攻克武汉的要求。我们还在八角井广场的演讲台上做了

---

① 《湘战中之川鄂新风云》，《申报》1926年7月31日。

② 罗章龙：《回忆李汉俊与詹大悲》，李丹阳、刘建一整理。

打倒列强除军阀、进行反帝反封建压迫的国民革命的宣传。团长、副团长和代表团的成员都讲了话。”①

另一位代表团成员刘子谷也曾回忆：“中共湖北区委会和中国国民党湖北省党部，为了催促北伐军迅速进军湖北，组织湖北全省各界人民欢迎北伐军代表团赴长沙，以董必武为团长，李汉俊为副团长。我代表湖北省农民协会，参加代表团。在长沙，我们向蒋介石陈述湖北人民对支援北伐战争作好了充分准备，战事将会顺利进行，催他迅速进军，起了督促作用。事毕，董必武让我陪同前敌总指挥部一道前进，以便调动鄂南农民协助军事行动。”②

汉俊兄长书城在写给华觉明的信中写道：“一九二六年，北伐军兴。汉俊与董必武先生等在武汉策划响应北伐军的活动，曾组织湖北各界代表团到长沙欢迎北伐军。汉俊为湖北教育界代表。”③

刘弄潮曾转述时任国民革命军总政治部后方留守主任孙炳文的话称：“在北伐期间，董必武、李汉俊两同志，曾在武汉秘密策划组织湖北各界代表团到长沙，欢迎北伐军。”④

汉俊学生赵春珊（瑞麟）在回忆中提到：“一九二六年夏季北伐军到了武汉，我从豫北绕道徐州、南京回武汉。听说北伐军到长沙时，李先生与董必武先生均前往迎接。”⑤

汉俊挚友傅光培（养荪）回忆说：“一九二六年夏，北伐军到长

① 李文宜：《回忆李汉俊在武汉的生活片断》，见中国人民政治协商会议湖北省委员会文史资料委员会编：《湖北文史集粹》，湖北人民出版社 1999 年版，第 614—615 页。

② 刘子谷：《大革命时期的湖北农民运动》，见中国人民政治协商会议湖北省委员会文史资料委员会编：《湖北文史集粹》，湖北人民出版社 1999 年版，第 525 页。

③ 《李书城致觉明的一封信》，《革命史资料》1981 年第 2 辑。

④ 刘弄潮：《我所了解的李汉俊》，见潜江县政协文史资料研究委员会编：《潜江文史资料》（第 4 辑），1987 年版，第 44 页。

⑤ 赵瑞麟：《关于李汉俊先生》，见罗仲全编：《中共一大代表李汉俊》，四川人民出版社 2000 年版，第 150 页。

沙，汉俊先是在武汉动员学生们迎接北伐军，随后赴长沙，并随军到汉口。”①

9月1日　汉俊随军抵达武昌城郊前线。

同日　汉俊以“李人杰”署名于《民国日报》副刊《觉悟》发表《智识阶级应有的觉悟》，鼓励知识分子摒弃小我思想，积极从事实际的改革事业，“尽力贡献你们的能力于社会”。汉俊在文中写道：“所以我们的希望，就是希望智识阶级打破一切之近视眼的小我思想，鼓互助的精神，先去讨论或从事实际政治之改革。俟政治澄清了，勃勃有生气的新政府建设了之后，然后漫（慢）慢地来提倡文化事业。因为，现在一切问题之中，最关紧要的，就是这个政治问题。这个问题，若未经解决，任你去提倡什么，改革什么，都是事倍功半的。”这一观点基本沿袭了汉俊之前在《最近上海的罢工风潮》《对于〈救国日报〉扩张的希望》等文章中的认识，进一步明确提出了知识分子应当肩负的责任。

9月7日　中共湖北区委政治报告中写道：“关于来函中四项示以应拉拢左倾分子，具体点说，对于蒋作宾、李汉俊等要发生很密切的关系，以对付更反动、卑污的分子问题。这点据董必武同志所云，他个人已与他们发生了很密切的关系，如蒋作宾尽力的拉住他，李汉俊的能受他的指挥去工作。将来当本这个原则，按当时情形决定我们与他们发生关系的程度与方式。”②

9月19日　汉俊被任命为湖北政务委员会委员。《申报》9月20日报道：“总司令部昨任命刘佐龙、蒋作宾、刘文岛、王乐平、詹大悲、何成濬、夏斗寅、陈公博、李汉俊、张国恩、邓希禹、潘康时、胡宗铎等十三人为

---

① 傅光培：《回忆李汉俊烈士几件难忘之事》，见中国人民政治协商会议湖北省潜江县委员会文史资料研究委员会编：《潜江文史资料》（第2辑），1986年版，第26页。

② 《中共湖北区委政治报告》，见翟学超等编：《湖北革命历史文件汇集·省委文件（1926年—1927年）》，中央档案馆、湖北省档案馆1983年版，第2页。

湖北政务委员会委员。按刘、何、夏、胡均现役军人，李、张、邓均现任教职员，陈系粤人，余皆鄂籍。”①

9月23日　汉俊任湖北政务委员会教育科长。该科共编制48人，下设科长1人、专门股股长1人、普通股股长1人，其余公役、股员、录事若干，掌全省教育工作。②汉俊后安排李文宜（哲时）、李伯刚（书渠）入教育科任科员。

据李文宜（哲时）回忆：“我们回到武昌后约一星期，北伐军就占领了汉口，直系督军刘玉春、省长陈嘉漠死守武昌，闭城顽抗四十日才被攻下，以后我们就在党的领导下从事公开的革命活动了。这时，我因暂时没有职业，家里又很困难，生活没着落了。陈潭秋同志知道我的困境后，就通过李汉俊把我安排在省政务委员会教育科里当科员。我在科里工作时，看到科长李汉俊同志工作很认真。”③

李伯刚（书渠）去世前撰写的回忆录中也提到：“北伐军到武汉时，李汉俊叫人通知我回省。那时李汉俊任湖北临时政务委员会教育科长，他叫我暂在他那里当科员。”④

汉俊兄长书城致华觉明的信中写道：“北伐军光复武汉后，湖北省政务委员会成立，汉俊任湖北政务委员会委员兼教育科长。原来邓演达要郭沫若同志担任教育科长，但郭坚辞不干，所以推荐了李汉俊任此职。当时的教育科长还要管文化、宣传工作。”⑤

汉俊挚友傅光培（养苏）曾回忆：“北伐军到武汉时，李汉俊任鄂省

① 《本馆要电》，《申报》1926年9月20日。

② 《湖北政府公报》第2期，1926年12月6日。

③ 李文宜：《回忆李汉俊在武汉的生活片断》，见中国人民政治协商会议湖北省委员会文史资料委员会编：《湖北文史集粹》，湖北人民出版社1999年版，第615页。

④ 李伯刚：《回忆李汉俊》，见中国革命博物馆党史研究室编：《党史研究资料》（第4册），四川人民出版社1983年版，第286页。

⑤ 《李书城致觉明的一封信》，《革命史资料》1981年第2辑。

政务委员会委员兼教育科长。”①

10月1日 汉俊出席湖北政务委员会第四次会议，并提议成立湖北教育讨论委员会。汉俊任该会主席，聘董必武、耿丹、钱介磐等9人为委员。后该会决议湖北省内中等以上学校停办半年，并将各校及教育机关一律派员接收保管。汉俊兼接收保管委员会主席委员。关于汉俊任职后的工作情况，《申报》多有关注。

据《申报》19日载：“湖北政务委员会之教育讨论会，前次会议决定，凡中学以上各校，均暂停办，以半年为期。虽小学不在内，但以目前情形而观，小学亦无开学之可能。是培养人材之教育事业，不啻完全停顿。青年学子之宝贵光阴，亦将随同牺牲。所有接收保管人员，均经委派，不日即可前往接收保管云。”②

《申报》是月29日又载：“湖北政务委员会之教育讨论委员会，前次议将中等以上各校停办。复又议决，将各校及教育机关，一律派员接收管保。此案亦经政务委员会核准，并特设立接收之机关，名曰湖北政务委员会接收保管委员会。即以该政委会之委员兼教育科科长李汉俊，为主席委员。现各校及教育机关，业已接到饬令交代之命令，其文曰：照得本会遵奉湖北政务委员会议决成立，其职责在接收保管湖北境内之机关及财产。查某某尚未经国民革命军系统之机关委派主管人员，亟应由会派员接收，以重公产。兹派某某前往接收。仰该某某迅即遵照本会规定，各项清算交代，勿得违误，致干未便，切切此令。省教育会亦在接收之列。但与省教育会同等之总商会，依然存在，并未接收，而省工会且应运而新成立，至私人捐资所立之教职员联合会，亦已被接收，代为保管。现该会职员，已

① 傅光培：《忆李汉俊烈士》，见潜江县政协文史资料研究委员会编：《潜江文史资料》（第4辑），1987年版，第184页。

② 《鄂省中等以上校停办半年》，《申报》1926年10月19日。

公举代表数人，与李汉俊交涉矣。”①

《申报》12 月 20 日载：“国民革命军湖北政务委员会早经成立，其中委员有李汉俊者（武大教授），被该会推为该会教育科长。李于日前该会会议时提出设立湖北教育讨论会，已经照案通过，并准由该委员会聘请邓希禹、杨一如、钱介磐、刘季良等九人为会员。”②

10 月 19 日 湖北政务委员会开始讨论教育科长李汉俊筹设省立小学校计划大纲及中等以上学校改组办法。

据《时报》22 日载：“政委会教育科所组之教育讨论会，定十九日开会，决定下列：（一）取缔私立学校条例案；（二）中小教员党义研究所案；（三）省立小学计划案；（四）组中山大学筹备处及第一二中学及女子中学筹备处案；（五）各县宣传所组织案；（六）各县教育局组织案；（七）其他等项，湖北党化教育基础，即从此会议决定。”③

汉俊学生杨献珍也在回忆中提到：“一九二六年北伐军占领武汉。李汉俊当了湖北省教育厅长后，对教育多所改革。例如把武汉所有中学，包括私立中学、教会中学都合并为一个中学，叫做湖北省立第一中学；把汉口所有中学合并为省立第二中学等等。那时李汉俊在武汉还是个很有声望的人。当时我们知道李汉俊和詹大悲都是坚决与共产党合作的国民党左派。”④

10 月 25 日 汉俊主持之教育讨论会对外正式公布该会条例，对其职权作了明确规定：“第一条，湖北政务委员会，为改造及振兴湖北教育起见，设置湖北教育讨论会，审议及计划一切湖北教育事宜；第二条，湖

---

① 《鄂省政务委员会接收各校，省教育会及教职员联合会亦被接收》，《申报》1926 年 10 月 29 日。

② 《湖北教育讨论会之条例》，《申报》1926 年 12 月 20 日。

③ 《汉口杂电》，《时报》1926 年 10 月 22 日。

④ 李丹阳：《杨献珍回忆李汉俊同志民国初年在武汉的活动》，《上海革命史资料与研究》2014 年号。

北教育讨论会会员，分下列二种：(1) 当然会员，以湖北政务委员会教育科科长及股长充任之；(2) 聘任会员，由湖北省政务委员会聘任之；第三条，湖北教育讨论会开会时，以湖北政务委员会教育科科长为主席，各股长为书记；第四条，湖北教育讨论会每周开会一次，遇必要时由主席召集临时会议；第五条，湖北教育讨论会之职权如下：(1) 计划湖北教育之改革及扩充方法；(2) 审议湖北政务委员会提交之案件；(3) 决议向湖北政务委员会建议之案件；(4) 审议会员提交之案件；第六条，本条例有不适用之处，由湖北省政务委员会修改之；第七条，本条例由湖北省政务委员会公布，自公布之日施行。”①

11月1日　汉俊任中央军事政治学校政治科招考委员会委员。

11月11日　据《申报》载，汉俊与周佛海、徐谦任中央中山大学筹备员，拟将武昌大学改组为中山大学。报道称：“武昌大学拟改组，定名中央中山大学。李汉俊、周佛海、徐谦为筹备员。其计划拟分七院：文、理、商、法、医五院，明春尽可开学。农、工两院，俟该校组织完善后方开办。”②

11月15日　汉俊与来访的林伯渠晤谈，并受托抄检政委会条例文件。据林伯渠日记记载：“十五日，晴：早五时抵汉，寓福昌。十一时午云，李国煊同来约饮。旋过江访李汉俊，托抄检政委会条例文件。又访伯垂未遇。归购杂志。晚同人谈话至三时三十分。”③

11月17日　汉俊、董必武、刘芬（伯垂）、詹大悲于武昌翼江楼宴请林伯渠。据林伯渠日记记载：“十七日，雨：早同人到大甲街叶开泰购参桂鹿茸丸一斤，价大洋十二元。十时淮君、静谦、次甫召饮于谳月楼。五时必武、伯垂、质存、汉俊召饮于翼江楼。雷荣璞科长回南昌，闻此同志

---

① 《湖北教育讨论会之条例》，《广州民国日报》1926年10月25日。

② 《教育消息专电》，《申报》1926年11月11日。

③ 《林伯渠日记（1926年7月—1927年6月）》，中共中央党校出版社1981年版，42—43页。

(希示)称财委处理多失当，如用秘书事。灯下访友数处。”①

11月18日 中共湖北区委向中央提出省政府人员组成意见，拟推荐汉俊任省政府委员兼教育厅长。《中共湖北区委政治报告》中明确记载：“关于湖北省政府问题，唐对泽湘表示：第一点，绝不兼厅；第二点，必定要有几个左派首领加入做重心，自己不必做主席。我们的意见也以左派首领加入是有必要，我们对于中央所拟名单，蒋作宾为民政，蒋本人不见得顶好，同时部下坏人太多，如管民政，恐怕有成一个保护贪官污吏的机关的可能。同样的湖北人，现在活动的，正如唐所批评，求其作几件事，说几句漂亮话或有可能，求其廉洁，恐是难事。因此，我们主张不用湖北人任民政，而用一与湖北贪官污吏无关系之王法勤，或者有作用些。我们对于名单又重新拟了一个，主张十一人。因为如果只有九人，中派又要捣鬼，使右派加入。委员：唐生智、徐谦、王法勤、刘佐龙、陈铭枢、蒋作宾、詹大悲、李汉俊、邓寿荃、张国恩、邓演达。徐谦为主席，不兼厅。厅长：军事胡宗铎、财政刘文岛、民政王法勤、司法张国恩、建设孔庚(此厅与工农运动有关，以孔庚为宜)、教育李汉俊、商务詹大悲。”②

11月22日 共产国际执委会第七次扩大会议于莫斯科召开。谭平山、邵力子分别代表中国共产党和中国国民党列席。会议着重讨论了中国革命问题，通过了《中国问题决议案》，指出中国共产党人要注意帝国主义分裂革命统一战线的阴谋，强调了土地革命的重要性，对中国革命的任务、动力及前途作了若干正确的理论阐述。与此同时，决议过高估计了国民党的作用，提出“共产党人不要在其中谋取领导地位”。

11月30日 据《申报》载，汉俊等11人已确定出任湖北省政府委员。报道有记：“鄂省正式政府省政委员十一人，闻已拟定：邓演达、陈公博、

---

① 《林伯渠日记(1926年7月—1927年6月)》，中共中央党校出版社1981年版，44页。

② 《中共湖北区委政治报告》，见翟学超等编：《湖北革命历史文件汇集·省委文件(1926年—1927年)》，中央档案馆、湖北省档案馆1983年版，第40—43页。

蒋作宾、孔庚、刘佐龙、刘文岛、胡宗铎、詹大悲、李汉俊、张国恩、徐谦，主席仍邓演达。”①

是月　汉俊与董必武等筹办国民党湖北省党务干部学校，并为该校授课。据该校学员邓楚材回忆：“我与老师（胡孟平）是在大革命时期认识的。一九二七年我从当阳考入武昌党务干部学校，他成了我的带课老师。该校由钱介磐、董必武、李汉俊、胡孟平等筹办，他们主讲各科课目。”②

10月或11月　中共湖北区委开会讨论汉俊恢复党籍事，张国焘主持。与会者一致赞成恢复汉俊党籍，并报中央批准，未果。汉俊学生、时任湖北区委妇委书记袁溥之曾提到：“大革命时期，我在武汉，任中共湖北省委（当时叫湖北区委）的妇委书记。一九二六年十月或十一月，北伐军刚打下武汉不久，湖北省委曾开会讨论过李汉俊恢复党籍的问题。听潭秋说，汉俊因与陈独秀、张国焘等人意见不合，而脱离了党，他提出要求恢复组织关系。出席这次会议的有：省委组织部长陈潭秋、军委书记吴德峰、蔡以忱、工委书记许白昊、青委书记李求实、宣传部长宛希俨和我。中央新派来的省委书记张国焘主持会议。可惜现在除我以外，其他人都不在了。省委根据李汉俊同志的表现，一致同意恢复他的党籍。那次还有周佛海申请恢复党籍，省委就没有通过，说他还须考验。讨论李汉俊的党籍时，我特别注意张国焘的态度，潭秋和我们大家都一致同意恢复李汉俊同志的党籍，张国焘并没有发表不同意见。省委的决议须报中央批准。我于十二月赴苏联学习，不知道以后中央是否批准了省委决议。”③

12月8日　国立武昌中山大学筹备委员会成立，汉俊与徐谦、戴季

① 《本馆要电》，《申报》1926年11月30日。

② 邓楚材：《怀念我的老师胡孟平》，见中国人民政治协商会议荆门市委员会文史资料委员会编：《荆门文史资料》（第11—12辑），1995年版，第62页。

③ 袁溥之：《湖北省委讨论过李汉俊恢复党籍的问题》，见中国人民政治协商会议全国委员会文史资料委员会编：《革命史资料》（第14册），文史资料出版社1985年版，第184页。

陶、邓演达等9人任筹备委员。据《新闻报》16日载："国立武昌中山大学系将前国立武昌大学、商科大学、暨省立医科大学、法科大学及文科大学改组，分数、文、法、理、商、医、师范六科，定明年二月初一开学。现由国民政府委任徐谦、戴季陶、顾孟余、邓演达、李汉俊、章伯均、周佛海、基（董）必武等九人为筹备委员，以徐谦为委员长，已于本月初八日由章伯钧委员代理委员长，着手组成中山大学筹备委员会，以前国立武昌大学为会地。现正物色各科教授，预定在开学以前，一律聘定，照约给薪。至将来课程方面，目前虽不能规定，惟各科学生，对于国民党之政治训练，又无论何科学生，均须研究唯物史观的社会科学。"①

12月10日　汉俊作为欢迎团代表，赴武昌文昌门外江干迎接由浔来鄂的国民政府委员、中央党部委员及顾问鲍罗廷等人。据《申报》是月16日载："十一日汉口通信：国民政府委员、中央党部委员及鲍罗廷顾问等，由浔来鄂，除宋子文、陈友仁已先后到汉外，余如孙科、徐谦、蒋作宾、鲍罗廷及叶楚伧、黄昌谷、褚民谊、孙夫人宋庆龄女士、徐夫人沈仪彬女士等，均于昨十日正午，乘复盛专轮到鄂。……各委员上岸后，即与欢迎人等唐生智、邓演达、陈铭枢、詹大悲、李汉俊等握手，并脱帽向群众道谢。与各代表步行至总司令部行营休息，略进茶点。"②

12月12日　中央军事政治学校政治科学生教课事宜会召开，议决汉俊、包惠僧、毛泽东、李达等出任该校教官。《革命军时报》是月13日刊登的会议记录有记："一、出席者：包惠僧、章伯钧、李达；二、主席：李达；三、议决事项：（1）准备开三班，每班每日授课两次(每次九十分钟)；（2）在本校未开学以前，暂取讲演形式讲授；（3）讲授课目，分三项：一、有关于政治之讲演；二、有关于主义之讲演；三、有国内外政治报告，讲

① 《武昌中山大学着手筹备》，《新闻报》1926年12月16日。

② 《国民政府委员团到鄂，武汉均有极热烈欢迎会》，《申报》1926年12月16日。

演由讲者自定，每日预定出席者六人；（4）担任出席之教官如左：邓演达、铁罗尼、李汉俊、董孚光、吴企云、李达、章伯钧、包惠僧、周佛海、毛泽东、恽代英、李合林、郭冠杰、朱代杰；（5）任特别讲演之人员如左：鲍罗廷、徐季龙、宋子文、孙夫人、孙科、詹大悲、唐孟潇、董必武、李立三、张太雷、张国焘。担任讲演之教官，由总办公厅先期通知，担任特别讲演之人员，由办公厅派员前往接洽。”①

12月13日　中共中央在湖北汉口召开特别会议，分析发展变化中的政治形势并拟定党的主要斗争策略。会上，陈独秀作政治报告，一方面承认国民党及蒋介石之右倾，一方面错误地将党内实际工作中存在的部分“左”倾错误过分夸大。会议规定当时党的主要策略是：限制工农运动发展，反对“耕地农有”，以换取蒋介石由右向左；同时扶助汪精卫取得国民党中央、国民政府和民众运动的领导地位，用以制约蒋介石的军事势力。

12月30日　汉俊以“汉俊”本名于《民国日报》副刊《觉悟》发表长文《女子怎样才能得到经济独立》，分两期连载，至31日载毕，再次强调女子解放不仅只是少数特殊阶级在“财权上的平等”，而是在“打破现存私有的经济制度”的基础上，谋求“全体女子底解放”。

汉俊在文中指出，“我们既然晓得了女子所以堕到现今非解放不可的地位，完全是因为女子在经济上失了独立，我们应该晓得女子要从这地位解放出来，非先在经济上得到独立不可了。我们既然晓得女子要得到解放，非得到经济独立不可，我们就应该进而研究怎样得到这经济独立的方法。这怎样得到经济独立的方法，就是我们今天所要讨论的主要问题。关于这一层，曾经有许多人讨论过，我也曾在那篇《男女解放》上讨论过”。他强调，纵观讨论的结果，女子实现经济独立实际上又可分为“第三阶级”

① 《中央军事政治学校政治科学生教课事宜会议记录》，《革命军时报》1926年12月13日。

和“第四阶级”两种主张，其中“第三阶级”的主张，是“主张女子在财权上、教育上、职业上要求和男子平等”，而“第四阶级”的主张，则是“主张打破现存私有的经济制度”。汉俊表明，“我是主张后者的”。

在此基础上，汉俊进一步指出，女子要想彻底实现经济独立，只能彻底“打破现存经济制度”。他认为，“男女在财权上、教育上、职业上的平等，当然也是女子解放问题中重要的问题。但从种种方面看，这些平等，一方面只可以认为女子得到了经济独立以后的结果，决不能视为得到经济独立的方法；一方面又可以视为女子直接从事打破现存经济制度的准备，决不能视为得到经济独立的直接方法；一方面又可以视为只是少数特权阶级的女子得到经济独立的方法，决不是全体女子得到经济独立的方法”。这是因为，女子解放是谋求全体女子的解放，并不只是要求几个特殊阶级女子的解放，“我们要求女子解放的精神是因为女子是人，只要人类里面有一部分人处在不平等地位，无论男女，我们都应该要求解放，不应该只为几个特殊阶级的人要求解放。如果说我们要求女子解放的精神，不是站在人的地位上，我们所要求的女子解放，只是几个特殊阶级女子的解放，那就不在我们讨论的范围之内了”。对比汉俊之前发表的《男女解放》《妇女问题底关键》《妇女问题底重要性》《女子怎样才能得到经济独立》等文章，汉俊同样坚持女子实现经济独立必须打破私有经济制度的观点，但同时认识更进了一步，开始从更为宏观的“人的现代化”视角来剖析妇女解放问题。

是年末　为打击汉俊声势，同在武汉的张国焘撰写了《谁认李汉俊是我们的同志》小册子，并于各处散播。此一小册子后来反倒作为汉俊掩护之用，使其能够暗中为中国共产党继续工作。翌年汉俊被桂系军阀逮捕后，其兄书城、挚友傅光培（养荪）等曾取此小册子作为汉俊与中共无涉之凭据，欲求保释。

据傅光培（养荪）回忆：“一九二六年北伐军到武汉时，曾广为流传过一本题为《谁认李汉俊是我们的同志》的小册子。这是张国焘用对话形式写的，其用意极端卑劣，但也是徒劳的。此时，汉俊与董必武联系极为频繁。汉俊常到董老主办的党义研究所讲课、作报告，董老亦常到三道街教育厅内汉俊住宅与之谈话。汉俊称董老为'董夫子'，董老也常称汉俊为'我们的马克思主义的老师'，关系非常亲密。……汉俊是时也迁往日租界。董老与汉俊商定，要其利用张国焘的'小册子'潜隐下来，为党工作。"①

是年　汉俊兄嫂薛文淑偕子赴湖北武昌，住水陆街，距汉俊家不远。薛文淑曾回忆："一九二六年，我们也回到武昌，住在水陆街。汉俊一家住在三道街，彼此经常往来。不久，汉俊任省教育厅长，詹大悲任财政厅长，与他交往较多，并同我们认识的耿丹交往甚密。"②

① 傅光培：《回忆李汉俊烈士几件难忘之事》，见中国人民政治协商会议湖北省潜江县委员会文史资料研究委员会编：《潜江文史资料》（第 2 辑），1986 年版，第 26 页。

② 《薛文淑对李汉俊的点滴回忆》，见中共"一大"会址纪念馆、上海革命历史博物馆筹备处编：《上海革命史资料与研究》（第 3 辑），上海古籍出版社 2003 年版，第 583 页。

1927年　37岁

1月1日，国民政府由广州迁武汉。

1月3日，湖北汉口爆发反英风潮，国民政府宣布收回汉口英租界，同时收回九江英租界。7日开始接管，2月正式收回。

2月19日，上海工人在中国共产党领导下举行总同盟罢工。21日，总同盟罢工发展为第二次武装起义。遭军阀部队镇压，起义失败。

3月5日，毛泽东发表著名长文《湖南农民运动考察报告》。

3月21日，上海工人举行第三次武装起义，经30个小时激战，击败军阀部队，占领除租界外的上海全境。

3月30日，毛泽东、彭湃、方志敏、邓演达等经湘、鄂、赣、粤、豫等省农民代表联席会议选举，组成全国农民协会临时执行委员会。

4月上旬，中共中央从上海迁往武汉。

4月12日，蒋介石于上海发动反革命政变，捕杀工人及共产党员。李大钊、陈延年、赵世炎、汪寿华、萧楚女、熊雄等无产阶级革命家先后牺牲。18日，蒋介石于南京建立国民政府，同武汉国民政府对峙。

4月14日，共产国际执行委员会发表《关于蒋介石发动反革命政变告全世界无产者、农民及一切被压迫民族书》，指蒋介石已为帝国主义收买，成为帝国主义强盗同伙及工人运动敌人。

4月25日，武汉举行三十万人反蒋大会。

4月28日，革命先驱李大钊被奉系军阀张作霖处绞刑，英勇就义。

5月17日，武汉国民革命军独立十四师师长夏斗寅于宜昌叛变，进攻武汉。武汉卫戍司令叶挺根据中共中央指示率部平叛，于19日将叛军击退。

5月21日，湖南国民党军官许克祥于长沙发动反革命政变，袭击湖南省总工会、省农民协会及其他革命组织，大肆捕杀共产党人、国民党左派及革命群众。是为“马日事变”，成为宁汉合流的信号。

6月5日，武汉国民政府解除苏联顾问鲍罗廷和加伦等140余人职务。

6月19日，第四次全国劳动大会在汉口开幕，到会代表400余人。大会号召工人阶级同农民、小资产阶级结成坚强同盟，坚决反对蒋介石叛变。

6月20日，冯玉祥同蒋介石等南京国民党首领于徐州晤谈，定反共、反苏共同行动方针，实行宁汉合作。

7月15日，汪精卫召集武汉国民党中央执委会，正式作出“分共”决定，旋对共产党员及革命群众实行大屠杀。

8月1日，根据中共中央决定，中共前敌委员会偕贺龙、叶挺、朱德、刘伯承等于南昌率众起义，占领南昌，打响了武装反抗国民党反动派的第一枪，标志中国共产党独立领导革命战争、创建人民军队和武装夺取政权的开始。

8月7日，中共中央在汉口召开紧急会议，共产国际代表罗明纳兹等20余人参加，是为“八七会议”。

8月13日，蒋介石通电下野，旋赴日本。

11月，中共黄麻特委和潘忠汝、戴克敏、吴光浩等在湖北黄安、麻城领导武装起义，建立黄安农民政府和工农革命军鄂东军。

12月11日，中共广东省委书记张太雷领导国民革命军第四军教导团、警卫团及广州工人赤卫队举行武装起义，建立广州苏维埃政府。旋败，张太雷牺牲。

1月1日 汉俊出席国民党湖北省第四次代表大会开幕式，被选为省党部执行委员。

同日 汉俊作为省部代表出席湖北全省总工会第一次代表大会开幕式，并发表训词演说。此次演说经记录，后发表于是月5日的《汉口民国日报》上。

汉俊在演说中表示："武汉工人全体同盟罢工，援助京汉工人，引起了军阀的大惨杀。'二七'以后，工友们在军阀压迫之下，仅能做些秘密工作。今天能公开起来，就是国民革命的结果。但是工友们的目的，还很远，希望能在这大会中，产生很好决议案，来巩固一切，明白国民革命还没有完全。现在的解放，不过相当胜利，比在帝国主义及军阀之下，稍微好一点罢了。国民党是代表一切被压迫人民的党，农工政策尤为重视，不过要打倒帝国主义及军阀之后，才能开始一切民众的利益。现在非最后胜利，并有很多危险，即革命精神薄弱的党员，不知道民党的最后目的是在实现民生主族（义）。……农工是世界解放的钥匙，无农工世界不能存在，无农工世界亦不能解放。以前的农工不知道，二十四（世）纪以后才起来了，俄国并且成功了。全体不做工，资本家便不能生活，马克思看到了这一点，就唱全世界无产阶级联合起来。俄国已遵照这个原则，至于建设了无产阶级的国家，由此也可以知道团结越多越大的力量。"①

1月2日 汉俊出席武昌庆祝北伐胜利及国民政府中央党部迁鄂群众大会，并发表演说。②

1月5日 汉俊与陈荫林等被国民党湖北省第四次代表大会推为代表，会同农民协会代表向武汉临时联席会议请愿，要求释放被捕农友、惩办凶手等。

---

① 《湖北全省总工会第一次代表大会开幕式上的训词》，《汉口民国日报》1927年1月5日。

② 《党务消息》，《汉口民国日报》1927年1月25日。

同日　汉俊出席国民党湖北省第四次代表大会第三次会议，与刘季良、张素吾、周恩熙共组“政治报告提议案起草委员会”，并被推为该会主席。

1 月 6 日　汉俊出席国民党湖北省第四次代表大会第五次会议并作报告。

1 月 7 日　因应“一三”惨案，汉俊、董必武等赴武昌阅马场参加反英示威大会。董必武任大会主席并作报告。①

1 月 9 日　汉俊赴湖北省党务干部学校参加欢迎国民党湖北第四次全省代表大会代表座谈，并于会上致辞。

1 月 10 日　汉俊赴武昌水陆街第七小学，出席中国济难会湖北总会招待国民党第四次全省代表宴会并致欢迎辞。据《汉口民国日报》15 日载：“……出席者有百余人，由济难会交际股主任李汉俊主席致欢迎词，略谓：革命势力虽发展到长江一带，而英帝国主义之走狗，奉系军阀，积极向我们进攻。我们同志应如何努力，完成全国被压迫民众得到解放，及世界被压迫民族得到解放之使命，在此革命工作紧张时期，济难会因负担了革命战线后方之重要工作，代表对于本会多多予以指教云云。”②

1 月 11 日　汉俊出席国民党湖北省第四次代表大会第十五次会议，当选为第三届省党部执行委员会委员。与其一同当选的还有孔庚、孙科、徐谦、钱介磐、董必武、陈荫林、张朗轩、邓希禹、张眉轩、周延墉、何翼人、罗贯华、郝绳祖、吴士崇等。

1 月 13 日　汉俊出席国民党湖北省第四次代表大会闭幕式。

1 月 15 日　汉俊出席第三届湖北省党部执行委员会第一次会议。会议决定党部执委会实行常务委员制，常务委员轮流任主席，推董必武、钱

---

① 《董必武主持的武昌市民对英示威大会及其四项决议》，《汉口民国日报》1927 年 1 月 8 日。

② 《党务消息》，《汉口民国日报》1927 年 1 月 15 日。

介磐、何翼人（何羽道）为常务委员。会议同时讨论了筹建湘、鄂、赣三省农民运动讲习所问题，决定送学员二百人，拨款一万六千元，推汉俊、陈荫林、张国恩参加筹建工作。① 当时与汉俊同在执委会的候补执行委员李文宜曾回忆："一九二七年一月，我被选为国民党第四届湖北省党部的执行委员，并接袁溥之任省党部妇女部长。一九二七年初，国共两党的中央迁武汉，国民政府也迁来武汉，使武汉成为全国政治中心，形成轰轰烈烈的革命高潮局面。李汉俊先生和我都很紧张繁忙。在省党部执委会开会时，李先生总是要言不繁、言必中肯，如遇有错误的事，毫不容情、严肃批评。有一次，执委会酝酿国民大会的妇女代表候选名单，我在省妇女协会透露了这个消息。此事不知如何传到了李先生耳里。执委会开会时，李先生不指名地批评了不保守会议秘密的无组织无纪律的错误，我听了面红耳赤，很受教育。李汉俊先生是以国民党左派的政治身份出面的，但他同共产党的关系很密切。那时，省党部里大都是共产党员，钱介磐是党团书记，李汉俊同钱介磐关系很好，开会时他的许多主张都是同共产党一致的，而且平日他的言行也都是共产党人的言行。"②

1月18日 汉俊出席湖北省政府组织委员会会议，被选为湖北省政府委员兼湖北省政府筹备委员会委员。据《申报》23日载："会议结果决定：鄂政府委员为十一人，除中央规定之六厅外，增设农工厅，共为七厅，即民政、军政、财政、建设、司法、教育、农工。至十一委员，则为徐谦、孙科、刘佐龙、蒋作宾、孔庚、宋子文、张国恩、邓演达、刘骥、李汉俊、邓希禹，计兼厅者共七人。即民政张国恩、军政邓演达、财政宋子文、建设孔庚、司法徐谦、教育李汉俊、农工蒋作宾。省政府地点决在旧省署，并定二月一日成立。由孔庚、张国恩、李汉俊、邓希禹担任组织

---

① 本书编辑组编：《董必武年谱》，中央文献出版社1991年版，第75页。

② 李文宜：《回忆李汉俊在武汉的生活片断》，见中国人民政治协商会议湖北省委员会文史资料委员会编：《湖北文史集粹》，湖北人民出版社1999年版，第615页。

湖北省政府筹备委员会，以孔为主席。其经费即请临时联席会议暂拨五千元，由筹备委员编制预算。”①

1月24日 汉俊出席湖北省中小学教师党义研究所第一学期开学典礼，并作训词。董必武任该所所长。汉俊拟为该所讲《普通社会学》《社会学大纲》《社会史》课程。

同日 由汉口学生联合会举办之冬令讲学会正式开学，汉俊定于27日（周四）为该会讲《社会学大纲》。②

1月26日 汉俊赴国民党武昌市党部出席全市区党部执监委联席会议。

1月28日 中共中央再次对外发表《中国共产党对于时局宣言》，指出“……帝国主义者此次联合的向中国国民运动进攻，无论在硬的方面，在软的方面，都比前两次联合进攻凶恶而且阴毒。中国国民革命运动现在已经到了一个最严重的历史时期”③。

2月9日 国民党中央和国民政府武汉临时联席会议召开第二十二次会议，指定汉俊等五人为国立武昌中山大学委员。④

2月10日 汉俊出席省党部第八次执委常会，议决电请汪精卫复职。

2月12日 中央军事政治学校开学。汉俊任该校政治科教官，讲《三民主义总纲》。

同日 《汉口民国日报》报道，汉俊将为冬令讲学会讲《人生哲学》。

2月13日 汉俊出席湖北省党部、汉口特别市党部临时联席会议。会议通过了汉俊所提之临时动议，议决促进募集兵士慰劳捐，提出“恢复

---

① 《鄂省政府组织就绪》，《申报》1927年1月23日。

② 《冬令讲学会已开学》，《汉口民国日报》1927年1月24日。

③ 《中国共产党对于时局宣言》，见中共中央党史和文献研究院、中央档案馆编：《中国共产党重要文献汇编》（第十卷），人民出版社2022年版，第17页。

④ 《任命武昌中大委员派员监视宣誓并致训词案》，《汉口民国日报》1927年2月10日。

党的威权，统一党的指导机关”[①]之主张。

2月16日 据《申报》是日报道，因军事厅长一职悬缺待定，原定于2月4日成立之湖北省政府将延期成立，汉俊等七厅厅长亦无法按时就任。[②]

2月19日 汉俊出席国民党湖北省党部召集的武昌、汉口、汉阳等各级党部联席会议，并作政治报告，对中央政府迁鄂、汪精卫复职等问题进行了阐述。据《汉口民国日报》23日报道：“……由李汉俊作政治报告，约谓国内政治中心问题有三：（一）为中央迁鄂，（二）欢迎汪主席复职，（三）军事。中央迁鄂是在广东经全体中央执委议决者，在外交、军事、政治、党务各方面均属必要，若推翻原案，不唯违背多数党员的意志，且违反客观的事实，及人民的要求。我们要破除封建制度，必须力量集中于最高指导机关，以运用大多数的意志，决不能按照少数人的自由意志，否则非民主集中制，乃个人独裁制，如此不唯违背本党总章，破且坏了党的生命。此次中央不能迁鄂，及汪主席不能复职，完全为此种病状的结果。故此时实为本党危险的时期，各同志宜一致努力运动，诊治此种病象，则汪复职与否自不能成问题。至于军事，杭州已攻下，上海不成问题，奉系应冯阎牵制，决不敢前进，将来攻下上海，财政饷械，更充足也。后次国际方面，中国问题实世界中心问题，无论何国政党，及负责人员，无不注意中国问题。各帝国主义者虽内怀嫉视，但均不能不承认国民政府之力量地位。英帝国主义承认二五附加税以资助军阀，美国请上海为中心地带，以庇护军阀，比利时正式与北京伪政府交涉修约，其用意虽属阴险毒辣，但表面上已不能不表示承认中国民族运动之为合理要求，加以国内之无生阶级，及弱小民族，均极力赞助中国，其彼此间只利用冲突，又为根本不

① 《党务消息》，《汉口民国日报》1927年2月14日。

② 《鄂省政府展期成立》，《申报》1927年2月16日。

治之症，故本党于国际上，由此可见国内国外均有极好之机会。唯本党内部腐化，实为目前最严重之问题，故此时须利用此机会，以建立健全之最高指导机关打破一切封建势力，整齐革命的步骤，统一党的意志，巩固党的权威。”①

2月20日　汉俊出席武昌中山大学开学典礼并宣誓就职，代表筹备委员会报告武昌中山大学筹备经过。据《益世报》3月24日报道：“昨日本津各教育机关，接到武昌中山大学通函，报告该校业已正式成立，派定徐谦、李汉俊、章伯钧、顾孟余、周佛海等五人为委员……”②

2月22日　汉俊出席国立武昌中山大学委员会第一次会议。

2月24日　汉俊、董必武出席在武昌阅马场召开的武汉三镇国民党员提高党权运动大会。到会党员一万五千人，一致通过“巩固中央权威，统一本党的指挥机关”“立即召开中央全会解决党的问题”等决议。董必武任大会总主席并致辞，称“自从中央党部从广东出发后，有人只看见军事上的力量，看不见党的力量，只看见个人的意志，没有党的意志。……中央党部不能迁鄂，汪主席也不能复职，这都是党的病象，都是老腐昏庸的反动分子把持操纵的结果。所以我们要实行党的民主化，巩固党的权威，打倒一切封建势力”③。

同日　陈公博奉蒋介石令到汉刺探情况。汉俊偕詹大悲入夜晤陈，对蒋破坏革命之行径痛加斥责。陈为蒋辩解，一度怀疑汉俊等是“受了共产党的操纵”。双方争论至半夜，后不欢而散。据陈公博写于1939年的《苦笑录》中记载：“我在汉，虽然仅仅见过三个人，然而我到武汉的消息，却早有人报告各机关了。入夜，詹大悲和李汉俊跑来见我，并询问我的主张。大概这两个人多少有点偏袒共产党的，我们的言论，又较孙哲生为激

① 《党务消息》，《汉口民国日报》1927年2月23日。

② 《武昌中山大学成立》，《益世报》1927年3月24日。

③ 本书编辑组编：《董必武年谱》，中央文献出版社1991年版，第78页。

烈。我们争论了半夜，我终总怀疑他们受了共产党的操纵，而据詹李的解释，则侈言他们的行动与共产党无关。”①

3月2日　汉俊出席国民党湖北省党部紧急会议，商讨阳新、监利党员被杀事及营救办法。

3月3日　汉俊出席湖北省农民协会第一次代表大会招待会，并致辞。据《汉口民国日报》是月4日报道：“次省政府委员李汉俊致词，略谓：湖北农工运动自武汉克复后，更形发展。但最近各地土豪劣绅，暨各工厂资本家，多有对农工作剧烈之屠杀。这固然是我们已知道农工运动必然之现象，但亦是我们农工组织未见十分健全之所引起。我们要救此过去之危机，当须此次省农协代表大会特别注意及之。”

3月4日　汉俊以湖北省政委会代表、中山大学委员身份出席湖北省农民协会第一次代表大会开幕式并发表演说，与毛泽东、徐谦等八人被聘为大会“名誉主席”。在演说中，汉俊在马克思主义唯物史观学说指导下，明确表达了农民运动应与工人运动相结合的思路，呼吁广大农民团结起来，共同投身革命。此一演说内容后以《李汉俊先生演说词》为题，以单行本的形式公开印行发表。汉俊在演说中讲道：“各位代表，兄弟因为很忙，没有与各位谈话，是很抱歉的，今天与各位农友代表见面，谈谈农民在国际的地位。各位要知道，世界一切所需资料，都是我们农民做出来的。马克斯说‘社会上有二种财富，一是土地，一是劳动’，土地、劳动都有密切关系，仅有土地，没有劳动，人类的衣食住不能得着。我们把眼睛睁开看一看，一切的需用品，都是我们农民产生出来的，所以衣食住的产生者，就是我们农民。在穴居野外的时代，无所谓文明。到了农业时代，文明渐渐发达，所以农民又立文明之母。再说历史，也是农民创造的。照这样看来，文明，如历史，是农民创造出来的，所以

① 陈公博：《苦笑录》，香港现代史料编刊社1939年版，第73页。

农民是世界创造者。其次是工人，任何国家，假使不注重农工利益，那种国家必定要灭亡，如古时罗马希腊，亡国的历史可以证明的。农工不仅是世界的创造者，还有力量来改造社会。在革命的过程中，农工是主力军，因为农工参加革命，并不要枪炮，就是罢工，可以使一般人饿死。能够联合在一条战线上，共同奋斗，革命马上就可以成功。我们总理的农工政策，许多人误会了，以为仅仅是保护农工利益，殊不知农工解放了，我们也解放了。所谓农工政策，不是我们解放农工，是要求农工来解放我们，因为占十分之八九的农工起来参加革命，任何人无法制止，所以结果必定得着胜利，这是在过去事实可以证明的。但是几千年来，我们农工为什么不能解放？这个原因，就是没有团结力，同时还有剥削阶级想出种种办法，麻醉我们的脑筋，就是所谓宗教道德……等。我们在历史上看见有几次农工受压迫到了极点，起来反抗，在这个反抗期间，忽然有一位野心家从中把持，利用农工作自己得着政权的工具，到了野心家握着政权之后，工人仍受压，又再起来革命，这样循环做去，我们农工的痛苦，永远不能解除。我们革命要自己做主人，不要再被人利用，换句话说，就是要把我们的力量来支配一切，使一般不劳而获的人不能存在。但是我们想有这种伟大的力量，来支配社会，非有严密的组织不可。我们的严密组织，不但仅为革命，同时还要改良农业生产方法。要改良农业生产方法，非把现在土地制度推翻，建设土地公有制度，利用机器去共同生产，到这个时候我们真是解放了。所以我们的组织，一方面是打倒压迫者，一方面是预备创造将来整个社会。我们看看帝国主义所压迫的是谁，就是我们农工阶级。军阀所压迫的，也是我们农工阶级。所以，我们不仅有打倒军阀的必要，还有打倒帝国主义的必要，因为帝国主义与国内军阀，互相勾结，军阀以帝国主义为扩充个人势力的护身符，帝国主义以军阀为剥削我们的工具。所以，我们要铲除国内军阀，首先必定要打倒一切帝国主义者，同时，还要联合世界上的弱小民族，我们的敌人才可以打倒，革命才可以成功。现在国民党内部，发生很大的危机，有新军阀来摧残民众运动。在赣州，枪决总工会委员长，在南昌，解散市党部，在九江，捣乱六军政治部、市党部、总工会，残杀革命民众。这种行为，完全是反革命。现在要集中我们的力量，准备向反革命派进攻，所以兄弟希望各位回乡村去，赶快严密我们的组织，去打倒一切压迫者，以完成世界革命！”①

另据湖北农协第一次代表大会主席团成员刘子谷回忆：“湖北省第一次全省农民代表大会，是在一九二七年三月四日召开的。这是湖北农民第一次有组织的集会，是湖北农民运动的新纪元！……会议于三月四日上午十时在武昌国民党湖北省党部大会堂隆重开幕。到会代表一百八十四人，农运特派员三十四人。来宾有国民党中央党部、国民政府、中国共产党、中国共产主义青年团、中华全国总工会、湖北全省总工会、北伐军总政治部、国民党湖北省党部、汉口特别市党部、湖北政务委员会、湖北全省学联、全省妇女协会等六十余团体代表。由陆沉、陈耀寰、刘子谷、吴运中、何耀祖、高以山、王平章、张眉宣（即张国恩）、程建勋、张佑全、董华绥（一九二七年三月六日《汉口民国日报》作‘张佐余’‘彰华俊’，误。张佑全为夏口县农协代表；董华绥为襄阳县农协代表，也是这次大会选举出来的执行委员之一）等十一人为大会主席团；徐谦、孙科、顾孟余、毛润之（泽东）、林祖涵、邓演达、唐生智、李汉俊等八人为名誉主席。会场布置宏伟壮丽。在省党部门首扎有大牌楼一座，四面悬挂白竹布大标语：‘保障农民的势力’‘打倒土豪劣绅’‘实行乡村自治’‘速开国民会议、省民会议’。主席台正中，悬挂孙中山遗像。各团体所送匾额和祝词，挂在会场四周。首由陆沉致开会词，主要说目前农民运动不仅没有过火，相反的土豪劣绅还正积极地向我们进攻，我们必须紧密地团结起来，加强力

① 《李汉俊先生演说词》，1927年版。

量，向土豪劣绅进攻，铲除一切封建势力，进而打倒军阀和帝国主义，完成国民革命。相继发言的有董必武、李汉俊等。”①

3月6日 武汉国民政府司法部开办之武昌法官政治党务训练班开学，汉俊任教员。

3月8日 汉俊、恽代英等出席湖北省妇女协会第一次代表大会开幕式，并发表演说。②

3月10日 汉俊出席国民党二届三中全会。会上，共产党员和国民党左派联合，撤销蒋介石中央常务委员会主席、组织部长和军事委员会主席职务，通过旨在限制蒋介石个人独裁的一系列决议。全会选举当时尚在国外的汪精卫任国民党中央和国民政府主要领导职务，并允蒋介石续任国民革命军总司令。全会同时决定在政府中设立劳工部和农民部，由中国共产党党员苏兆征和谭平山任部长，实际上否定了“整理党务案”。蒋介石随即以总司令名义调集嫡系部队至沪宁一带，加紧准备反革命政变。

3月12日 汉俊和董必武等参加武汉三镇群众纪念孙中山逝世二周年大会，提出“提高党权，恢复民主集中制”等口号。

3月17日 国民党湖北省党部执委会呈国民党中执会函中，建议改组武昌市政委会，推汉俊参加。

3月20日 汉俊赴武昌中山大学参加武昌区国民党党员大会，并作题为《恢复党权运动的政治意义》之政治报告。此报告主要内容被时任国民党湖北省党部秘书杨玉清记录在当天的日记中。据杨玉清叙述：“我当时是国共合作时的国民党湖北省党部秘书，听李汉俊讲话很多，有一次给我印象最深，而且在日记上记下了！时间是一九二七年三月二十日，地点在武昌中山大学。会议的名称是一个国民党全区的党员大会。……钱介磐作理

---

① 刘子谷：《大革命时期的湖北农民运动》，见中国人民政治协商会议湖北省委员会文史资料委员会编：《湖北文史集粹》，湖北人民出版社1999年版，第528—530页。

② 《湖北第一次全省妇女代表大会开幕》，《汉口民国日报》1927年3月9日。

论报告，题目是：‘总理的三大政策’。董必武作党务报告，题目是‘此次中央全体会议的经过及决议案’。李汉俊作政治报告，题目是‘恢复党权运动的意义’（即打倒蒋介石个人独裁）。三个报告配合得非常好，是针对当时的政治形势而对大家指明了一个行动的方向。那天李汉俊的报告安排在最后。他的话讲得很长，大意是说（其中所称的党，都是指国共合作时期的国民党而言）：这次恢复党权运动的意义，不是打倒某个人。中国近八十年来，自鸦片战争以后，我们和世界发生了关系。当其时，我们还是停滞在十三四世纪内。以几十年的工夫，要进化几百年，才可以抵得住人家，所以产生了革命，所以产生了我们的党。我们的党，不是代表一个阶级的，而是代表多数阶级的；不是代表一个时代的，而是代表历史上几个时代的。所以我们的党，总是在跟着历史前进。但有些人跟不上，他们总想拖着历史的车轮倒退，没有办法，历史对这些人是毫不留情的。所以在某一个时期，我们排除了章太炎；又到某一个时期，我们排除了冯自由；再到某一个时期，我们又排除了陈炯明等等。时代越前进，有些人就越后退。好多有功于党的人，或者被淘汰，或者湮没无影。不是他们变了，是时代在向前走，而他们还停滞着。今天的恢复党权运动也是一样，它是循着历史的车轮前进，但是有人就硬要走旧路。这种人的命运，就只有是章太炎、冯自由、陈炯明等同样的命运。不是我们不要他，而是他不要我们！（全文根据我当时的日记）。这番话总结了中国自鸦片战争以来的历史，也总结了中国国民党的历史，同时也预言了几十年以后的历史。只有循着历史车轮前进的人，才有他的前途，否则只有被时代淘汰下去的命运！”①

3月21日　汉俊出席湖北省政务委员会第二十七次会议，作为科长代表教育科提出“湖北省立图书馆暂行规程案”“湖北奖励捐资兴学条例

① 中国人民政治协商会议湖北省孝感市委员会编：《杨玉清文史著述选》，中国文史出版社1990年版，第49—50页。

案”“湖北取缔妇女缠足案”。

同日 汉俊出席国民党省党部执委会会议。会议作出“蒋介石叛党案”，议决呈请国民党中央免蒋本兼各职。

3月24日 国民党中央与湖北省党部召开联席会议，推汉俊为省政府委员兼教育厅长。

3月25日 汉俊出席湖北省政务委员会第二十八次会议，作为科长代表教育科提出“湖北各县市立初级小学、小学职员待遇暂行规程案”“省立各中小学贫苦学生优待条例案”。

同日 国民党中央政治委员会议决，汉俊、徐谦、孙科、恽代英、詹大悲、董必武等11人任湖北省政府委员，汉俊兼教育厅长。①

3月29日 湖北文官养成所正式开学，汉俊任教员。

时任湖北文官养成所事务主任喻育之曾提到：“文官养成所地址在武昌（现武昌人民法院后面乡公祠旧址），牌子是杨玉清书写。……教员有董必武、张国恩、李汉俊、詹大悲、喻育之、南夔（经庸）、王祺（当时为国民党中央委员）等，职员有秘书于□□，会计董绍明（黄安人，解放后任湖北省外贸局副局长）等。课程有地方自治、地方财政、三民主义、建国大纲、建国方略、第一次全国代表大会宣言（党义课）和军事体操等。董必武讲党义课，我讲建国大纲课，南经庸讲地方财政课，遇有教员因事不能来上课，我就去顶替，体育课我也代过，但求不缺堂。”②

湖北文官养成所学员陆鸣秋也回忆说：“一九二七年上半年，国共合作举办的文官养成所是培训各县、市行政人员，包括县长、局长等文职人

---

① 《皖鄂两省政府委员发表》，《申报》1927年4月5日；《鄂省政府将成立》，《申报》1927年4月4日。

② 喻育之：《国共合作创办的文官养成所》，见中国人民政治协商会议湖北省武汉市委员会文史资料研究委员会编：《武汉文史资料》（第4辑），1983年版，第158页。

员的训练机构。结业前，所里传出毕业前二十名委派县长。有的教员在上课时说，你们都是未来的掌权者。文官养成所的教员中，有共产党员，也有当时的国民党左派。所长是共产党员何羽道，教员有董必武、李汉俊、詹大悲、张国恩、蔡天民、邓初民、南经庸、范诰生、罗贡华等。邓初民是教务长，喻育之主管学校行政，也给缺席教员代课。这个所实际是在董老指示之下，以何羽道同志为主领导的。课程有三民主义、三大政策、国民党第一次全国代表大会宣言、国民党组织及训练、政治（结合时事）、经济、财政、农林、水利、合作、民权初步、公文程式、军事体操（后期还发了步枪）等等。"①

3月31日 汉俊以省政府委员身份出席湖北省政府筹备会，议决4月10日正式成立湖北省政府，与恽代英共推为省政府成立宣言起草人。②

是月末 中共中央机关由上海迁至湖北汉口旧俄租界。瞿秋白等亦随中央机关至汉口主持工作。时陈独秀、彭述之仍在沪，瞿秋白同张国焘、谭平山三人一度负责中共中央工作。瞿秋白兼中共中央宣传部部长及中央军事政治学校武汉分校政治教官。

是月 曾在京汉铁路大罢工前后同汉俊往来密切的刘弄潮由粤来汉，阔别四年后与汉俊重聚，被汉俊聘为武昌中山大学哲学系教授，讲《唯物史观》。刘弄潮曾回忆："一九二七年三月，广州摩擦日甚，我辗转到了武昌。第二中山大学医科主任兼预科主任史叔隐同志，邀我任预科委员，汉俊同志又聘我兼哲学系教授，讲《唯物史观》。当时汉俊同志的处境很困难，但仍忍辱负重，坚持为党工作，如他主持第二中山大学校务时，在三个负责委员中，他一面要防止顾孟余暗中作怪，又要避免章伯钧明里逞

---

① 陆鸣秋：《我参加文官养成所学习点滴》，见中国人民政治协商会议湖北省武汉市委员会文史资料研究委员会编：《武汉文史资料》（第4辑），1983年版，第160页。

② 《鄂省政府将成立》，《申报》1927年4月4日；《湖北省政府定期成立》，《新闻报》1927年4月8日。

强，还要暗中掩护和支持左派师生，真是煞费苦心。”①

4月4日　武昌中央农民运动讲习所举行开学典礼，汉俊任该所教员。学员张季任曾在回忆中提到：“我的母校、伟大的革命熔炉——毛主席主办的武昌中央农民运动讲习所，创办于一九二七年春。……农讲所组织形式是集体领导，设常务委员三人，即毛泽东、邓演达、陈克文，凡属出布告、发通知，都是三人署名。……所里的负责人还有彭湃、恽代英、方志敏、瞿秋白、李立三、陈荫林、李汉俊，但都未驻所，有重大问题需要共同研究时，才到所参加会议……李汉俊同志当时是湖北省教育厅长，讲的多偏重于教育方面的问题，仪容庄重，认真负责，一丝不苟，他那鼓鼓的黑皮包里，装满了各种资料和教材。”②

4月10日　湖北省政府宣告成立，并对外公布由汉俊、恽代英起草的《湖北省政府宣言》。汉俊始任省政府委员兼教育厅长，于下午出席省政府第一次会议。

《湖北省政府宣言》中写道：“政治是一切斗争之集中的表现，政府是政治斗争之有力的工具。本政府在中国国民党中央及湖北省执行委员会指导之下，奉国民政府之命，掌理湖北省一切政务在国民革命的进程中，本政府目前所负工具之一的使命，为使政治斗争由封建到民主之一阶段，早底于完成。本政府当以最大之努力，向此目的前进，以求完成其使命。……以上所陈，不过关于本政府会近工作计划之荦荦大者，至于其他，则本政府当根据中国国民党中央及各省联席会议之议决案与政纲、中央执行委员会第三次全体会议之议决案、湖北省及汉口特别党部之日前最低限度政纲，并随时秉承中国国民党中央及湖北省执行委员会之指导、国民政

① 刘弄潮：《我所了解的李汉俊》，见潜江县政协文史资料研究委员会编：《潜江文史资料》（第4辑），1987年版，第45页。

② 张季任：《忆毛主席主办的武昌中央农民运动讲习所》，见中国人民政治协商会议湖南省宁乡县北区政协文史资料委员会编：《宁乡文史资料》（第1辑），1989年版，第2—3页。

府之命令，进行一切。总之，本政府当一本中国国民党之主义，以为湖北民众之利益奋斗，而且唤起湖北民众为自己之利益奋斗。湖北民众能因自己与本政府之努力，打倒了一切官僚、政客、买办阶级、贪官污吏、土豪劣绅，才可以铲除帝国主义军阀势力的基础，使中国的国民革命运动因此获得完全彻底的成功。本政府希望革命的民众随时加以指导、督责，使能达到这种目的。”①

同日晚 汉俊出席国民党湖北省党部执委会第二十五次会议，议决呈请国民党中央速免蒋介石国民革命军总司令及其他一切职务，以防其借机反动。

4月11日 汉俊赴武昌阅马场参加湖北省政府委员就职典礼。

4月12日 汉俊出席湖北省党部总理纪念周会议，并作长篇政治报告。此一报告内容经记录，后以《李汉俊在省党部纪念周之政治报告》为题自是月13日始分三期连载于《汉口民国日报》，至17日载毕。

汉俊在报告中对中国社会性质做出了判断，即“国际帝国主义共同的殖民地，没有哪一国愿意他能够自由独立，但同时也没有哪一国不想他作自己独占的殖民地”。在这种情况下，帝国主义列强必然互相牵制。“如果哪一国蓦然的先对于他开战，难免没有第二国假借拥护什么正义的假招牌来，同他对抗。如果这样就要引起一个世界大战，帝国主义者已经在一九一四至一九一八年的世界大战，尝了世界大战的滋味，还没有忘记，都不愿意再尝。”

汉俊还指出，帝国主义列强内部也存在尖锐的阶级矛盾，一旦他们贸然发动战争，其国内的无产阶级势必趁势而起，以革命的方式推翻帝国主义。“只因为有这种危险，所以在一九一四至一九一八年的世界大战，两敌的帝国主义，都要高骂对方是军国主义、帝国主义，说因为对方是

① 《湖北省政府宣言》，《汉口民国日报》1927年4月10日。

军国主义、帝国主义，所以要打他，借以迷惑了头脑不清的第二国际及其所领导的无产阶级，使无产阶级由无祖国的国际的反帝国主义的联合线上，撤退下来，回到了卫护祖国的战线，帝国主义者仅仅因为这样才维持了。但是这个为有以上的原因，很不容易做到，况且他们对中国宣战，他们能宣传中国是一个军国主义还是一个帝国主义吗？如果有人说他是的，恐怕世界上没有一个人相信吧。”汉俊认为，帝国主义内部的无产阶级已不再可能支持本国政府的侵略行为，因为“现在的无产阶级已经不是一九一四年代的无产阶级了。他们已经知道了，帝国主义战争给予他们的报酬，他们已经知道了，他们在前次大战中上了大当，他们已经知道了，他们的唯一出路，就是在打倒帝国主义，他们还能为帝国主义去卫护他们的‘祖国’么？况且他们已经有了一大部分入了第三国际的指导，他们这一部分是坚决的，时刻不忘的，要不失机宜的去推翻，所有一切帝国主义的。姑不论帝国主义不能对于中国假借军国主义、帝国主义的口号来迷惑，他们国内的无产阶级，就是他们能够想出别的口号，来图谋迷惑，恐怕也不能奏效”。正因如此，“这的确是他们对于中国开战的最大的一个难关”。

同日　汉俊出席武昌中山大学学生会成立大会，并发表演说。据《汉口民国日报》13日报道：“国立武昌中山大学，昨上午九时，开学生会成立纪念大会，到会者有该大学委员徐谦、李汉俊、章伯钧，教授高语罕，及团体各学校代表，合该校全体学生不下三千余人。李汉俊演说，谓：团体的组织，乃根据个人切身的要求。以前学生会的组织，大半由于一种模仿的、虚荣的动机，毫无意义，但各人的要求与认识不同，因而生出争端。我们要牺牲个人的利益，为全部分的整个利益，故学生会必须团结全体会员，为各级痛苦民众利益而奋斗。”①

① 《国立武昌中山大学成立纪念大会》，《汉口民国日报》1927年4月13日。

4月16日　汉俊出席国民党湖北省党部执委会第二十六次常会并任会议主席，议决向中央请愿，尽速免蒋介石职务。据《汉口民国日报》17日报道："兹将省党部执委会第二十六次常会，关于召集党员大会议决录下：（甲）向中央请愿：（一）进兵京汉路，急图占领北京；（二）迅速免蒋介石之职。（乙）呈请中央执委会，针对财政问题、工人失业问题，决定一种政策，招集国民政府、省政府及省市县党部，与各人民团体报告之。（丙）于党员大会中提出反帝、反蒋之口号，并作报告。（丁）于蒋介石反党情形，及帝国主义压迫情形（宣传大纲），使民众明白反帝、反蒋（唯一出路）。"①

4月20日　中共中央于汉口发表《为蒋介石屠杀革命民众宣言》，号召人民团结一致打倒蒋介石，"形成一个巩固的革命民主主义的战线，来对付与战胜帝国主义、军阀、封建、资产阶级的联合势力"。同日，国民党中央执行委员会等发出联名讨蒋通电，痛斥蒋介石为"总理之叛徒、本党之败类、民族之蟊贼"。

4月27日—5月9日　中国共产党第五次全国代表大会于武汉召开，讨论党在紧急时期的任务。大会就革命领导权等问题对陈独秀的右倾错误予以批评，同时通过《政治形势与党的任务决议案》，强调要与资产阶级争取革命领导权，但错误地将蒋介石的叛变当作整个资产阶级的叛变，将民族资产阶级与买办资产阶级都当作革命对象，将已由汪精卫、唐生智控制的武汉国民党及武汉政府当作工农小资产阶级联盟，对汪精卫、唐生智继续抱有很大幻想。大会选出新的中央委员会，陈独秀等29人当选为中央委员，陈独秀、张国焘、李维汉为政治局常委，陈独秀续任总书记，周恩来任秘书长，未到职前由蔡和森代。

4月28日　汉俊出席湖北省中小学教师党义研究所期满仪式，并作关

① 《党务消息》，《汉口民国日报》1927年4月17日。

于阶级斗争的演讲。据《汉口民国日报》是月 30 日报道："湖北中小学教师党义研究所，开学三月，各种党义讲授完毕，于本月二十八日十二时举行期满式。来宾有中央委员詹大悲、省执委郑希禹、省政府委员孔庚、教育厅长李汉俊等。济济一堂，极一时之盛。……李汉俊演讲谓：……要站在农人和工人方面，要训练自己的感情，把感情寄托在被压迫阶级上面，各位要跟着民众而变做被压迫阶级的工具。"①

4 月 29 日　汉俊出席湖北省政府委员会第四次会议，代表教育厅提出湖北实施义务教育委员会规程和委任数县教育局局长、教育视察指导员、查封前省立第一师范校长蔡存芳房屋等案。

5 月 1 日　汉俊赴武昌阅马场出席武汉群众庆祝五一国际劳动节大会，任主席团成员，并参与会后游行。《大公报》是月 17 日报道有记："本年五一劳动纪念会，武汉当局，以外交形式严重，乃宣布所谓新外交策略，令各党部、各团体及一般民众，对外人力避宣接行为。劳动纪念大会及中央劳工部事前逐各签发紧急通告，确定范围，故是日武汉三镇，同于正午十二时各就指定地点举行五一纪念大会，自午迄夜，若游行，若提灯，绝未发生任何执外行动。是日暴雨初晴，惠风和畅。……武昌阅马场之会场，布置一同汉口，主席团为李汉俊、张国恩、陆沉等，开会秩序甚好，四时半散会游行，晚间亦提灯。"②

5 月 5 日　汉俊出席国民党湖北省党务执委会第三十二次常会，提请决定举行全省群众运动案。

5 月 10 日　汉俊出席中国共产主义青年团第四次全国代表大会开幕典礼，并代表国民党湖北省党部及湖北省政府致贺辞。

5 月 13 日　夏斗寅发表反共通电，公开叛变，旋占领嘉鱼、汀泗侨

① 《党义研究所期满式》，《汉口民国日报》1927 年 4 月 30 日。

② 《武汉对外空气一变》，《大公报》1927 年 5 月 17 日。

等地，直逼武昌。夏于通电中称，武汉政府已为共产党徒董用威（必武）、徐谦、邓演达、詹大悲、张国恩、李汉俊把持。[①]

5月15日 汉俊出席国民党湖北省党部、汉口特别市党部联席会议，议决通电声讨夏斗寅，并召开群众大会宣布夏之罪状。约在此时，原夏部师政治部代主任李伯刚（书渠）因被误认为汉俊兄长书城之弟，侥幸由夏部逃回武汉。[②]汉俊动员其在报刊撰文，揭露夏斗寅叛变经过及其反动本质。据李伯刚回溯："一九二七年五月，夏斗寅背叛武汉国民政府，我被驱逐，从嘉鱼回到武汉。当时李汉俊动员我写一篇夏斗寅叛变经过的文章，在报上发表，以揭露夏斗寅的反动本质。我因病没有写。"[③]

同日 汉俊出席武昌妇女协会会员大会，并发表演说。《汉口民国日报》17日报道："武昌市妇协，于五月十五日下午一时，在第二小学召集会员大会，到会者数百人，首由主席团，主席黄慕兰报告开会之意义，次由恽代英同志，作政治报告……次由李汉俊、郭沫若、李合林、刘清扬诸同志继续演讲……李汉俊同志演说，略谓：革命的意义有三要点。（一）革命是从前压迫阶级倒下去，被压迫阶级站起来，从前压迫人的人，现在被人压迫，从前被压迫的人，现在压迫从前压迫他们的人，就是造反，亦可说是造翻，把从前的情形翻转过来。（二）创造新的制度，破坏旧的制度，从前压迫人的人，有他们的宗教、法律、制度、道德作工具，妇女受压迫，所以现在必须打倒旧制度、旧礼教，创造为谋自己解放必需的新制度、新道德。（三）从前压迫我们的人，是社会上不需要的人，现在我们的民众，是社会上不能没有的人。应该支配社会的人把不需要的

① 《第十四独立师师长夏斗寅等讨伐共产党通电》，《申报》1927年5月22日。

② 傅光培：《回忆耿丹烈士》，见湖北省政协文史资料委员会编：《湖北文史资料》（第2辑），1981年版，第71页。

③ 李伯刚：《回忆李汉俊》，见中国革命博物馆党史研究室编：《党史研究资料》（第4册），四川人民出版社1983年版，第287页。

人打倒，使社会需要的人站起，就是革命。尽管将不需要的人、社会的寄生虫杀尽，不仅于社会无害，且有益，倘若将社会上需要的人杀尽，农工全杀尽，社会就不能存在，所以革命不仅是造翻，并且是反正。妇女也是社会所必须的人，军阀不能杀尽，我们所以什么都不要怕，努力革命，一定可以得到最后胜利。”①

5月18日 汉俊出席国民党湖北省、汉口市两党部执监联席会议，讨论对付夏斗寅办法。

同日 共产国际执委会第八次全会于莫斯科召开。全会作出关于中国问题的决定，并就此向鲍罗廷、罗易及苏联驻汉口总领事柳克斯三人发电，是为“五月紧急指示”。6月5日，罗易向汪精卫出示此一指示，翌日又呈其副本，成为汪实施“分共”活动的口实。

5月22日 汉俊出席武昌中山大学追悼南北烈士大会，并发表演说。《汉口民国日报》25日报道：“到会者，除该校全体学生千六百余人外，有该校教职员，及各团体、各机关、各学校代表：李合林、邓初明、潘震亚、李季、宋子方及英国劳工代表某君，合计不下三千余人。由大学委员李汉俊、教职员代表高一涵、学生会代表刘鸿咏三人主席，奏乐行礼后，由李汉俊演说《我们随时随地要有牺牲的决心》：常有一般号称革命同志，均自以为我是重要分子，我不能随随便便的牺牲，牺牲了，必须有很大的代价，这完全是错误思想。我们必须无论何时、何地，均必须有牺牲的决心。”②

5月23日 国民党右派娄伯棠于《申报》撰文，借郭聘帛③事件攻

① 《武昌市妇协会员大会》，《汉口民国日报》1927年5月17日。

② 《追悼南北烈士大会》，《汉口民国日报》1927年5月25日。

③ 郭聘帛（1890—1927），又作郭平伯、郭聘伯，湖北宜昌人，原京汉铁路大罢工骨干，因在罢工失败后“发生自由行动，不服从党的命令”，于中共三届一中全会被开除党籍，转而加入中国国民党。后在武汉从事工人运动，企图另立工会系统，并攻击共产党。1927年4月14日，在湖北省总工会多次催促下，武汉国民政府临时组织人民审判委员会，将郭判处死刑。

击武汉国民政府及中国共产党，并称汉俊为“曾一度脱党的一人”①。

5月26日　汉俊出席国民党湖北省党部执委会第三十八次常会并作报告，议决以汉俊草拟之报告及提案为据，提出湖北省市两党部在湘鄂赣三省联席会议上的报告和提案。

5月27日　汉俊偕郭沫若等赴武昌首义公园出席武汉三镇庆祝讨奉讨夏胜利提灯游行大会，并发表演说，谴责夏斗寅为“蒋介石的小走狗”。

5月29日　汉俊出席武昌市三区国民党党员大会，并作政治报告。

5月30日　汉俊出席纪念“五卅”、追悼南北死难烈士及济难运动周宣传大会，并发表演说，鼓励群众一致奋斗打倒新军阀蒋介石。《汉口民国日报》31日报道有记：“昨日为五卅惨案第二周年纪念，武昌、汉口、桥口、汉阳四处，同时举行热烈纪念，并追悼南北死难烈士及济难运动周宣传大会。兹将开会情形，分志于左。……李汉俊报告五卅经过：五卅是两年前上海日纱厂工人罢工，被日人残杀了工人顾正红；于是学生向外面宣传演讲，又在南京路等处被英帝国主义大施屠杀；就引动中国无产阶级的反攻。帝国便用什么关税会议、法权会议等等，引诱卖国贼、旧军阀张作霖来压迫民众，但是结果发动了国民革命；不数月，革命势力就由广东到了上海。现在帝国主义，又利用新军阀蒋介石作他们的新工具，来压迫革命的民众。革命的民众，大家要起来奋斗！”②

6月1日　在汉俊协助下，由湖北省农民协会举办的农民武装训练班正式开学。刘子谷任训练班主任，汉俊受邀任政治教官。关于当时的情况，刘子谷后来曾在回忆中特别提到：“在代表大会闭幕以后，湖北省委决定设立湖北省农民武装训练班，为在全省范围内组织农民武装作准备。初步计划，招收学员三百人，以三个月为期，学员由各县农民协会选派中青

① 《郭聘帛烈士殉难颠末》，《申报》1927年5月23日。

② 《五卅惨案第二周年纪念》，《汉口民国日报》1927年5月31日。

年农民，毕业后回县作为武装骨干力量。农民武装训练班对外并不公开。党派我担任训练班主任，负责筹备。在筹备过程中，李汉俊帮忙很大，他当时兼任湖北省教育厅长，将武昌水陆街的艺术专科学校（现为某军事机关所用）拨给训练班，所有课桌、家具等，都系他拨给我们的。……教学课程，着重军事训练，要使学员在短期内学会作战技能，懂得使用武器、利用地形、编队、队形变化，以及野外作战演习等。政治课没有规定课程，而是用历史事实与革命需要，促进学员提高阶级斗争的认识。这主要由我负责，随时请人来作报告。毛泽东曾亲来讲过一次话，同来的有周恩来、聂荣臻。我是在这时开始和他们认识的。南昌起义到达汕头，周恩来派我到潮州附近浮洋山组织农民武装，即是从这次印象出发的。”①

6 月 2 日　汉俊出席中央及湘鄂赣省市党部党报联席会议。

6 月 3 日　汉俊出席国民党湖北省党部执委会第四十次常会，被推定在湘鄂赣三省联席会议上作工作报告。

同日　汉俊出席湖北省政府委员会第九次会议，代表教育厅提出妇女工读学校计划大纲案。

6 月 8 日　汉俊出席武汉中央军事政治学校“安葬蒋先云同志、追悼阵亡同学大会”，并代表湖北省党部发表演说。

6 月 15 日　汉俊出席武昌县党部第三次代表会并于会上致辞。

6 月 16 日　汉俊出席国民党湖北省党部执委会第四十四次常会，任主席。

6 月 17 日　汉俊出席湖北省政府委员会第十次会议，报告审查湖北省政府官吏差旅费规则案。

同日　汉俊出席国民党湖北省党部、汉口市党部暨武汉各民众团体欢

---

① 刘子谷：《大革命时期的湖北农民运动》，见中国人民政治协商会议湖北省委员会文史资料委员会编：《湖北文史集粹》，湖北人民出版社 1999 年版，第 533 页。

迎北伐凯旋将领晚宴，并于席间致辞，鼓励各将领继续“讨伐反动的蒋介石”。《汉口民国日报》19日报道有记：“主席李汉俊起立致辞，略谓：本日设宴，一为欢迎展（辗）转豫省击退中国最强大之奉系军阀，凯旋归来之唐总司令。一为欢迎由甘而陕，由陕而郑，由郑而汉，历任辛苦艰难之于总指挥。一为欢迎为保全革命势力，与反动势力奋斗，由粤退湘，由湘而汉之陈嘉祐军长。溯自我第四方面军出师北伐，后方反动分子蜂起，以致武汉发生动摇，后方同志甚觉歉然，然幸以我政府应付有方，得以稳定，此有足以告慰者。三同志为革命军事领袖，此后并望能以讨奉同样精神，讨伐反动的蒋介石，肃清一切反革命势力云云。”①

6月21日 由国民党汉口特别市党部举办的工人速成班宣布开课，汉俊负责讲“三民主义”。

同日 汉俊出席国民党湖北第一次省县市联席会议预备会议，与董必武等被推为大会主席团成员。

6月22日 汉俊出席国民党湖北第一次省县市党部联席会议，并作为总主席在开幕式上致辞。

汉俊在开幕致辞中说：“今天是湖北省县市联席会议第一天。至开会的意义，昨晚筹备会议，已经说过了。自从中央党部迁鄂后多党务很有进展，但同时随着发生许多不好的现象，就是蒋介石利用党来实行个人独裁。去年三月二十的事，就是独裁的表现，所以本年有一次救党运动。而少数反动分子，勾结蒋介石在南京成立伪政府，想消灭武汉国民政府，并想出种种方法，勾结帝国主义，封锁武汉金融，以致武汉发生米荒煤荒等类的事实。同时勾结反动武装，压迫二军六军革命同志。本党第二次北伐时，蒋致电第二集团军冯□军同志，劝其暂时不必出兵。旋又唆使夏斗寅、杨森，捣乱后方。中央党部，乃宣布现金集中，以防止其经济封锁的

① 《北伐将领凯旋》，《汉口民国日报》1927年6月19日。

危险。同时全体武装同志，更振其奋勇精神，将河南及后方的敌人肃清。但牺牲的同志，有二万余人之多。现中央为应付革命进行，及纠正以前各级党部种种□□起见，制定许多策略。此次召集各县市同志讨论的中心问题，（一）实行中央各种训令。（二）整顿组织，扩大组织。（三）改善党部与地方政府及人民团体之关系，以巩固革命的战线。（四）决定今后农业的方针。以上四点，希望尽量讨论。”①

大会共开七次正式会，先后起草关于政治报告、党部与人民团体及地方政府之关系等决议案，并发表声讨蒋介石、反对帝国主义出兵华北之通电等系列文件。期间，汉俊作题为《帝国主义者国际间之相互冲突与其国内财政商业两派冲突之情形》的政治报告。此一报告内容后全文发表于《中国国民党湖北省县市联席会议日刊》第8期上。

汉俊在报告中说：“国民政府运用外交策略以拆开帝国主义者的势力，同时帝国主义者亦用种种策略拆开我们的联合战线，以前利用张（作霖）、吴（佩孚）等代表封建势力的军阀，渐次知张、吴无用，于是从我们革命势力内把大资产阶级拉出去，而蒋介石被拉去后，民众脱离蒋介石，如是他们又看出中国的大资产阶级为数甚少，全无势力，于是又想拉出我们队伍中的小资产阶级，造出‘反赤’‘反共’‘农工运动过火’‘没收军人财产’等谣言。中国产业有两种形式：一是新式的，全在帝国主义者手里；一是旧式的，在中国人手里。革命是要有经济基础才行。旧式产业才能作我们之用，但在旧式产业中，小资产阶级占重要位置，故就产业上说来，主力分子是小资产阶级。他们也被帝国主义者摧残，同农工一样。因此，他们非反对帝国主义不可。但他们是为发展他们的产业而革命，于是帝国主义者说我们要共产，小资产阶级恐怕没收他们的财产，不免为摇（谣）言所惑，并因民众运动初起，不免有怀疑的地方，倘若帝国主义者摇（谣）动

① 《李汉俊报告开会意义》，《晨报》1927年7月7日。

少（小）资产阶级的策略成功，我们的革命就无经济基础了，革命不会成功的。故此刻应当努力破坏帝国主义者煽动小资产阶级的策略，巩固工农与小资产阶级的革命同盟。”

6月23日　下午一时至晚六时，汉俊出席湖北省县市联席会议招待会，并于席间就中央委员孙科的训词发表答词。

汉俊在答词中说：“今天谨代表联席会议诚意的接受中央委员会训词。本来此次联席会议即以中央训令作标准，检阅过去错误，今天听到中央委员的训话，使我们更深刻的认识其意义，而得到明确的观念，将来以之领导民众，推进训令之实行，实现此次联席会议之目的，这是要感谢的。同时须报告中央者，即本省党务自革命军到鄂后，因许多人假借政治力量，图其个人活动。同时，亦只顾发展组织，以表现其工作之成绩。因而，混入许多不良分子。在乡村中一般稳健同志，为欲使工作易于进行，不免找些所谓有声望、有面子的人，使其在党中占重要位置。因此土豪劣绅，混入的也有，大概工作幼稚，以此种党部为最多。第四次代表大会，派了许多巡视员，或特派员，分途纠正，但因工作人员太少且未必能以全力贯注党务，此为党务最困难之点。至阻挠税收问题，有些固然是由于人民幼稚，有些是由于官吏贪污所引起。经省政府调查，凡官吏贪污者，其税收比较额亦低，而民众反对亦甚力，同时亦有许多征收官吏，为民众所挽留，而其税收比□额亦高，此省政府成立后，常有此现象。因此希望中央切实注意，建设真正的廉洁政府，同时建立健全的乡村自治。”①

6月24日　汉俊出席湖北省政府委员会第十二次会议，任主席，提出推行国库券方法案。

6月26日　汉俊出席国民党湖北第一次省县市党部联席会议闭幕典礼，并以主席身份致闭幕辞。

---

① 《孙科李汉俊演说》，《晨报》1927年7月11日。

汉俊在闭幕辞中说："此次各项议决案，均系根据过去经验及客观环境，非如第四次大会时之仅偏重于原则方面。近因英帝国主义及蒋介石等勾结反动的武装及土豪劣绅，四面进攻，环境与第四次大会时完全不同，同时我们自己亦发现许多错误。总括此次会议精神，可得四要点：（一）党团的运用。因党是立在广大的阶级利益上奋斗的进步分子之集合，故党员须牺牲个人利益，为阶级利益，从实际的行动，或各种工作中去锻炼群众。我们以前在秘密时期，本党能运用党团作用，所以领导民众，公开以后，力量虽扩大，渐渐不能作领导民众的核心，所以发生许多的错误。此次各项决案，均能注意及此。（二）乡村自治之讨论。自农民起来后，封建的系统完全破坏，而党及政府未指示适当的组织，以资代替，因此不免成混乱状态。此次能对此问题切实讨论，此为第四次大会时所无者。（三）与工商业者的联合战线。中国新式的产业在帝国主义的束缚之下，故经济组织，仍停滞于手工业，或小规模的工商业，且均因帝国主义的压迫而不能发展，故必须联合工商业者以集中力量，革命才有成功之保障。此亦为第四次大会所未确实讨论者。（四）农民武装。现在各处土匪溃军，均为土豪劣绅勾结而□□□□，全省总计因此而死者在五千至□□，许多革命观点不确定的同志，甚至怀疑民众的力量及农民运动。须知农工力量，是在其经济的基础上，不过他们的力量，表现得迟缓一点，如我们不注意农工，结果必如工商业者之动摇一样，必于革命影响极大，故为巩固革命的基础，及稳定动摇分子之革命观点起见，非武装农民不可。但是，现在政府因枪支不够分配，不能多给农民以武装，所以我们只有到军队中去找枪。此次会议，除武装农民外，并议决到军队中去，此亦为此会议之要点。希望各位本此要旨，及各种决案返里后，向各地同志报告及民众宣传，实现之，以达此次会议之目的。"①

① 《省县市联席会议之成绩》，《汉口民国日报》1927年6月28日。

7月2日　国民党右派在汉成立湖北省清党委员会，并发表《湖北清党委员会宣言》。此为汪精卫集团实施“分共”埋下伏笔。《宣言》中称：“……我们两湖，尤其是共产党扉巢、共产政府所在地的湖北，表面上虽然挂着国民党的招牌，然而红焰漫天，更丝毫识别不出青天白日的彩色，所以我们湖北的党部，就程度上说，并不是一清，就可以了事，恐怕就是用十二生的大炮，迎头轰击，也消灭不了红色的流毒。所以清党运动，在我们湖北，尤有重大的意义，与别的省区，迥有不同。”

7月3日　汉俊出席国民党湖北省党部执委会第四十八次会议，举毕楚翘任省立第一中学校长。

同日　中共中央举行扩大会议，通过《关于国共两党关系决议案》(即“国共关系十一条”)。决议仍承认汪精卫等控制的国民党“当然处于国民革命之领导地位”，并表示“现在参加政府工作之共产党分子，为图减少政局之纠纷，可以请假”，而“工农等民众团体均应受国民党之领导与监督”，“工农武装均应服从政府之管理与训练”，企图以投降式的让步挽回汪精卫。此一表态进一步助长了汪精卫煽动“分共”的野心。

7月4日　汉俊出席国民党湖北省党部总理纪念周，并作政治报告。此一报告内容后刊登于是月10日《党务月刊》第1期上。汉俊在报告中表示：“再看帝国主义者国内情形怎样呢？不仅他们的无产阶级同情中国，就是中产阶级及其商业资本派，均一致反对出兵中国，如英之自由党组织反对干涉中国会，日本代表商业资本的立宪民政党（政友本党与宪政会联合组织的）反对现在政友会内阁的出兵中国政策甚烈，即帝国主义者本身，亦不愿过事压迫中国，以免引起世界第二次大战，因为世界大战发生，必发生多数苏俄式的国家，甚至其本国亦发生革命。并且假如世界第二次大战，各国无产阶级必因为第一次大战的教训，而力加反对，即各国资商业资本派亦必不赞成，第二次大战的空气，近又日渐消沉。因此，各帝国主义者，对华政策，现均在徘徊歧路游移不定之际。”

7月8日 汉俊出席湖北省政府委员会第十三次会议，呈复关于高级中学校酌添统计科目及办统计讲习所案。

同日 汉俊以校委员身份出席武昌中山大学第一届学生毕业典礼。

同日 汉俊出席国民党湖北省党部、汉口特别市党部欢迎长江流域商民代表大会代表晚宴。

7月12日 根据共产国际执行委员会指示，中共中央改组，由张国焘、李维汉、周恩来、李立三、张太雷组成中央临时常务委员会，陈独秀停职。翌日，中共中央发表《对政局宣言》，谴责武汉国民党中央及国民党之反动罪行，宣布撤出仍在国民党内的共产党员。

7月13日 汉俊与恽代英、杨贤江被国民党中央青年党部聘为青年运动委员会顾问。

7月15日 武汉汪精卫集团宣布与中国共产党决裂，武汉弥漫“白色恐怖”，共产党员和革命群众遭到大肆逮捕和杀害。当此关键时刻，汉俊接李富春指示，与邓初民、孔庚等继续留在“清党”后的国民党湖北省党部工作。此后，汉俊迁往日租界，每日与董必武、詹大悲、傅光培（养苏）等会面，商谈时局及对策。同时，聘刘弄潮为武昌中山大学代理预科主任，继续从事革命工作。

邓初民（希禹）去世前曾提到：“七·一五后，第一次国共合作的局面彻底破裂，董必武和其他共产党员转入地下。……由于陈独秀的右倾投降主义的错误，对汪精卫的叛变行为迁就退让，轰轰烈烈的大革命夭折了。在这紧急关头，我和李汉俊幸好得到李富春的指示。他说：‘你们的摊子能守好久就守好久。’我就和李汉俊、孔庚等人，继续留在经过‘清党’和‘整理’的国民党湖北省党部。”①

① 邓初民：《九十述感》，见湖北省政协文史资料委员会编：《湖北文史资料》（第4辑），1987年版，第193页。

傅光培（养荪）曾回忆："一九二七年七月十五日，汪精卫叛变革命后，李汉俊迁往日租界。每天晚饭后，董老必定到李家商谈革命事宜。詹大悲、危浩生、潘康时、陈雪涛等也常来李家商谈。我住在日租界李宅附近，也常去旁听和下围棋。"①

刘弄潮也曾特别提到："七·一五政变后，武汉的革命形势紧张，公开的共产党员董必武、钱介磐等同志都已奉命转移。史叔隐同志当时虽未暴露身份，但要随军去广州，就向汉俊同志推荐我为代理预科主任，并指定预科秘书敬树诚同志单线联系，运用我平日与李书城、李汉俊的交谊，在他们掩护下继续开展工作。"②

7月20日 湖北省政府突然宣布改组，汉俊被免去省政府委员及教育厅长职务。据《申报》23日报道："汉口伪政府发表：省政府委员孙科、邓演达、刘芬、董用威、张国恩、詹大悲、邓希禹、李汉俊、恽代英、宋子文、孔庚，均于二十日免职，张、詹、孔、董、刘、李所兼各厅职，一并免去，局势已变。"③

7月21日 被免去职务后翌日，汉俊正式就任武汉国民政府第二届省政府委员兼教育厅长。《申报》25日载："汉口鄂省政府改组委员发表：孔庚、李书城、李品仙、朱霁青、叶琪、詹大悲、李汉俊、喻毓西、刘泳闿、王祺等。孔庚兼民政厅长，李书城兼建设厅长，詹大悲兼财政厅长，李汉俊兼教育厅长，刘泳闿兼司法厅长，王祺兼农工厅长。武汉市政府委员苏兆征、李国瑄辞委，汪时璟、张笃伦接充。"④

汉俊兄长书城后来曾在写给华觉明的信中提到："一九二七年，蒋介

① 傅光培：《忆李汉俊烈士》，见潜江县政协文史资料研究委员会编：《潜江文史资料》（第4辑），1987年版，第184页。

② 刘弄潮：《我所了解的李汉俊》，见潜江县政协文史资料研究委员会编：《潜江文史资料》（第4辑），1987年版，第45页。

③ 《本馆要电》，《申报》1927年7月23日。

④ 《当局声明改组系暂局》，《申报》1927年7月25日。

石叛变革命，国共分裂，共产党退出武汉，湖北省政府改组，由孔庚、李书城、叶琪为省政府常务委员，轮流为主席，孔庚兼民政厅长，李书城兼建设厅长，李汉俊兼教育厅长，张国恩、邓初民为委员，继续执行省政，并兼管武汉中央政府遗留的中央机关的职务。”①

7月24日 汉俊与董必武、陈潭秋、钱介磐、耿丹、岑靖等在何羽道寝室举行秘密会议，商讨国共分裂后的形势，并决定在鄂东举行武装斗争。

岑靖在当天的日记中写道：“一九二七年七月二十四日夜间二十二时，何常委、钱常委、陈潭秋、李汉俊、陈卫东、刘昌绪秘书长和我，在省党部后楼何常委的寝室内商谈国共分裂、蒋介石叛变后的形势，指出共产党人应即退出省党部，因蒋介石残忍成性，恐遭其毒手。何常委同在座的同志说到这里，都表示要与反动派血战到底。不久，董常委必武先行离开省党部，何常委、钱常委随之离开省党部，共产党人陈潭秋、吴士崇（德峰）、刘小卿、丁剑立、尚渭清、陈卫东、李汉俊等同志亦先后离开。”②

另据汉俊长女李声馥说：“在白色恐怖日益严重的情况下，七月下旬的一个深夜，父亲和湖北的主要共产党领导同志何羽道、钱介磐、陈潭秋等人秘密开会，他们决定不向反动派妥协，要与反动派斗争到底。”③

7月25日 汉俊被任命为湖北省党部改组委员会委员。《申报》31日载：“汉口鄂省党部改组，孔庚、潘云超、朱霁青、孙科、郝绳祖、张国恩、李汉俊、邓希禹、罗贡华九人为改组委员。”④

7月28日 汉俊出席国民党湖北省党部执行委员会第五十四次会议，讨论保护工会、各人民团体和各县党部负责人等议案。

---

① 《李书城致党明的一封信》，《革命史资料》1981年第2辑。

② 湖北省汉川市政协学习文史资料委员会编：《汉川文史》（第12辑），2000年版，第99—100页。

③ 李声馥：《我的父亲李汉俊》，见中国人民政治协商会议湖北省武汉市委员会文史资料研究委员会编：《武汉文史资料》（第3辑），1981年版，第39—40页。

④ 《鄂局最近状况》，《申报》1927年7月31日。

7月31日 汉俊以改组委员身份出席国民党湖北省党部改组委员会议。

是月 汉俊在日本的挚友李延禧从京都帝国大学理科第三部毕业，并受汉俊之邀由日返国，赴武昌中山大学任教。比及12月回国抵汉，汉俊已为桂系反动军阀胡宗铎部所捕。李延禧后来曾在自述中提到："到1927年毕业，得理学士。值革命北伐军驻武汉，武昌师大改为中山大学，寄聘书到日本京都给我，待我回到汉口时，恰遇李汉俊校委为反动军阀所捕，中山大学被围解散，我不能久留武汉，回到天门家乡。"①

8月1日 汉俊出席湖北省政府就职仪式，并致辞称"为民众谋利益"。

同日 汉俊出席湖北省政府委员会第十六次会议，被推为起草委员，负责起草《湖北省政府第二届委员就职宣言通电》。

同日 武汉国民党中央执行委员会训令湖北省党部改组委员会即日接受该省党部。汉俊因之暂代青年部部长，并按之前与董必武的商议，聘李伯刚（书渠）为秘书，称"革命的希望还是共产党"。

李伯刚（书渠）曾在去世前撰写的回忆录中提到："汪精卫分共（即反革命）后，国民党改组，李汉俊担任了湖北省改组委员会青年部部长。他到我家找我，要我担任秘书。他说董老离开武汉时，他们一道谈过，这次党的撤退，没有布置后卫，原来同党合作的人，要留下做点工作。我到青年部，他谈过：国民党这样清党，把一点革命力量都清去了，国民党也就要完蛋了，革命的希望还是共产党。但他又说过，共产党受到这次挫折，得一个时期才能恢复壮大。在这个时期，中国将有第三种力量（即第三党）出现。他没有说他是第三党，也没有说要我参加。他说他同唐生智谈过几次话，唐同意他的一些看法，对唐存有一些幻想。这也和他以前对

① 李延禧：《有关天门中学及我个人的情况》，见中国人民政治协商会议湖北省委员会文史资料委员会编：《湖北文史集粹》，湖北人民出版社1999年版，第135页。

冯玉祥抱有幻想的情况差不多。”①

8月2日　汉俊出席国民党湖北省党部改组委员会第一次会议。

同日　汉俊出席湖北省政府委员会第十八次会议，代表教育厅提出湖北省中学组织大纲修正案、湖北各人民团体设立学校条例案等提案。

8月3日　汉俊出席湖北省政府委员会第一次省务临时会议，提议聘张国恩为湖北中小学教师党义研究所所长。

8月4日　汉俊出席国民党湖北省党部改组委员会第三次会议，被推与邓初民（希禹）等共同起草《全省党务整理计划大纲案》。此一大纲内容后以《湖北省党部改组委员会党务计划大纲》为题刊登于是月5日的《汉口民国日报》上。

8月7日　汉俊出席国民党湖北省党部改组委员会第四次会议。

同日　由汉俊等起草的《省政府第二届委员就职宣言》在《汉口民国日报》刊登，称第二届省政府委员职责为“巩固后方，防止反动”，誓言“为湖北民众利益奋斗，并唤起湖北民众为自己利益奋斗”。

8月8日　汪精卫主持召开国民党中央政治委员会第四十四次会议，提出“武力清党”之各项办法，并对外发出“中央执行委员会训令”，责备列名南昌革命委员会之跨党党员谭平山、林祖涵、吴玉章、恽代英、高语罕等“叛党叛国”，指示中央党部对其“均着开除党籍及褫夺职权”，并下令“缉拿讯办”。

8月10日　汉俊出席湖北教育讨论会第四十次会议，任主席，议决“湖北省立中学校组织大纲”等案。

同日　汉俊任湖北省农民协会改组委员会委员。

8月11日　汉俊出席国民党湖北省党部改组委员会第五次会议，以

---

① 李伯刚：《回忆李汉俊》，见中国革命博物馆党史研究室编：《党史研究资料》（第4册），四川人民出版社1983年版，第287页。

青年部长身份提出成立资格审查委员会等案。孙科等人为清洗全省中、小学校共产党员，提议成立湖北教育委员会，并将汉俊排除在外。后经讨论，议决增补汉俊为委员。此后，汉俊多次出席教育委员会会议，与孙科等据理力争，为中国共产党在教育界中保留了革命力量。

据刘弄潮回忆："汪逆等反动派为了排挤汉俊同志，争夺湖北省教育大权，叫嚣要改组湖北中小学教育系统，成立了湖北教育改组委员会，由中央青年部长孙科、湖北省青年部长李汉俊、汉口特别市青年部长粟某某和任武昌市青年部长的我，以及三个湖北教育界人士，共七人组成。孙科派他的主任秘书陈某某，代表他主持会务。陈公然把汉俊同志排挤在常委之外，指定他自己和粟为常委，为避人耳目，不得不把我也列为常委。陈猖狂地提出，首先要清查本改委会内部的校长，然后再清查全省中小学校长。他们妄图以散布流言蜚语，排除异己的办法，把教育界的革命力量一网打尽，以实现掌握湖北教育大权，削弱工运力量的可耻阴谋。汉俊同志早已洞悉其奸，就授意我以常委身份力持正义，主张必须掌握具体证据，方能撤换，以掩护革命力量。两种主张，相持不下。不久，陈奉命离鄂东下；矛盾稍有缓和，原有校长又都得到教改会的重新委任，全省教育大权，仍然掌握在革命左派手里。"①

8月14日 汉俊出席国民党湖北省党部改组委员会第六次会议。

8月18日 汉俊出席国民党湖北省党部改组委员会第七次会议。

同日 《汉口民国日报》刊登由汉俊等起草之《湖北省党部改组委员会改组委员就职通电》。

8月25日 汉俊出席国民党湖北省、汉口市两党部联席会议。

8月27日 汉俊致函《汉口民国日报》编辑部，谓"本人并未辞职，

① 刘弄潮：《我所了解的李汉俊》，见潜江县政协文史资料研究委员会编：《潜江文史资料》（第4辑），1987年版，第46页。

亦未离厅”[①]，要求报方立即据以更正。

8月29日　汉俊出席国民党湖北省党部孙中山纪念周并作政治报告。

9月3日　汉俊出席武昌中山大学各科教授联席会议，议决向政府请求指拨经费、任命缺额大学委员等案。

9月8日　汉俊出席国民党湖北省、汉口市两党部第四次联席会议。

9月10日　汉俊亲笔填写《湖北省改组委员会职员登记表》，叙述了加入中国国民党的情况以及退出中国共产党的原因。该表原件现藏于台北中国国民党党史馆，档案编号为“汉 12993.2”。

9月11日　国民党湖北省党部会议议决召开第四次中央大会，推汉俊、邓初民（希禹）、罗贡华三人为大会意见起草人。

9月20日　汉俊出席国民党湖北省、汉口市两党部紧急联席会议，讨论时局及财政问题。会议议决通电各省及特别市党部对南京特别委员会怀疑之点征询意见，推汉俊、范予遂二人起草。据《申报》26日载：“省市两党部改组委员会，特于二十日午后一时，在汉口市党部，开临时紧急联席会议，讨论时局及财政问题。出席者：省党部为孔庚、李汉俊、郑希禹、郝绳祖、罗贡华；汉市党部为詹大悲、范予遂、李午云、刘叔模、唐爱陆，公推孔庚主席，报告开会意义。毕，各代表相继演说，对于宁特委会多致怀疑，而以詹大悲、李汉俊之态度，尤为激昂。讨论数小时，决定：（一）通电各省及特别市党部，对南京特别委员会怀疑之点，征询意见，推李汉俊、范予遂起草。（二）为救济湖北金融紊乱起见，由联席会议名义，呈请军委会及省政府组织临时特别机关，全权处理中央及地方财政事宜，并负责整理金融。至下午八时散会。”[②]

9月22日　汉俊出席国民党湖北省党部改组委员会第十三次会议。

---

① 《汉口短简》，《大公报》1927年8月27日。

② 《省市两党部之态度》，《申报》1927年9月26日。

9月25日 汉俊出席国民党湖北省党部改组委员会第十四次会议，任会议主席，议决呈请武汉政治分会将《汉口民国日报》仍交省市两党部自办。

9月26日 据《大公报》载，武汉内部政局日益动荡，当局大肆捕杀具有共产党嫌疑的群众。原省政府委员及各厅长中，仅存汉俊等数人。

《大公报》是日报道有记："鄂局在七月十五日以前，系唐生智、汪精卫利用共产党时代，迨七月十五日国共分家以后，系唐生智专门利用汪精卫时代。现在汉府既已移宁，系唐生智实行封建主义时代。曩者共产党之专横，鄂人已陷万劫不复之地。但详为查考，鄂中党派，确分为左右共三项，如服膺三民主义、赞成联俄联共主义、拥护农工政策为左派；纯粹施行三民主义，即为右派；实行马克斯学说，即为共产。自清党问题发生后，真正共产如谭平山、董用威等，均已逃窜，但左派分子俱遭逮捕，此派以武昌大学先后毕业生为最多。现在羁押于李品仙之卫戍司令部者，确逾千人以上，每晚暗中枪杀，抛尸大江者，闻亦在二百五十人左右。汉口市政财务局长刘季良，本属左派风头人物，唐生智由浔回汉后，即予逮捕，询其原由，则谓有共产嫌疑，当以何键之胞侄何允政继任刘缺。此外省政府委员及各厅长以全属鄂人充任。现在所留者，仅孔庚、张国恩、李汉俊、李书城数人，詹大悲之财政厅长虽未取消，但厅长以下职员，俱换湘人，詹不过充数而已。此外农工厅长已换湘人王祺，军事厅长由叶琪兼任。某日孔庚访唐，谓所捕学生中，有许多非共产党，唐谓你如何知道，请不必袒护罢，孔怏怏而退……"①

9月27日 汉俊指示国民党武昌市党部组织部长、共产党人刘弃逸逮捕"三民社"头目罗贡华及刘叔模。该社为国民党右派组织，曾诬指汉俊、刘弄潮筹组"新左社"，欲破坏湖北革命力量。罗、刘经公审后，"三

① 《唐生智宰割下之武汉》，《大公报》1927年9月26日。

民社”旋即解散。

刘弄潮曾在回忆中提到：“‘三民社’系汪逆领导的反动组织，骨干分子罗贡华(后任汪逆内政部长）见以李书城、孔庚、李汉俊为后盾的学运、工运蓬勃开展，革命声势日益浩大，便开列黑名单，诬汉俊和我组织什么‘左社’和‘新左社’，妄想把湖北的革命前辈都连根拔掉。在汉俊同志指导下，组织部长刘弃逸同志设法搞到‘三民社’的阴谋证据，告发于省委会，逮捕了首犯罗贡华等人，进行了公开审判，形成轩然大波的公审‘三民社’案件，公开揭露了敌人的丑恶嘴脸，打击了反动气焰。”①

9月下旬 汉俊致函李达，称“鹤兄宜速离湘，免遭意外”，邀其“先来武昌中山大学任教”。李达收信后，当晚即乘船离湘赴汉。②

9月30日 据《汉口民国日报》载，“湖北教育厅长李汉俊近出牌示云：党义研究所继续进行”。

10月10日 汉俊赴武昌阅马场参加武昌学生联合会举办的纪念“双十”民众大会，宣传辛亥革命的重大意义。据刘弄潮回忆：“武昌是辛亥革命的首义都市，我们利用纪念‘双十节’的机会，用武昌学生联合会的名义发出通知，在阅马场召开纪念‘双十’民众大会，宣传辛亥革命的重大意义。当时不仅武昌市大、中学学生和工人参加，连汉口也有一万多女工渡江来参加大会，声势浩大，充分体现了群众的革命斗志，轰动了武汉三镇，震惊了汪派‘三民社’分子。”③

10月14日 据《申报》17日报道：“汉口十四午，武昌阅马厂群众大会，李汉俊等主席，通过促开四次全体会议及挽汪复职等案。每团推代

---

① 刘弄潮：《我所了解的李汉俊》，见潜江县政协文史资料研究委员会编：《潜江文史资料》（第4辑），1987年版，第47页。

② 王会悟：《忆往事》。

③ 刘弄潮：《我所了解的李汉俊》，见潜江县政协文史资料研究委员会编：《潜江文史资料》（第4辑），1987年版，第47页。

表五人来汉，到外交部大楼向汪请愿。汪出见报告与宁代表接洽经过而散。十五日下午二钟。”①

10月19日 由桂系军阀主导之“南京特别委员会”组成西征军，分三路进攻武汉，形势日益恶化。

10月24日 中共中央机关刊物《布尔塞维克》在上海创刊。

10月26日 据《益世报》报道，由汉俊主持之武昌中山大学因部分学生闹事，校务一度陷于停顿。为解决此一问题，湖北省市青年部、湖北省教育委员会、湖北省青年运动委员会等团体于11月6日召开联席会议，议决给予闹事学生开除处分，风潮始平。②

是月 汉俊早年与戴季陶、朱执信合译之考茨基《资本论解说》，经胡汉民补译后由上海民智书局出版。《申报》等报纸广刊出版启事。

《申报》启事有记：“马克斯《资本论》是有名难读底书，但是我们读了考茨基所著的解说，就会识马克斯经济学底大旨，不会觉得难读了。因为《资本论》底难读，不在乎马克斯用语的艰深特别，而在读者还有相当预备底工夫，考茨基是帮我们预备好的。他将马克斯研究底方法、组织底体系、处理底问题、理论底要点，都给我们解说清楚。所以由《资本论》出版到现在，欧美各国所有从事于解释的书，还未有比它好的。戴季陶先生在前几年译出大半，最近又由胡汉民先生补译完全。中间还经过朱执信先生和李汉俊先生校订，可知此书底价值。上海棋盘街民智书局发行，杭州民智书局、广州民智书局、各大书坊均有代售。”③

11月2日 武汉政治分会邀集汉俊等会商。汉俊向唐生智提议坚守武汉，被唐严词拒绝。据《申报》7日报载：“唐生智二日召集武汉政治分会及鄂政府要人会商攻守策略，内容未详，惟闻唐决退湘，詹大悲、李汉

---

① 《武昌之群众大会》，《申报》1927年10月17日。

② 《外省要闻》，《益世报》1927年11月13日、18日。

③ 广告，《申报》1927年10月18日。

俊坚请死守武汉。唐怒拍案，大骂谓：尔辈只知做官发财，不顾大局。”①

11月初　桂系军阀之西征军即将到汉前夕，汉俊与其兄长书城以湖北省政府名义，令司法厅长郝筱章将当时在汉关押的二三百名共产党嫌疑分子全部释放，以免遭军阀杀害。②

11月9日　中共中央临时政治局在瞿秋白主持下于上海召开扩大会议。此次会议在罗明纳兹“左”倾思想的指导下，错误判断当时中国革命性质是所谓“无间断的革命”，认为革命形势仍在继续高涨，反对退却，要求共产党员继续进攻，执行武装暴动总策略。

11月14日　桂系军阀之西征军攻入武汉，胡宗铎为武汉卫戍司令，陶钧为副司令，唐生智部败走。据《申报》载，西征军到汉后，汉俊等人去踪不明。

《申报》19日报道：“唐军大部十三日，即已退出武汉……武汉政治分会、军事委员会、财政委员会、总政治部各机关，即无形解散，其直属于财委会各机关重要职员，亦已弃职潜逃……至省政府委员，亦多星散。军事厅长叶琪、农工厅长王祺，皆随军出走，财厅长詹大悲、教厅长李汉俊，则潜踪不见。”③

《申报》24日报道：“汉口省政府委员兼农工厅长王祺，因病于唐出走前两日辞职，查王与唐无关系。汉口当局严搜唐系人物，詹大悲、李汉俊已避匿无踪。”④

11月27日　湖北省政府委员辞职，由北伐军第六军军长程潜接印。同日，湖北党务整理委员会宣告成立，并于次日通电，称汉俊等“仍敢把持省市党部及省市政府，蔑视中央”，敦请政府“明令缉拿”。

---

① 《本馆要电》，《申报》1927年11月7日。

② 《李书城致觉明的一封信》，《革命史资料》1981年第2辑。

③ 《国军开来武汉中之要讯》，《申报》1927年11月19日。

④ 《武汉严查唐系人物》，《申报》1927年11月24日。

11月28日　武昌震寰纱厂在湖北党务整理委员会指示下，以"共产"及剪发等事由无端开除十余名女工领袖，遂引发工潮。汉俊指导青年部发动武昌中山大学学生梅玉珂、黄自纯（静汶）等前往声援，并于翌日在德胜门举行万人示威，同时召开公审大会，枪毙了五名工贼。

11月29日　湖北党务整理委员会强行接收汉口特别市党部及《汉口民国日报》，并致电南京特委会，称汉俊等为"附共附唐之罪魁"。当晚，整委会再度发表声明，攻击汉俊等"窃取湖北党务组织之权""鼓动学潮，哄骗青年为爪牙""托庇官僚，为其保身获利之工具"。

据《申报》12月3日载："讵至今晨，整理党委，突由武汉卫戍司令部派队，翊卫武装，接收汉口特别市党部。至午，又派李翊东，率同多人，接收《民国日报》，亦由卫戍司令部，派队随往，并持有'接收共产党的机关报'旗帜。是时，该报编辑人员，均未到馆，即由整理党委，派定数人，暂时负担编辑事务，并预备印发号外。印刷营业两部职员，均仍照常服务。"①

又据《申报》12月4日载："党务整委员接收省市党部完竣后，当晚在汉口友益街前市党部旧址开会，决定发表宣言及两通告，声明接收省市党部经过，及此后整理党务纲领。兹录原文如下。'宣言：辛亥革命，武昌首义。在国民党党史上，湖北实为革命发祥地。而十六年以来，湖北人民，不独未得到真正解放，痛苦压迫较别省为尤甚。……不幸自十三年本党改组以来，鄂中党务，久为共党所把持操纵。在秘密期间，共党党员董用威、李汉俊、钱介磐、张国恩等，接受中央组织部跨党分子之密令，窃取湖北党务组织之权，遂致鼓动学潮，哄骗青年为爪牙，更从而托庇官僚，为其保身获利之工具。故在本党出师北伐以前，共党在湖北方面，已建筑巩固之基础，为其专政营私之预备。迄去秋克复武汉，彼等及其同党之詹大悲、

① 《鄂省党务纠纷未解》，《申报》1927年12月3日。

邓希禹，既已窃揽全省党权，遂与来鄂之中央跨党分子、共党中坚党员，如邓演达、徐谦等，勾结一气，强横专政，把持党权，复依附狼子野心之唐逆生智，阻挠北伐，捣乱后方，吸刮现金，乱发纸币，奉苏俄为其祖国，待鲍罗庭如太父，丧心病狂，极残酷毒辣之尽致。'"①

11月30日 湖北整理党务委员会开会议决，函请政府下令通缉汉俊、李书城、詹大悲、孔庚、张国恩、邓演达、郝绳祖七人。

12月2日 湘鄂临时政务委员会于汉口正式成立，程潜为委员会主席。约在此时，湖北地区共产党员纷纷避走他乡。汉俊及兄长书城等本已制定出逃计划，然念及与程潜曾有故交，欲推其出面组织湖北省政府。且经程氏秘书长陈启修（豹隐）劝说，汉俊等遂继续留下与桂系军阀周旋。

关于当时的情况，多位当事人及汉俊亲友皆有述及。

董必武曾在1928年4月写道："那时他（詹大悲）以为与程潜、李宗仁平素都无恶感，与陈嘉祐并且是很要好的朋友，与胡宗铎亦非新交，去年曾同上火线，现既抛弃政权，闲居总没有什么关系。又程潜对孔庚、李书城表示特别要好。他和汉俊都觉得趁这个机会弄个明白，以谋行动和言论的自由。"②

胡宗铎部西征军政治部主任卢蔚乾曾提到："西征军进入武汉以后，过了几天，第四路总指挥程潜到了武汉。孔庚、李书城与程都是日本士官同学，素来关系很深，他们看到桂系对于党政组织尚无办法，便想互相利用，控制湖北的政权。程潜在汉口国民党市党部举行的欢迎会上演说，有'此次西征系讨伐唐生智个人，至于湖北的党部和政府，都是受中央命令所组织的，仍应照常供职'等语。南京政府并发表程潜为湘鄂临时政务委员会主席。原教育厅长李汉俊、财政厅长詹大悲等人，本已由李博仁代

① 《鄂党务整委会接收省市党部后发表整理党务方案之宣言》，《申报》1927年12月4日。

② 董必武：《忆友人詹大悲》，《董必武统一战线文集》，法律出版社1990年版，第48页。

为接洽好一只日本煤油船，潜载他们逃往日本，至此，亦回到汉口日本租界，准备复职。”①

湖北革命同志会马毓英有记：“一九二七年冬，李宗仁的部队与程潜的部队（当时统称为‘西征军’）由南京夹江而上，进攻驻在湖北、湖南一带的唐生智部。他们在未出发之前，已经互相约定，将来攻克两湖后平分唐生智原有的地盘，由桂系统治湖北，程潜统治湖南。到了唐生智部溃败、他们占领了两湖后，国民党中央政府就任命程潜为湘鄂临时政务委员会主席。由于桂系的两个军长胡宗铎、陶钧开始在武汉捕杀共产党员，及以往接近共产党而被他们认为有嫌疑的国民党员，于是，原在唐生智统治两湖时期的湖北建设厅长李书城、民政厅长孔庚、教育厅长李汉俊、财政厅长詹大悲及其他人，都知道在白色恐怖之下难以立足，纷纷准备逃离武汉。李汉俊准备得更快，连逃往上海的船票都买好了。这时李书城、孔庚忽然异想天开，觉得自己与程潜是日本士官学校的同学，有些历史渊源，打算拥护程潜出来当湖北省政府主席，以便自己继续在湖北省政府中占一席。在他们商得程潜的同意以后，就通知李汉俊速退船票……”②

李伯刚（书渠）在回忆录中写道：“我听到一些对他们不利的消息，去劝他们暂离武汉的好。李汉俊分析当时情况，程潜和安徽的一部分部队都对桂系不满，与程潜有关系的陈启修（后改名陈豹隐）曾和他们联系，局势将有变化。”③

刘弄潮有记：“时至十一月下，湖北形势又发生了急剧变化。两

① 卢蔚乾：《胡宗铎、陶钧在桂系中的起落》，见中国人民政治协商会议全国委员会文史资料研究委员会编：《文史资料选辑》（第 52 辑），文史资料出版社 1964 年版，第 36 页。

② 马毓英：《湖北革命同志会》，见政协武汉市委员会文史学习委员会编：《武汉文史资料文库》（第一卷），武汉出版社 1999 年版，第 419—420 页。

③ 李伯刚：《回忆李汉俊》，见中国革命博物馆党史研究室编：《党史研究资料》（第 4 册），四川人民出版社 1983 年版，第 287 页。

湖军队败退湖南，桂系军阀胡宗铎、陶钧杀进武汉，大肆镇压群众运动。敬树诚同志代表组织，通知我转往广州。行前，我曾往日租界汉俊同志住处，建议他尽快撤离武汉。他认为‘他们还不敢！’自己还可以利用机会，为党做些别人不能做的工作。不料这次匆匆晤谈，竟成永诀！”①

傅光培（养荪）曾回忆：“汉俊本来领有一千银元，作准备转移到上海去的旅费和生活费。但他为了革命工作就留下来了。一些地方暴动后，他曾介绍潜江的学生李家保（汉俊的本家叔叔）、何执中（女、高师学生）到洪湖去工作。李书城对我讲过，李、詹领了旅费，本来预备走的，因接到了陈启修秘书的来信，叫李、詹不要走，致遭此难。”②

汉俊长女李声馥也在回忆中提到：“由于形势日趋恶化，湖北的共产党人先后离开武汉。我的父亲也已收拾行装，准备上船。但是听说程潜（当时北伐军第六军军长）的秘书长陈启修发表谈话，说尊重原湖北省政府的人士。父亲轻信了他的保证，留在武汉。”③

12月7日　据《申报》载，湖北旅京同乡会特电程潜、李宗仁等，攻击汉俊等为“叛党卖国者”，要求迅将其拿获并交由人民组织特别法庭审判。

《申报》是日报道录电文如下：“……乃自我西征军克复武汉后，对于附逆分子、共党余孽之孔庚、詹大悲、李汉俊、张国恩、邓希禹、郝绳祖、李书城等，微特不闻明正典刑，以为叛党卖国者戒犹。复听其猖獗，竟敢与中央所任命之党政人员抗衡。似此，奚足以慰吾鄂三千万人民喁喁

① 刘弄潮：《我所了解的李汉俊》，见潜江县政协文史资料研究委员会编：《潜江文史资料》（第4辑），1987年版，第47页。

② 傅光培：《忆李汉俊烈士》，见潜江县政协文史资料研究委员会编：《潜江文史资料》（第4辑），1987年版，第185页。

③ 李声馥：《我的父亲李汉俊》，见中国人民政治协商会议湖北省武汉市委员会文史资料研究委员会编：《武汉文史资料》（第3辑），1981年版，第40页。

之望？诚不知我西征军此次出师，何所取义？如谓附唐谋叛分子可以不除，又何必多此讨唐之一举？鲁化共党可以不去，更何以自标为国民革命军？公等宜以民意为依归，勿为二三宵小所诱惑。希将孔庚等迅予拿获，交由人民组织特别法庭审判是非曲直，不难立辨。”①

12月11日 张太雷、叶挺、叶剑英等领导广大人民群众开展广州暴动。广州暴动的发生，后成为桂系军阀借口捕杀汉俊等湖北革命志士的主要罪由。

12月15日 据《申报》载："武昌西大街破获共党鄂总党部机关，搜出现金数千元，标语、传单数万，捕获秘书陈某、事务员陈融明，押卫戍部。孔庚往保被拒，次日程卫戍司令亲讯。据陈供，主持此机关为詹大悲、李汉俊、邓希禹、张国恩等五人，与省党部有密切关系，并供出种种破坏工作。程已将一切人证送交胡宗铎司令核办等语。十三日下午四钟。”②

12月16日 武汉卫戍司令部奉南京国民政府令，开始大肆捕杀中国共产党人及有共产党嫌疑的革命群众。同日，曾于上月受汉俊指导声援武昌震寰纱厂的梅玉珂、黄自纯（静汶）等23名学生和女工相继被捕。陶钧为免一次枪决过多学生将引舆论挞伐，于桂系不利，遂将原本"一律枪决"改为20岁以上判死刑。3日后，梅玉珂等年龄较长者英勇就义。③

12月17日 傍晚四时至六时间，汉俊与詹大悲、潘怡如（康时）、危诰生在汉口日租界家中晤谈并下棋。武汉卫戍司令胡宗铎遣汉口公安局

---

① 《旅京鄂同乡请拿办孔庚诸人》，《申报》1927年12月7日。

② 《鄂共党总机关破获》，《申报》1927年12月15日。

③ 《詹大悲李汉俊枪毙》，《申报》1927年12月23日；黄静汶：《在腥风血雨中的"十三姊妹"》，见政协武汉市委员会文史学习委员会编：《武汉文史资料文库》（第一卷），武汉出版社1999年版，第401—402页。

长林逸圣会同日本巡捕突然闯入，将汉俊等即行逮捕。时董必武正于汉俊寓所斜对街吃饭，幸免于难。事发后，汉俊妻陈静珠即刻奔赴汉中胡同益寿里，向汉俊兄长书城求救。董必武亦立即托人前往营救。书城闻讯，即遣傅光培（养荪）找出张国焘曾用以诬陷汉俊的小册子《谁认李汉俊是我们的同志》（用以证明汉俊非共产党员），并加写长信送往程潜指挥部，交其秘书陈启修（豹隐）。陈旋告知，程许派人赴公安局提人。

当晚9时，未及程部到达，汉俊与詹大悲在未经审讯的情况下，即被公安局押赴济生三马路枪决，英勇就义，汉俊享寿37岁。汉俊牺牲后，社会广为震动，全国各大报纸多有报道，亲友多有悼念和追思。

《申报》12月19日刊登两则报道。一曰："李汉俊、詹大悲十七午后七时，在日界中街四十二号被捕，当解卫戍部。经审讯后，即晚九时在济生三马路执行枪决。闻与李詹同时被捕者，有危诰生、潘康时、区洪清三人。"① 二曰："电通社十七日汉口电：昨日在日租界被捕之财厅长詹大悲、教厅长李汉俊于昨夜九时在中国街枪毙。"②

《时报》12月19日载："詹大悲、李汉俊暨外人三名，在日租界被获，篠（十七）晚六时引渡，詹李两人，九时枪决，罪状为鄂共党首领。汉口十八日下午一时电。昨日在日租界被捕之前财厅长詹大悲、教厅长李汉俊，于昨夜九时在中国街枪毙。汉口十七日电通电。……汉口胡宗铎来电：各报鉴，共产党人最近在武汉，密谋暴动，希图响应广州。宗铎奉命拿办，业于篠（十七）日将罪恶昭著之李汉俊、詹大悲捕获，执行枪决，特电奉闻。诸祈鉴察，武汉卫戍司令处宗铎叩巧。与李汉俊、詹大悲同被捕者，为危诰生、潘康时、房洪清，尚押卫戍部。汉口十八日下午一时电。"③

① 《本馆专电》，《申报》1927年12月19日。

② 《鄂当局厉行清党》，《申报》1927年12月19日。

③ 《詹大悲李汉俊枪毙》，《时报》1927年12月19日。

《民国日报》12 月 19 日载：“詹大悲、李汉俊铣，被卫戍司令部捕获枪决。本报十七日汉口电。”①

《新闻报》12 月 19 日载：“前财厅长詹大悲、教育厅长李汉俊，十七日午后七时，经卫戍部派队在日租界中街四十二号捕获，解卫戍部审讯后，当晚九时在济生路枪决。同时被捕者，尚有危诰生、潘康时、□（电码不明）洪法三人。十八日一时发。”②

《大公报》12 月 20 日载：“东方社汉口十七日电云：前以共产党案被当局注意之湖北省政府教育厅长李汉俊（东方帝大出身，理学士）、财政厅长詹大悲等四名，自宁力驱逐以来，即遁入日本租界潜伏。今夕六时，依华方之要求，引渡于卫戍司令部。……东方社汉口十七日电云：十六日午前二时，武汉卫戍司令胡宗铎，以第十九军之三师，包围法界及旧俄界，命便衣队入法界，逮捕共产党及嫌疑者百余名，同时占领俄国总领事馆。此事系因数日以来共产党潜入汉口，计划与广东呼应起事，为胡所探知，故下此先发制人之手段。关于胡此次之检举，法领事以中国军警在法界之检举行动，不着武装，而采默认之态度。……东方社汉口十七日电云：潜伏日界被引渡于中国军警之湖北财政厅长詹大悲、教育厅长李汉俊有即时被枪决之说。李为铮铮之共产党员。”③

《益世报》12 月 20 日载：“前以共产系，被当局注意之湖北省政府教育厅长李汉俊（东方帝大出身，理学士）、财政厅长詹大悲等四名，即遁入日本租界潜伏。今夕六时，依华方之要求，遂引渡于卫戍司令部。”④

《申报》12 月 20 日载：“国闻社十七日汉口电：李汉俊、詹大悲、危诰生、潘康时，篠晚八时，经卫戍部向日领签字，在日界中街四十二号

① 《汉口著名共匪枪决》，《民国日报》1927 年 12 月 19 日。

② 《詹大悲李汉俊枪毙》，《新闻报》1927 年 12 月 19 日。

③ 《李汉俊詹大悲被杀》，《大公报》1927 年 12 月 20 日。

④ 《汉当局捕获李汉俊詹大悲》，《益世报》1927 年 12 月 20 日。

引渡。”①

《台湾日日新报》12月20日载：“漢口十八日發：十六日日本租界で逮捕された湖北省財政廳長詹大悲教育廳長李漢俊二名は昨夜九時支那街で銃殺された。②（汉口十八日发：十六日在日本租界被逮捕之湖北省财政厅长詹大悲、教育厅长李汉俊两人，于昨夜九时在中国街被枪决。编者译。）

《时报》12月22日载：“武汉此次搜捕共产党，大有扫穴犁庭之势。当局决用极严厉之手段对付，不似前者之包容也。领事团亦出而协助，故逮捕引渡，极为顺手。在法租界所逮捕之人，均随时引渡。十六、十七两日所捕者，分别押于武汉卫戍司令部及各机关，分别研讯。前省政府委员兼教育厅长李汉俊、财政厅长詹大悲，自西征军到后，即匿居日租界中街十二号。十七日午后六时，卫戍司令至日领署，要求逮捕引渡，日领即日警署长小川与卫戍军队至该号，将詹、李二人逮捕，并捕前财厅科长危诰生、大冶矿总办潘康时及亥洪清三名，当即引渡，八时解至卫戍司令部审讯，九时在新市场前马路将詹大悲、李汉俊两人枪决。闻詹李两人之死，实已证据确凿，先后由在俄领事馆法租界中大二院等处所捕之重要共党供出，并搜得种种证据，故提前枪决。枪决时，汉口戒严，马路行人不通。按李为鄂之潜江人，日本帝大毕业，从河上肇学社学，聘为武昌师大（后改武昌大学）社会学系教授，曾一度以赤化案为萧耀南通缉。中山大学成立，李为教委主席；省政府成立，李为委员兼教厅长。清党后，省政府改组，而李依然。西征军既到，乃匿居日界。詹大悲为鄂之蕲水人，文普通学生，初入同盟会，宣统三年，办《大江报》于汉口，以《大乱者救中国之良药也》之一评，为冯少竹（巡抚道）所捕，下夏口狱，武昌起义始出

① 《武汉之清党工作》，《申报》1927年12月20日。

② 《詹李二氏銃殺さる》，《台湾日日新报》1927年12月20日。

狱，为汉口军政分府首领。民元被聘为省议员，癸丑之役，即离鄂，往来粤沪。去岁随党军到鄂，为财政厅长，此次与李汉俊同逃而伏法。”①

《新闻报》12月22日载：“当局闻潜藏日租界共党要人甚多，复于十七日，由交涉署向日本交涉，始得日领许可，旋于是日午后七时，由卫戍部派队入界，协同日巡捕实行搜查。当在日租界中街四十二号，将詹大悲、李汉俊二人捕获，解至卫戍部，经审讯后，即于当晚九时押至济生二马路执行枪决。”②

《申报》12月23日载：“汉口方面：十七日，华界捕获党人五名，晚七时卫戍司令部选派便衣干探数名，持票向日总领事馆签字后，即会同日租界巡捕，至中街四十二号，将詹大悲、李汉俊拘获，同时被拘者，尚有危诰生（前财厅秘长，现财委会委员）、潘康时（石膏局长）及杂役亥洪清三名，一并由卫戍部干探押赴公安局内。经隔别审讯后，约八时三刻，奉卫戍部令，将詹、李押赴济生三马路空厂，于九时执行枪毙。当詹、李由日租界押解公安局及由公安局押赴济生路时，沿途步哨，顿形严密。”③

《申报》12月24日载：“十八日汉口通信：……当局奉到政府严拿共党电令后，原拟法日租界同时搜查，嗣因交涉结果未得日领同意，故仅法租界被搜。甘交涉员于搜查法租界后，仍向日领严重交涉，卒得日领允可。昨十七晚七时，遂在日租界中街四十二号，将前鄂省政府财政厅长詹大悲、教育厅长李汉俊逮捕，解送卫戍司令部。经审讯后，即晚九时绑赴济生二马路养仁模范医院前，执行枪决。昨晚风雨竟夕，今午犹暴尸马路。詹衣蓝缎绒袍，李衣灰黑呢袍，均未着履。……十九日汉口通信：詹大悲、李汉俊前晚七时，在日界被捕，九时即引渡卫戍司令部执行枪

① 《武汉大搜共党续志》，《时报》1927年12月22日。

② 《武汉大捕共产党续讯》，《新闻报》1927年12月22日。

③ 《詹大悲李汉俊枪毙》，《申报》1927年12月23日。

决。兹据某机关中人云，詹李党共附唐当局，早欲得而甘心。此次汉口电局于粤变发生后，截获广州方面致詹李密电一通。当时尚未知其内容，嗣在共党机关内搜出密码电报一本，译出后始知为第三国际令詹李在武汉暴动，响应广州共党，于是知外传詹李曾经脱离共党者并非事实，而第三国际以此重任请詹李，尤足证明詹李为湖北共党之要人。遂于前日（十七）午后二时，许派员向日领交涉，要求派捕协缉，日领以詹李潜匿日界，并未得有日警署之出入许可证，当即承诺并允于事前严守秘密。五时许，卫戍司令部派一稽查带同军队若干，至日租界中街四十二号詹李住宅，团团包围，当由日警偕同卫戍部稽查上楼。掩捕时，詹李方正对坐围棋，危诰生、潘康时在旁观局，见状即离座，问为何事。日警比问詹姓名，答以陈某，日警笑曰：'君为陈某耶，我固知君为詹大悲也。'李汉俊见状，知事不妙，正欲越窗逃逸，稽查以手枪拟之，曰'尔欲何往'，其速就缚。言时曳李下楼，以绳缚之，詹、潘、危亦次第就缚。詹仆亥洪清同被拘走。先至日警署，由小川署长略讯数语，即引渡卫戍司令部。胡宗铎以詹李罪恶昭著，不待讯问，即令验明正身，由武装队士押至济生二马路养仁模范医院前，执行枪决，各中二枪，而毙时尚未及九时也。当执行时，后马路一带断绝交通，警戒极严。”①

董必武在汉俊等遇害翌年所撰写的悼文中写道：“君（詹大悲）以为借此可以息肩，不图有十二月十七日之变。时省政府于先一日收束，君与省政府委员兼教育厅长李汉俊同寓。是日午后四时，财政厅秘书危诰生来商代表事，湖北工矿局长潘康时亦在座。突有警兵多人至，将君及李汉俊、潘康时、危诰生等捕去。至公安局，君问故，监视者不之答；请见其长官，亦不之许。君谓潘、危两君曰：'吾辈欲与枭獍同群，以有今日！君等如幸免，需秉承总理遗志，继续国民革命。'语甫毕，即有警兵来挈

① 《武汉枪决大批共党》，《申报》1927 年 12 月 24 日。

君及李汉俊出，遂同时遇害。”①

亲历汉俊就义情况的傅光培（养荪）曾回忆说：“十二月十七日，桂系胡宗铎、陶钧两屠户到汉后，当天下午六时，就派其师长兼汉口市公安局长林逸圣，带同日本巡捕，包围李宅，捕去李汉俊和詹大悲、危浩生、潘康时。董老因来迟一步，幸免于难。李书城半夜闻讯后，立即回家，取了张国焘于一九二六年写的《谁认李汉俊是我们的同志》小册子，并加写了一封信，叫我送到程潜的指挥部，交程的秘书陈启修（共产党员，后改名豹隐），并叫我要回信。陈拿信进去后，回来对我说，程马上派人去公安局提李、詹、危、潘。过了一会，陈来说：‘李、詹已被枪毙，潘释放，危扣押（不久也遭枪毙）。’”②

当时营救汉俊的书城亦有记：“即西征军到武汉后，总指挥程潜兵力小，不能指挥桂军。桂军十九军军长胡宗铎、副军长陶钧，借武汉卫戍司令部职权，乱捕共产党人，派其外交处长同日本驻汉领事交涉，将李汉俊、詹大悲、詹的秘书危浩生捕至公安局，未经审讯，即擅行枪杀。其兄书城知道他们被捕消息后，即时往见程潜，程潜即时打电话给卫戍司令部，电话已不通，遂派其秘书长李某到卫戍司令部去交涉，但市街已戒严，不能通行。在这时，李、詹两先生即被害，以后几天危浩生亦被枪杀。”③

汉俊兄嫂薛文淑曾回忆：“一天晚上，陈静珠突然来我家，哭着说汉俊被抓走了。我马上坐人力车去大智门一家旅馆去找书城（他和孔庚躲在那里）。书城听到这消息后说：‘你先回去，我马上就回来。’但我刚到家不久，本家老爹（李万青）跑来告诉我说：‘大先生（指书城）和孔庚一

① 董必武：《詹大悲先生事略》，1928年版。

② 傅光培：《忆李汉俊烈士》，见潜江县政协文史资料研究委员会编：《潜江文史资料》（第4辑），1987年版，第185页。

③ 《李书城致觉明的一封信》，《革命史资料》1981年第2辑。

起被抓走了。'并说是关在卫戍司令部的楼上。我当即去找耿伯钊（耿丹之兄，当时是汉口的一个局长），他表示没有办法，看样子他也很害怕。这时真是晴天霹雳，无法可想。后来因为书城和孔庚都是国民党的元老，冯玉祥、程潜等多方营救才免遭毒手，但被关押了一百多天，可是汉俊就在被抓去的当天，未经任何审讯就被枪杀了，与他一同遇害的还有詹大悲。后来听说汉俊与詹大悲被抓前正在下棋，还有一位危诰生先生在旁观棋也被抓走，以后亦遭杀害。"①

汉俊长女李声馥也回忆说："十二月十七日，我父亲正在和詹大悲下棋，突然由桂系军阀胡宗铎、陶钧（分任湖北省清乡督办、会办）部的参谋长林逸圣派兵包围了我父亲住所。父亲被捕时穿的是拖鞋，继母叫我父亲换上鞋子，父亲说：'不用换，我一会就回来的。'反动军人声称胡宗铎、陶钧找我父亲要事相商，因此叫我父亲还是换双鞋子，但是我父亲还是没有换鞋子。詹大悲此时借故要离开，但反动军人说，既然詹厅长也在这里，也请一同走吧，拒绝了詹大悲的要求。他们一行到中山路（现中山大道）水塔附近（当时比较荒凉），我父亲和詹大悲发觉周围戒备森严，如临大敌，急问为什么，反动派用枪声代替回答。我父亲连中数枪，与詹大悲一起倒在血泊之中。"②

李伯刚（书渠）在回忆录中写道："广暴发动之后，桂系借口说詹大悲、李汉俊在组织暴动，响应广暴，要求日本领事把他们引渡，未加审讯就枪决了。"③

刘弄潮晚年也曾回忆："一九二七年十二月下旬，我由粤返沪，见到

---

① 《薛文淑对李汉俊的点滴回忆》，见中共"一大"会址纪念馆、上海革命历史博物馆筹备处编：《上海革命史资料与研究》（第3辑），上海古籍出版社2003年版，第583—584页。

② 李声馥：《我的父亲李汉俊》，见中国人民政治协商会议湖北省武汉市委员会文史资料研究委员会编：《武汉文史资料》（第3辑），1981年版，第40页。

③ 李伯刚：《回忆李汉俊》，见中国革命博物馆党史研究室编：《党史研究资料》（第4册），四川人民出版社1983年版，第287页。

各报刊载关于武汉的消息，有李汉俊、詹大悲十七日在汉口日租界被捕；李书城、孔庚于十八日同时在汉口五洲旅馆被捕，反革命从阶级仇恨出发，惯以流言蜚语为根据，未经审讯立即非法狠毒枪杀。汉俊同志酷遭暴行，刘弃逸、陈厚曼、姚琴曾、覃萦英、王俭白等均于十七日被捕，十八日以‘新左派’罪名枪杀。听说弃逸同志临刑前，犹高呼‘中国共产党万岁’，英勇就义！从此，武汉三镇成千上万革命青年被捕杀，连财政厅长詹大悲、中山大学左派教授林可彝也被枪杀。‘宁可错杀三千，决不轻放一人’的反动叫嚣，正是武汉反革命大屠杀的真实写照！”①

12月18日 武汉卫戍司令部于晨间发布告示，称汉俊、詹大悲为“湖北共产党首领”，并令暴尸路中，示众三日，由士兵看管。后经李家多方奔走，始由友人周惠年（辉林）等代为收殓。同日，汉俊兄长书城亦遭武汉卫戍司令部捕获，解交第四路总指挥部看管，后经程潜等多方营救，关押一百天后乃释。据各报载，汉俊等被捕理由，实因当局截获广东共产党密电，邀汉俊及詹大悲在湖北响应广州暴动。桂系军阀胡宗铎为防做大，旋于截获密电后即时将汉俊二人捕杀。

关于汉俊遇害后的情况，当时各大报纸及亲历此事的汉俊亲友皆有述及。

《时报》12月19日载：“詹大悲、李汉俊二人尸体，巧（十八）晚尚无人收殓。汉口十八日下午四时电。”②

《申报》12月19日载：“汉口卫戍部十八日宣布詹大悲、李汉俊罪状。詹李为湖北共产党首领，罪恶昭著，业经拿获，执行枪决。詹、李尸身，十八日尚未收殓。十八日下午二钟。”③

① 刘弄潮：《怀念党的“一大”代表李汉俊同志》，见罗仲全编：《中共一大代表李汉俊》，四川人民出版社2000年版，第134页。

② 《詹大悲李汉俊枪毙》，《时报》1927年12月19日。

③ 《鄂共党两首领枪决》，《申报》1927年12月19日。

《新闻报》12月19日载："汉口卫戍部十八晨布告，宣布詹李罪状，谓詹大悲、李汉俊为湖北共产党首领，罪恶昭著，业经拿获，执行枪决，特此布告。詹李尸身，十八晨尚在济生二马路未殓。"①

《新闻报》12月21日载："闻詹大悲、李汉俊被捕枪决，系检得广州共党致詹李密电一通，内容重大，故捕拿。二人尸身，十八日午，经济生堂薄殓。十九晨，李家属将李尸畀至济生堂重殓。詹尸尚在济生路，无人领。与詹李同时被捕之危诰生、潘康时，尚拘卫戍司令部待讯，另有房洪清系詹仆。"②

《新闻报》12月22日载："于十八日清晨，由卫戍部发出布告，宣布罪状，布告如下：'为布告事，照得詹大悲、李汉俊为湖北共产党首领，罪恶昭著，业经拿获，执行枪决，特此布告，俾众周知，此布'。按詹为湖北蕲春县人，年四十余岁，为前湖北省政府委员兼财政厅长及武汉市政府委员。李为湖北潜江县人，年四十余岁，为前湖北省政府委员兼教育厅长及中山大学委员，即前湖北省政府委员兼建设厅长李书城之弟。詹李二人，于西征军抵鄂时，辞去省政府职务，潜居日租界，早为当局所注意，至是乃捕获枪决。十八日午，詹李二人，尚陈尸于济生路养仁医院门首，无人收殓，围观者甚众。詹身着蓝绸袍，李身着青呢袍，均无鞋帽，为状颇惨，旁有兵士看守之。"③

《申报》12月24日载："愚于午后一时许，亲往调查。其时詹李仍陈尸马路中，有荷枪兵士二人守视。詹李皆正面仰卧，头下枕一煤块，面色灰败。詹颈间尚有血迹，李则未显创痕，膀际露绳，当系缚手之用。詹衣蓝色绒袍（闻就捕时尚衣狐裘，枪决时始剥下），灰色裤，穿黄线袜。李着青呢中山服，罩以外套，袜同詹，惟皆失履。以枪决之夕，风

---

① 《詹大悲李汉俊枪毙》，《新闻报》1927年12月19日。

② 《詹大悲李汉俊枪决余闻》，《新闻报》1927年12月21日。

③ 《武汉大捕共产党续讯》，《新闻报》1927年12月22日。

雨不止，故衣裤尽湿。至午后四时，李尸装以薄板，抬往济生堂。今午，由其友人传某为之收殓。詹尸尚以薄板装置路侧。詹在武汉共党势盛时，一身兼八要差，固一时之骄子也。今则暴尸三日，无人收殓，是亦大可哀矣。……广州共党暴动后，此间当局，决定以严厉手段对付共党，连日搜查共党机关，捕获共党多人，并将其首要者枪决十余人。昨日，汉口方面盛传孔庚、李书城亦被军警逮捕。卫戍司令部昨晚警卫森严，军队林立，似将枪决要犯模样。惟以在戒严期间，不便出外探听。至今晨，始知孔、李确已被逮。孔、李于军警搜查共党后，即由法租界京汉旅馆，移住亚洲旅馆三十五号。十八晚，卫戍司令部探悉孔、李住址，比派稽查，率一队士兵，驰赴法租界，将亚洲旅馆围住。由某稽查登楼，谓奉司令面谕，请两位至司令部有话面谈。孔见状，知不能走脱，当答'好，我同你一路去罢'，随即下楼，登卫戍部备就之汽车。至卫戍司令部，即就三楼看守。当晚，程总指挥得讯，亲访胡宗铎，为孔、李缓颊。其他要人前往，乞情者亦不乏人。闻胡宗铎以孔、李附唐有据，且公然反抗中央，今既就逮，须请示中央后，方能发落。今日，外传孔、李已由卫戍司令部解交第四路总指挥部看管，现尚不能证实。惟孔、李被逮后，未即枪决，此后或不至死。至在孔、李指挥下之改组委员会，恐无复有活动之可能矣。"①

当时参与营救的董必武在汉俊等遇害翌年有记："他（詹大悲）遇害的次日，我过江去收尸，遇张准臣说现在不准收，要示众三日。次日至济生三马路，见数人抬李之薄棺，即追问其领取之手续。当由许巡官告知，谓须向公安局呈请，俟批准后再与他接洽。为李收尸者姓黄，他说昨天一夜未睡，不知费了许多手续，方才领取。我即至公安局递呈文，门房索酒资，与一元，求添加，又与一元，送入马上批准，又索酒资，又与一元。

① 《武汉枪决大批共党》，《申报》1927 年 12 月 24 日。

到七署找许巡官同至遇害处找营长（看守者）领取尸身（已入薄棺中）。许巡官便提出条件了，讲定和李家一样——二十。言定之后，即抬至济生堂，看定寿木（一百五十两），讲好衣衾（九十三元余），大致与李不相上下。棺内装好后，即启薄棺，洗净尸身。见口眼均张，头胸各中一枪，穿衣入材，至九时完毕。”①

同样参与营救的汉俊挚友傅光培（养荪）则说：“我由程潜指挥部，回到大智门铁路饭店（省府临时驻汉办事处，我是负责人）后，李书城、孔庚亦被胡、陶捕去，关在卫戍司令部，预备枪决。我找秘书朱心佛商量，打电报给谭延闿求救。电报在汉口发不出去，我乃赴九江，把电报发出。谭来电讲情，黎元洪等也纷纷来电，说李书城是革命元勋，要求赦免。过了半年后，李、孔获释。李汉俊是在公安局附近的八元里（今前进一路上）被杀的。李汉俊烈士牺牲后，尸骨无人收殓，是我托特三区巡捕房督察长张仲宣派码头工人于第三天早上收殓的。灵柩放在姑嫂树附近的一个小庙里。”②

汉俊兄嫂薛文淑曾回忆：“汉俊的尸体存放了几天，不准亲人收尸，还是由书城的副官周惠年（后改名周辉林）冒着生命危险去收尸的。先寄灵于武昌东大门长生观，于一九三二年才由书城出面，将汉俊遗体安葬在武昌卓刀泉的庙后（现由政府修建为烈士墓）。”③

汉俊兄长书城在写给华觉明的信中提到：“杀李、詹两人的第二天，武汉卫戍司令又派人捕捉孔庚、李书城，软禁在卫戍司令部楼上，派卫戍司令部参谋长某（参谋长非袁济安）监视，经过一百多天才释放。”④

---

① 董必武：《忆友人詹大悲》，见《董必武统一战线文集》，法律出版社 1990 年版，第 49—50 页。

② 傅光培：《忆李汉俊烈士》，见潜江县政协文史资料研究委员会编：《潜江文史资料》（第 4 辑），1987 年版，第 185 页。

③ 《薛文淑对李汉俊的点滴回忆》，见中共“一大”会址纪念馆、上海革命历史博物馆筹备处编：《上海革命史资料与研究》（第 3 辑），上海古籍出版社 2003 年版，第 584 页。

④ 《李书城致觉明的一封信》，《革命史资料》1981 年第 2 辑。

汉俊长女李声馥回忆说："反动派枪杀了我父亲与詹大悲之后，在他倒下的地方出有告示，称父亲为'共党首要分子'，并陈尸街头数日之久。因为怕有人畜侵害遗体，周辉林同志（李家亲友）等装成群众，日夜监守。当时伯父李书城先生也遭拘捕，因为他是同盟会发起人之一，担任过黄兴先生的参谋长，又是辛亥革命的元勋，反动派不敢加害于他。由于伯父的坚决抗议，父亲生前友人和周辉林同志等将我父亲尸收殓了，停放在一个庙里，后来由伯父李书城，将我父亲埋葬在武昌卓刀泉，墓碑上写着：'李汉俊之墓'。……父亲遇难时继母正怀身孕，怕遭反动派的迫害，可怜我们寡母孤女到处藏匿，有些知道底细的还不敢收留我们，就这样东奔西跑了好阵，局势稍稳后，才悄悄住下来。后来伯父被放出来（反动派怕他出面营救我父亲，把他软禁了一百天），他和父亲生前一些好友，又通过国民党上层人士捐助，得到一笔救济款，这样继母在武昌矿局街（原二十四号）盖了一栋二层楼的房子，我们母女三人，靠房租和手工活的微薄收入才勉强度日（继母生了一女，即声裔，现在武汉大学化学系任副教授）。"①

包惠僧晚年曾回忆："李书城先生被捕，李汉俊、詹大悲、何羽道等匿居汉口日本租界，被胡宗铎、陶钧等率领武装部队多人，由日本租界捉拿出来，未经任何审讯形式，当日在汉口江汉关前，乱枪打死。事后，布告说：某月某日捉拿共产党首要李汉俊、詹大悲等，执行枪决。其实李汉俊先生是一九二二年即已脱离共产党，詹大悲从未加入过共产党，桂系军阀胡作非为，鄂人无不切齿。"②

12 月 19 日　南京国民政府下令改组湖北省政府，免汉俊、书城、孔庚、詹大悲等原省政府委员。

---

① 李声馥：《我的父亲李汉俊》，见中国人民政治协商会议湖北省武汉市委员会文史资料研究委员会编：《武汉文史资料》（第 3 辑），1981 年版，第 40—41 页。

② 包惠僧：《怀念李汉俊先生》，《党史资料丛刊》1980 年第 1 辑。

12月24日　中共中央发出《反对反动的国民政府对俄绝交宣言》，称“苏联是世界革命的祖国，她是以发动世界被压迫剥削人类反对帝国主义及各地豪绅资产阶级为天职的”，而“中国全国的革命大暴动，目下正在酝酿待发之中，广州的暴动绝对不是此大暴动之流产，而仅仅是此大暴动之一序幕。中国全国的革命大暴动，不久将像火山般爆发出来”。

12月26日　中共中央机关刊物《布尔塞维克》第1卷11期发表《冤哉枉也李汉俊》一文，称汉俊并非共产党员。文中写道：“李汉俊依附唐生智及汪精卫，在武汉反动后，然而仍不见谅于军阀，竟蒙‘共产党领袖’罪名而遭枪毙。这真是冤哉枉也。但李汉俊曾经加入共产党，一九二四年被共产党开除。若詹大悲也以共产罪名遭枪毙，那真是冤哉枉也了。”

附录一

后世对李汉俊的悼念及缅怀

1928年4月1日　董必武写成万字长文《忆友人詹大悲》，追忆了他与汉俊和詹大悲相识的经过，缅怀了共同战斗的革命友谊。该文后经精简修改，以《詹大悲先生事略》为书名于上海出版。

1931年5月18日　国民政府行政院因胡宗铎冤杀汉俊，特令湖北省政府缉拿胡宗铎，并抚恤李家后人。（《民国日报》，5月21日）

1932年6月20日　汉俊故交等发起“追悼詹李二先生筹备会”，并于《申报》刊登《发起筹备追悼詹李二先生通启》，着手筹备汉俊丧礼。

筹备会启事有记：

> 詹大悲、李汉俊二先生，为党国尽瘁二十余年，不幸横遭惨害，国人久深惋恸。兹正发起筹备追悼，海内外知好，倘愿列名发起，即请于本年七月二十日以前，函示台衔所有二先生生平言行、遗著、墨迹、照片等，如蒙惠诒，或借抄俾资编印成帙，昭示来兹，尤所盼幸。追悼日期，俟筹备齐全，再行通告。附通讯处如下：一、文件挽词，请寄武昌湖北省立公共科学实验馆内木会文书组。二、财金请寄武昌上海银行陈经理雪涛代收。追悼詹李二先生筹备会启。二十一年六月二十日。（《申报》，7月2日）

1932年10月26日　汉俊家人及故交在抱冰堂为汉俊举行丧礼，并于翌日下葬于武昌伏虎山北麓卓刀泉庙，多位政界要人发挽联致意。（《大公报》，10月27日）武汉人民自发举行路祭，汉俊兄长书城亲写挽联：“枭鸟九头，死在泉壤难瞑目；荆楚三户，终是暴秦掘墓人”。曾与汉俊共同筹建共产党上海早期组织的陈望道亦书“欲哭无泪”四字，以寄哀思。(《中国共产党创始人李汉俊》，191 页）耿伯钊亦有挽联，曰：“天上枭鸟九头，污秽名声难洗涤；地下若逢仲弟，为道乃兄奠家邦”。(《回忆李汉俊烈士》)

1937 年　董必武于陕甘宁边区接受美国记者尼姆·韦尔斯采访，回忆了汉俊参与创建中国共产党的事迹，赞其为“我的马克思主义老师”。

尼姆·韦尔斯采访董必武记录有记：

> 五四运动后，我开始考虑是否能找到革命的新策略和新办法，我同朋友们讨论了这些问题，恰好一名叫李汉俊的中国学生从日本回国，在日本他阅读了许多马克思主义著作，他向我们介绍了这些著作，从而使我对马克思主义发生如此浓厚兴趣。……直到这时，在中国只有很少几个马克思主义团体。一九二〇年，李汉俊这个从日本归国的学生，我的马克思主义老师，计划在上海帮助建立中国共产党，并到武汉同我商量，我决定参加，并负责筹组党的湖北支部的基础。(《中国共产党人传记·红尘》)

1940 年 11 月 13 日　《东方日报》“名人逸事”栏目刊登《李汉俊之演说技巧》，称赞汉俊“擅长于演说，且词尤多幽默滑稽之作”。

1941 年 9 月 20 日　汉俊故交茅盾（沈雁冰）以“形天”为笔名于《笔谈》半月刊第 3 期发表《记李汉俊》一文，追忆了汉俊的生平事迹，称其牺牲是“中国革命一大损失”。

茅盾（沈雁冰）有记：

> 今或无人忆及李汉俊矣。然李之品性、学问，实有足多者。李汉俊，湖北人，国民党老同志李书城之弟，汉俊亦国民党员，而亦为中国共产党结党时最初加入者之一，民十四脱离共党组织关系。国民革命军北伐时，李任河北省（当为湖北省，编者注）政府委员兼教育厅长，实心办事，努力要造福乡里；及武汉政府亦反共时，李持正论，遂与詹大悲同以共党嫌疑被杀。詹亦鄂人，当时任湖北省政府委员兼

财政厅长，纯粹国民党员，与共党素无何等关系者也。汉俊罹难时已四十余岁，体貌素清瘦，精力过人，任省教育厅长时，生活朴素，治事勤奋，盖犹是书生本色。先是京汉路“二七”罢工之时，李氏幕后多有策划；及罢工遭遇失败，李在汉口不能安居。时适陈独秀应陈炯明聘赴粤，李乃赴沪，主编《新青年》，寄寓于乃兄之公，容身仅斗室。此时，李氏无固定收入，恃卖文自给，常一夜草万字，而翌晨无倦容。李自幼留学日本，日语日文之造诣，即日人亦为惊佩。又英、法、德三国文字，能读能译，三者之中，法文较差。李氏本学工科，既献身革命，然素志似不在著述，故译作亦不甚多，今则并单行之译本，恐亦久已绝板（版）。方其主编《新青年》时，常告稿荒，李则漏夜写译，以补足篇幅。自奉甚俭，除香烟瘾特大外，余无嗜好，衣服朴素，如乡下佬。不幸而罹难，未得展其所长，实亦中国革命一大损失也。(《记李汉俊》)

1952年4月2日　新中国开展大规模烈士调查活动，中南军政委员会致函董必武，向其确认汉俊的烈士资格。董在回函中回溯了汉俊的生平事迹，称其“是可以称为烈士的”。

董必武有记：

李汉俊，湖北潜江人，留学日本东京帝大，学土木工程，研究马克思学说，参加初期的中国共产主义运动，旋因机会主义被中国共产党除名，在武汉大学任社会学系教授，传播了他所认识的社会主义的思想。一九二六年参加改组后的国民党，赞成国共合作。国民革命军解放武汉后，国民政府迁至武汉，任李为湖北省政府委员兼教育厅长。詹大悲、李汉俊都属国民党左派，一九二七年七月，国共分裂，当时宁汉两地国民党仍是对立的。唐生智据武汉，詹、李仍继续任职，至国民党桂系军阀驱唐，夺取武汉，詹、李始去职。桂系命胡宗铎、陶钧为武汉警备司令，十二月胡、陶捕詹大悲、李汉俊，未经审讯立予枪决。詹、李都是国民党员，思想可能是属于激进的小资产阶级的，在国共分裂后，他们仍在湖北省政府任职。期间，可能有反共的言论，当时他们还不是国民党中反共积极分子。但他们都实际参加了国民革命的工作，为国民革命而牺牲了生命，我认为他们二人是可以称为烈士的。（武汉市档案馆，83/1/356）

1952 年 8 月 15 日　毛泽东亲自签发 0011 号《革命牺牲工作人员家属光荣纪念证》，内写："查李汉俊同志在革命斗争中光荣牺牲，丰功伟绩永垂不朽，其家属当受社会上之尊崇。除依中央人民政府革命工作人员伤亡褒恤暂行条例发给其家属恤金外，并发给此证以资纪念。"

1958 年 8 月 30 日　包惠僧于北京国务院参事室写成《怀念李汉俊先生》，回忆了与汉俊相识的经过，肯定了汉俊参与筹建中国共产党的重要贡献，赞其"才气纵横，抱负甚大"。

包惠僧有记：

李汉俊先生随其长兄李书城先生留学日本，在帝国大学肄业时与河上肇氏以师生关系往来，他信仰共产主义得河上肇之启发甚多。学成归国之初，即在上海同陈独秀等发起组织中国共产党。在党组织初期，他对马克思主义的宣传鼓动起了一定的作用。脱离党以后，他仍以社会主义者自居。在湖北任教时曾在武汉大学主讲现代政治经济学，仍以马克思的辩证唯物主义与历史唯物主义为中心思想。他常对人说：我不能做一个共产党人，能做一个共产主义者，亦属心安理得。李汉俊先生才气纵横，抱负甚大，善言谈，善写作，当时我们每有集会，他的言论丰（风）采，都为人所称颂。他治学勤，任事勇，对人处事，议独多。天不假年为残暴所杀，可为痛惜！（《怀念李汉俊先生》）

1964 年 9 月 12 日　汉俊兄长书城致信华觉明，回溯了汉俊的家庭背景、求学经历、革命活动及牺牲经过，重申汉俊是"中国共产党第一次

在上海建党时的共产党员”。(《李书城致觉明的一封信》)

1969年4月1日　毛泽东在中国共产党第九次全国代表大会上回顾党的历史时特别指出，“我们党，从一九二一年成立，到今年已经有四十八年这么长的时间了。第一次代表大会，只有十二个代表。现在在座的还有两个，一个就是董老，再一个就是我。有好几个代表牺牲了，山东的代表王尽美、邓恩铭，湖北的代表陈潭秋，湖南的代表何叔衡，上海的代表李汉俊，都是牺牲了”。(《毛泽东同志在中国共产党第九次全国代表大会开幕式上的讲话》)

1971年8月4日　董必武接受常建国访谈，再次提及汉俊对马克思主义在中国传播做出的卓越贡献。

董必武访谈有记：

当时社会上有无政府主义、社会主义、日本的合作运动等等，各种主义在头脑里打仗。李汉俊来了，把头绪理出来了，说要搞俄国的马克思主义，介绍《马克思主义入门》，看《政治经济学入门》。到底是资本主义，还是帝国主义，我们也弄不懂，这就是我们的老师，我们的“本钱”。(《董必武谈中国共产党第一次全国代表大会和湖北共产主义小组》)

1980年　茅盾（沈雁冰）的回忆录《我走过的道路》正式出版，其中多处提及汉俊，高度肯定了汉俊的马克思主义造诣及对中国革命的贡献。

茅盾有记：

现在年轻的一代，乃至中年的一代，大概不知道李汉俊是怎样一个人。我在一九二一年至一九二二年，同他有较多的工作关系，我很钦佩他的品德和学问。他是湖北人，中学时代就在日本，直至大学毕业，学的是工科。日文很好，自不待言，甚至日本人也惊佩。又通英、德、法三国文字，德文说得极流利，此与他学工科有关，法文、英文也能读能译。他如果不从事革命，稳稳当当可以做个工程师，然而他自日本回国，就曾在京汉铁路工人中活动，为当地军阀所注意，在武汉不能存身，就来到上海，和陈独秀共同发起共产党小组。……李汉俊绝顶聪明，他是投身革命后才开始学习马克思主义的，但他的马克思主义理论水平是相当高的。（《我走过的道路（上）》，177 页）

1980 年 4 月　汉俊曾执教的武昌师大学生赵春珊（瑞麟）在《工运史研究资料》第五辑上发表追忆文章《关于李汉俊先生》，详细回顾了汉俊的讲学要点与革命活动，赞汉俊“对于宣传革命活动，从未停止过”。

1980 年　曾受汉俊指导参与妇女运动并在武汉国民政府一同共事的李文宜（哲时）写成长文《回忆李汉俊在武汉的生活片断》，从“关心女师学潮和教育事业”“支持妇女读书会”“参加国民革命运动”三方面详细回溯了汉俊光彩起伏的革命经历，表达了对汉俊这位革命导师的敬仰、追思及缅怀。

李文宜有记：

李汉俊同志一八九〇年出生于湖北潜江县的一个农民家庭。他终生研究、信奉、宣传马克思主义，同时积极深入到第一线参加革命活动。他为人正直诚恳，工作认真负责，不辞辛劳，处事细心妥帖，善于抓住关键问题当机立断，对人和蔼热情，诲人不倦，是在我们青年时代，指引我们走上革命道路的好老师。现在距离汉俊同志牺牲，已隔半个多世纪了，但他的革命精神是永世长存的。（《回忆李汉俊在武汉的生活片断》）

1981 年 6 月 21 日　汉俊外孙甘子久于《长江日报》发表《怀念外公李汉俊烈士》一文，回顾了汉俊的光辉一生，表达了秉承汉俊遗志、继续为社会主义事业奋斗终身的信念和决心。

甘子久有记：

外公短促的一生，始终以一个斗志旺盛的战士姿态出现在本世纪二十年代的中国土地上，他为共产主义、为中国革命振臂呐喊的风采，给后人留下了不尽的思念。他的三个子女李声簧、李声馥、李声韵，解放前后都参加了中国共产党，他们秉承父辈遗志，和千千万万个革命者一样，在中国共产党的领导下，为我们的社会主义事业奋斗终生！（《怀念外公李汉俊烈士》）

1981 年 6 月 汉俊挚友、时年 86 岁高龄的傅光培于北京写成《回忆李汉俊烈士几件难忘之事》一文，回溯了与汉俊相识并交往的经历，感慨："汉俊烈士啊！您的这些诲人不倦、不知疲劳的战斗史实，真令人难忘啊！"

1981 年 7 月 汉俊学生、原湖北省委妇女书记袁溥之于是年起至 1983 年 6 月，先后撰写了四封信函回溯了与汉俊的交往过程。汉俊曾外孙女李丹阳据此四封信的内容，整理成为《湖北省委讨论过李汉俊恢复党籍的问题》，发表于《革命史资料》第十四辑上。其中对汉俊申请恢复党籍一事的记录，为研究汉俊生平历史及中国共产党发展史提供了重要材料。

袁溥之有记：

一九二七年七月十五日，汪精卫继蒋介石之后，也在武汉背叛了革命。不久，我在莫斯科听说汉俊同志被残害，感到十分痛惜。汉俊同志对青年所作的启蒙教育，在革命事业中先驱者的作用，及他在宣传马克思主义理论上的卓越贡献，应当载入党史史册。他正直谦虚的美德，值得后人学习，我们这些直接受过他教诲的人，更是深深地怀念他。（《湖北省委讨论过李汉俊恢复党籍的问题》）

1981 年 曾与汉俊在北京相识的乐天宇两次接受汉俊曾外孙女李丹阳等人访问，并于 1983 年 5 月 5 日再度致函，详细回溯了与汉俊相识的过程以及对汉俊的怀念。该文后经李丹阳、刘建一整理，以《我所了解的李汉俊同志的情况》为题发表于潜江县志办公室编《文史资料》上。

乐天宇有记：

李达同我经常往来，解放后，他也多次来我家，有时他提起李汉俊，说李汉俊比陈独秀强的多，并说李汉俊后来消极了。邓中夏、李启汉对李汉俊也很了解，都说李汉俊是个很好的人。李汉俊对马列主义很忠实，在第一次党代表大会以后一直坚持宣传马克思主义，没有声明过脱党。汉俊这个人很不错，也很难得，后来国民党把他当共产党杀害了，我们这些老同志都很怀念他，他是值得纪念的。(《我所了解的李汉俊同志的情况》)

1981年 李汉俊烈士之墓被正式列为武汉市文物保护单位，并经重新整修。墓地建筑呈四方形，占地约60平方米。拾级而上，迎面而来的是一座高2.6米的长方形纪念碑，乃1981年由武汉市人民政府拨款修缮后新立的，碑的正面刻有“李汉俊烈士之墓”七个苍劲大字。背面的墓基上有一块小碑，由汉俊子女李声簧、李声馥、李声䎃于1975年立，镌刻着烈士牺牲的年月及此碑重建的时间。墓地内有两株挺直高大的青松，四周苍松翠屏，芳草萋萋。每逢节假日，人们纷纷相约登山，缅怀汉俊英灵。(《武汉革命遗迹》，126页）1991年，武汉市民政局和洪山区民政局分别拨款，再度对烈士陵墓进行了修葺、加固，加高了台基，并将陵园面积扩大到约240平方米，四周砌筑了约1米高的围院。为方便后人祭扫和凭吊，政府部门在山腰上修建了一条宽约1米的水泥路面，直通烈士墓前。(《洪山文史》第5辑，225页）

李汉俊烈士之墓碑文有记：

李汉俊（1890—1927)，湖北潜江人，早年留学日本，接触信仰马克思主义。1920年与陈独秀、李达等发起组建上海共产主义小组，并积极帮助建立武汉共产主义小组，出席了中国共产党第一次代表大会，会上和董必武首次提出反对帝国主义和反对军阀的口号。1923

年因与陈独秀、张国焘意见分歧而脱党，但仍坚持宣传马列主义，积极参加革命活动。1923 年京汉铁路工人大罢工时，与广大劳工站在一起，同反动军阀吴佩孚作斗争。“五卅”运动中团结进步教师，发动广大学生加入反帝队伍，积极支持北伐战争，欢迎国民政府迁都武汉。1927 年任湖北省政府委员兼教育厅长。“四一二”反革命政变后，他旗帜鲜明地主张讨伐蒋介石，以合法身份坚持与国民党反动派作斗争。1927 年 12 月 17 日在汉口被反动军阀杀害。1952 年 8 月，中华人民共和国中央人民政府主席毛泽东亲笔签发了李汉俊烈士证书并题“李汉俊同志在大革命中光荣牺牲，丰功伟绩永垂不朽!”

1982 年 4 月 26 日　曾受汉俊指导参加湖北妇女运动的湖北女师学生夏之栩发表长文《回忆李汉俊老师》，追忆了与汉俊共同投身学潮、参加工人运动的点滴经历，并称：“我认为李汉俊、陈独秀这些人是应该区别于周佛海那些人的，应该算中国共产党的创造人。”

1982 年 7 月　曾与汉俊在京汉铁路二七大罢工期间并肩奋战的李伯刚（书渠）的遗稿《回忆李汉俊》于《党史研究资料》第七期正式发表。

1982 年 9 月　罗章龙接受汉俊曾外孙女李丹阳等访问，其访谈录音经整理形成《罗章龙回忆李汉俊与詹大悲》一文。罗章龙简要追忆了汉俊与詹大悲的生平事迹，对其牺牲表达了惋惜。

1982 年 9 月　刘弄潮在《革命史资料》第八辑上发表回忆文章《我所了解的李汉俊》，详细记录了他与汉俊共同参与二七大罢工以及武汉国民革命的相关经历，表达了对汉俊的缅怀。

刘弄潮有记：

李汉俊，当时就是享有盛名的马克思主义学者，我们成都很多青年都读过他译的《马克思资本论入门》，也读过恽代英同志译的《阶级斗争》。……时间过去半个多世纪了，今天，祖国已发生了翻天覆地的巨大变化。然而，追忆往事，我仍然深深怀念着李汉俊同志。

(《我所了解的李汉俊》)

1982年12月27日　陈绍康、骆美玲、田子渝三位学者联名撰写《李汉俊传略》，并发表在《武汉师范学院学报》（哲学社会科学版）是年第6期上，开启了学界对汉俊系统研究的时代大幕。此后，学界对汉俊及其生平事迹愈加关注，并相继涌现出诸多优秀研究成果。

1987年10月　汉俊兄嫂薛文淑接受李新福访谈，回顾了汉俊投身马克思主义传播事业以及从事革命活动的事迹，其中涉及中国共产党成立前后汉俊活动的相关回忆以及对若干史实的澄清，为研究中共一大提供了重要佐证。

薛文淑有记：

> 汉俊童年时就去日本读书了，一直到大学毕业才回国。但他却从不摆洋派头，也没有那么多洋气。平时老是穿着一件布长袍，在家与书城一样，有时穿上日本的和服，据他们说，和服穿着比较舒服。除了常戴一副金丝眼镜外，看不出他是一位大知识分子。他平时生活也很简朴，除了抽香烟外，别无嗜好。他平时寡言，好像不善于谈吐，但当他和朋友在一起时，却滔滔不绝地谈论各种事情，当他到学生中去进行演讲时，却口若悬河，慷慨激昂地论述各种道理，听者不愿离去。(《薛文淑对李汉俊的点滴回忆》)

1993年　汉俊长女李声馥接受武汉洪山区红旗街政协联委访问，缅怀了其父光辉的一生，感念汉俊对其的教育和关怀：“父亲惨遭反动派的谋杀，过早的离开了我们，他给予我亲切严格的教育，使我走上了一条正确的人生道路。无论在生活中遇到什么困难，我都能挺下来，走出去。”(《李声馥老人访问记》)

1997年12月　由湖北大学田子渝撰写的国内首部研究汉俊生平的专著《李汉俊》问世，通过翔实的史料以及生动的笔触，完整呈现了汉俊的光辉事迹与革命业绩，为后世追悼汉俊提供了重要依托。该书后经田子渝补充修改，于2004年10月由武汉出版社出版。2024年1月，该书收入“中共一大代表丛书”，由中共党史出版社再版。

2000年　由原潜江市博物馆馆长罗仲全撰写的《中共一大代表李汉俊》由四川人民出版社出版，在大量史料的基础上，对汉俊一生作了简练而公正的评价。书后并附录了诸多涉及汉俊的档案材料，为推进汉俊研究做出了重要贡献。

2013年　由中共湖北省潜江市委党史研究室和中共一大会址纪念馆联合编纂的《李汉俊文集》正式出版，其中收录了汉俊著述、译作142篇，总计超过百万字，为研究汉俊提供了不可多得的基础性史料。

附录二

主要关系人物简介及索引

B

包惠僧 别名鲍一德、包生，号栖梧老人，湖北黄冈人。1920年中共武汉支部成立后，参与支部工作。适汉俊到汉讲学，始与汉俊结识，并多受其鼓励启迪。1921年7月，受陈独秀委派，偕陈公博代表广州区出席中国共产党第一次全国代表大会。1925年，任黄埔军官学校政治部主任、国民革命军第一师第一团党代表等职，参与讨伐滇桂军阀刘震寰、杨希闵等役。1927年大革命失败后，因仕途遇挫而消沉，继而脱党。1930年，参加发起成立第三党（中国国民党临时行动委员会），后脱离第三党恢复国民党党籍。1931年起，历任蒋介石的陆海空军总司令部参议、军事委员会秘书兼中央军校政治教官、国民党政府防空委员会编审室主任兼第四处副处长等职。新中国成立后，入华北人民革命大学政治研究院学习。1957年4月起，任国务院参事。

C

陈独秀 原名陈庆同、陈乾生，字仲甫，安徽怀宁人，新文化运动倡导者及发起者，被誉为“五四运动的总司令”。1920年2月到沪后，与汉俊等共同筹组上海共产党早期组织。1921年中国共产党正式成立后，当选为中央局书记，成为党的早期主要领导人。后与汉俊发生观点分歧，汉俊脱党。大革命期间出现右倾机会主义错误，纵容国民党右派势力的发展，助长了桂系军阀的气焰，汉俊等湖北革命人士遂被害。1927 年，在八七会议上被撤销总书记职务。其后，坚持城市为中心的国民会议运动和工人运动，反对农村武装斗争，组织托派组织。1929 年 11 月，被开除出中国共产党。

陈望道 原名参一，字任重，浙江义乌人，教育家、语言学家，早年赴日本留学。1920 年，与汉俊、陈独秀等共组上海马克思主义研究会，并与汉俊同在《星期评论》社共事。其间，受该社所托，翻译了中国第一部《共产党宣言》中文全译本，并交汉俊等校对。中国共产党成立后，出任中共上海地方委员会书记，后因与陈独秀发生矛盾而脱党。1927 年下半年起，任教于复旦大学。新中国成立后，历任全国人大常委会委员、全国政协常委、民盟中央副主席、中国科学院哲学社会科学部委员等职。

陈潭秋 名澄，字云先，号潭秋，湖北黄冈县陈策楼人。1920 年秋，受汉俊邀请，与董必武、刘伯垂等在武汉成立共产党早期组织。1921 年 7 月，出席中国共产党第一次全国代表大会，正式加入中国共产党。其间，与汉俊往来密切。1927 年，桂系军阀西征军到汉后，曾与汉俊等密商避走策略及后续工作。1933 年夏初，到中央苏区工作，任福建省委书记。红军长征后，留在中央苏区坚持游击战争，任中共苏区中央分局委员兼组织部长。1942 年 9 月，被国民党反动派逮捕，翌年被秘密杀害于狱中。

陈静珠 汉俊第二任妻，汉俊友人万声扬的姨妹。1923 年与汉俊结婚，因双方文化水平差异过大，一度引起时人异议。1927 年汉俊被桂系军阀胡宗铎逮捕时，曾夜奔汉中胡同益寿里向汉俊兄长书城求救。汉俊牺牲后，诞下遗腹女李声韵，后独自抚养声韵、声馥，终身未再嫁。新中国成立后，得到董必武照顾。

D

戴季陶　初名良弼，后名传贤，字季陶，笔名天仇，中华民国及中国国民党元老，近代理论家和政治人物。五四期间，与汉俊共同主持进步刊物《星期评论》，致力宣传和研究马克思主义，并与汉俊等共同翻译考茨基《马格斯资本论入门》等社会主义著作。陈独秀到沪后，与汉俊一同发起上海马克思主义研究会，继而谋划筹组上海共产党早期组织，旋因孙中山反对而退出。孙中山逝世后，立场丕变，一手炮制“戴季陶主义”，为蒋介石发动反革命政变制造舆论，成为国民党“清党”的重要推手。1928年起，历任国民政府委员、考试院院长、国史馆馆长等职。1949年2月，在广东省政府广州东园招待所服安眠药自杀。

董必武　原名贤琮，又名董用威，号壁伍，湖北省黄安县人。1920年汉俊回国后，董必武与之相识，遂成挚友，受汉俊启发颇多，后常称汉俊为“我的马克思主义老师”。1920年秋，受汉俊所托，与陈潭秋等在武汉建立共产党早期组织。大革命期间，曾领导筹建国民党湖北省党部，任国民党中央执行委员会候补委员、湖北省党部常委，与汉俊共同从事革命活动。1927年末桂系军阀到汉后，与汉俊共同藏身日租界。胡宗铎派人捕杀汉俊时，恰在对街就餐而幸免于难。新中国成立后，历任中央人民政府委员，政务院副总理兼政治法律委员会主任，最高人民法院院长，全国政协副主席，中华人民共和国副主席、代主席，全国人大常委会副委员长等职。

F

傅光培　又名傅养荪，汉俊同乡，汉俊父亲李远来弟子傅慈祥之子。武汉国民政府成立前夕，任汉口国民革命军第十五军政治部书记官兼文书股长。武汉国民政府成立后，在汉俊（时任省政府委员兼教育厅长）指导下，积极协助其开展革命活动。汉俊被桂系军阀逮捕后，同李书城积极营救，并于汉俊身后协助收殓。1931年起，历任国民政府会计处秘书、正太铁路会计处处长、国民政府主计处科长、湖北省政府会计处处长、行政院赈济委员会会计长等职。新中国成立后，历任中南财政部处长、中南军政委员会文教处长、武汉市政协副秘书长等职。

G

宫崎龙介 日本熊本县人，大正、昭和时代的编辑、律师、社会活动家。孙中山盟友宫崎滔天长子，因与柳原白莲私奔的“白莲事件”而出名。汉俊留日其间，与之来往密切，成为挚友。1919年到沪，汉俊偕其至法租界莫利爱路29号（今香山路7号）拜访孙中山，并介绍其与中华民国全国学生联合会和上海学生联合会干事及詹大悲等晤谈。上海共产党早期组织成立后，汉俊曾托施存统向其购买日本社会主义著作。

H

河上肇 日本经济学家，日本马克思主义研究的先驱者，京都帝国大学教授。曾创刊《社会问题研究》，出版多种政治经济学著作，对马克思主义在日本的传播产生重要影响。后参加无产阶级解放运动，一度被捕入狱。主要著作有《唯物史观研究》《社会组织与社会革命》《资本论入门》等，其观点对汉俊等中国革命者影响颇大。汉俊在日留学期间，多受其教诲。

胡宗铎 字今予，湖北黄梅人，桂系早期的骨干将领。1927年，奉南京政府特委会令，组西征军攻入武汉，兼任武汉卫戍司令部司令，大肆捕杀共产党人。同年12月，派队进入日租界，逮捕汉俊、詹大悲等革命志士，未经审判即行枪决。1929年，因反蒋被国民政府撤销本兼各职，后避居香港。

胡鄂公 原名荣铭，字新三，号南湖，湖北省江陵人。武昌起义后，任鄂军水陆总指挥等职。1923年，汉俊任职北京政府外交部秘书期间，曾策动胡鄂公在国会提出“查办吴萧案”，介绍京汉铁路工人代表向国会请愿。1925年，曾与汉俊来往密切，讨论组织“独立社会党”，未果。

J

芥川龙之介　本姓新原，生于日本东京，著名小说家，以小说《罗生门》闻名海内外。1921年，经《大阪每日新闻》社长泽村幸夫牵线，至汉俊寓所与其晤谈，其间，汉俊曾向其表达投身革命的决心。后致信泽村幸夫，称汉俊为“出类拔萃之才”，并于长篇作品《上海游记》中详细记录了与汉俊会晤的情形。

L

李书城　汉俊次兄，又名筱垣、小垣，字晓园，中国近代民主革命家。16岁即考中秀才，调湖北经心书院学习，后赴日本留学，结识孙中山并加入同盟会，投身反清救国活动。辛亥革命胜利后，历任北洋政府内阁陆军部总长、总统顾问、国务院参事等职。后避居上海，倾力支持汉俊的革命活动，对汉俊一生发展产生了重要影响。新中国成立后，历任政务院财经委员会委员、中央人民政府首任农业部长、第一届全国人民代表大会常务委员会委员和政协第一届全国委员会委员等职。

李声馥　汉俊长女，小名碧生，早年因其父从事革命运动，随家人颠沛各地。汉俊牺牲时年仅10岁，后同继母陈静珠相依为命，16岁即成为护士，后加入中国共产党。新中国成立后，历任武汉市第二医院护士长、武汉市武东医院护理部主任、医务组组长，一生从不向党伸手。

李声簧　汉俊长子，李声馥同母兄。汉俊牺牲后，寄居伯父书城家中，1929年加入中国共产党。1937年9月，赴国立武汉大学理学院数学系借读，10月任中共武大支部书记。1938年起，受中共湖北省委组织部部长钱瑛指派调往宜昌筹建党组织，历任宜昌特别支部书记、鄂西特委副书记。抗战胜利后，受南方局指派偕赵忍安赴武汉重建党的组织，以教师身份为掩护从事地下工作。新中国成立后，历任中共武汉市武昌区委宣传部部长、武汉市教育局局长、中央政务院人事部第一局第二处副处长、中宣部政治教育处秘书、中国科学院人事局理论教育处副处长、中国科技大学教务处长、科学出版社副总编辑等职。

李声裿　汉俊次女，李声馥、李声簧异母妹，原名声铎，避胡宗铎（杀害汉俊的桂系军阀）讳改名声裿。1927年汉俊牺牲后二十余日出生，后随其母陈静珠、长姐李声馥颠沛流离。1947年9月，入读国立武汉大学理学院化学系，后加入武汉青年学生进步组织，从事地下活动。1951年6月毕业留校，任教农学院农化系，翌年6月加入中国共产党。后历任华中农学院土化系教师、武汉大学生物系教师、武汉大学化学系教师等。

李文宜　原名哲时，湖北武汉人，革命烈士罗亦农的妻子。早年就读于湖北省立女子师范学校，受汉俊指导，积极参加当地妇女运动。1926年3月加入中国共产党，同月以跨党党员身份参加中国国民党，任国民党湖北省党部执委兼妇女部长，从事民主运动和妇女解放运动，组织并领导湖北省妇女协会的工作。大革命失败后，与汉俊一同被国民党右派通缉。1928年赴苏联莫斯科中山大学学习，回国后任中共上海沪东区委委员和女工委员。1943年在昆明加入中国民主同盟。新中国成立后，历任中央人民政府劳动部办公厅副主任、劳动保护司副司长、劳动保护研究所所长等职。

李廉方　原名步青，字福廷，号莲舫，湖北京山人。曾就读于湖北经心书院，并在留学日本期间与汉俊兄长书城共同创办《湖北学生界》杂志，鼓吹社会改革与革命。1903年偕书城创立“花园山革命机关”，并与汉俊相识，后成为汉俊“二十年来所兄事之人”。1923年武昌师大学潮期间，汉俊曾致信《江声日刊》为李廉方辩护。新中国成立后，历任中央文化教育委员会委员、中南军政委员会委员、中南教育部副部长、湖北省人民政府委员、省政协副主席等职。

李伯刚　又名书渠，字汉石，笔名须除、戈壁、海士、舒淑贞等，湖北天门人。五四运动期间，代表勺庭中学参加武汉学生联合会，后应恽代英之邀共同筹办利群书社。1920 年 11 月，参与发起成立武昌社会主义青年团，后加入中国共产党，参加中国劳动组合书记部武汉分部工作。在汉俊指导下，在武昌徐家棚开办粤汉铁路工人补习学校，开展工人运动。1923 年京汉铁路工人罢工期间，驻湖北全省工团联合会负责联络工作。其行动多受汉俊指导，理论观点亦受其影响。二七惨案后，遭军阀政府通缉，调往江西任安源路矿工人俱乐部教育部主任。抗日战争胜利后，在武汉参加中国民主同盟，后于 1947 年冬重新加入中国共产党。新中国成立后，历任武汉市人民政府副秘书长、中共武汉市委统战部副部长等职。

刘弄潮　四川灌县（今成都市都江堰市）人，早年为北京大学旁听生。1921 年春与汉俊相识。汉俊回信鼓励其继续投身革命。后曾逃至武汉，居于汉俊家中，并与其一同出席京汉铁路总工会成立仪式。1925 年由共青团员转为共产党员。后从事团工作，曾任吴玉章秘书、广州学术院讲师。大革命期间，被汉俊聘为国立武昌中山大学哲学系教授，并在汉俊指导下开展一系列革命活动。桂系军阀西征军到汉前，曾力劝汉俊离汉避难，未果。新中国成立后，任职于中央人事部，后调任清华大学马列主义教研室教授。

李光洙　字宝镜，号春园、孤舟，韩国近代著名作家、小说家、诗人、独立运动家。1919 年，起草“二八独立宣言书”，后流亡上海，参与大韩民国临时政府，并担任过临时政府机关报《独立新闻》报社社长。1920 年，与汉俊结识，后常于上海永安饭店等处聚会，商讨创办《劳动者》杂志等事宜。1921 年，回到朝鲜，先后担任《东亚日报》编辑部长、《朝鲜日报》副社长等职，在文艺界十分活跃。

M

茅盾 原名沈德鸿，字雁冰，笔名郎损、玄珠、方璧、止敬、沈仲方、沈明甫等，浙江省嘉兴市桐乡市人。中国现代著名作家、文学评论家、文化活动家以及社会活动家。1920 年初，主持《小说月报》“小说新潮栏”编务工作，后正式接编《小说月报》，利用机会发表多篇汉俊译作。上海共产党早期组织筹组期间，与汉俊往来密切，一度同住三益里《星期评论》社。1927 年，赴武汉任中央军事政治学校教官，后任汉口《民国日报》主编，协助汉俊等宣传革命活动。南昌起义失败后，失去与党组织的联系。1930 年回沪后，加入中国左翼作家联盟。新中国成立后，任中央人民政府文化部部长，主编《人民文学》杂志。

马林 荷兰共产主义者，共产国际执行委员和民族殖民地问题委员会书记，1921 年被列宁派往中国，协助筹建中国共产党。在中国期间，马林曾与汉俊接洽，后参与主持中国共产党第一次全国代表大会及其后若干会议。汉俊宣布脱党后，马林曾致信汉俊，对其未出席中共三大表示遗憾，申明党已取消批评其任职北京之通告，冀其继续为党工作。1942 年，荷兰沦陷后，被纳粹德国抓捕后枪决。

S

施存统 又名复亮、伏量，别号伏图，化名方国昌，中国共产党创始人之一。五四运动期间，与汉俊同在进步刊物《星期评论》共事。陈独秀到沪后，与汉俊等共同筹建上海共产党早期组织。1920 年末，由沪渡日，前往日本深造并养病，同时与周佛海共同筹建旅日共产党早期组织。在日期间，汉俊曾托其传递日本社会主义文献。回国后，受中央委派着手恢复中国社会主义青年团的工作，并于团一大当选为团中央书记。大革命失败后脱离中国共产党。1929 年到 1936 年间，与陈望道等人共译20余种社会主义著作，致力传播马克思主义。抗战胜利后，积极参加民主运动，参与民主建国会的筹建。新中国成立后，历任劳动部副部长、民主建国会副主任委员、全国政协常委、全国人大常委会委员等职。

沈定一　又名崇焕，本名宗传，字叔言，又字剑侯，号玄庐，浙江萧山昭东人。出身于官僚地主家庭，曾因帮助中国同盟会发动河口起义，为人告密，遂被迫赴日留学。1919年，与戴季陶创办《星期评论》，后与汉俊共同主持该刊，热衷农民运动，是衙前农民运动的发起者、组织者和领导人。1920年陈独秀到沪后，与汉俊等共同创办上海马克思主义研究会及上海共产党早期组织，后退党。孙中山逝世后，立场丕变，曾于国民党“清党”期间亲自带领特务到各地大肆搜捕共产党员。1928年，在赴莫干山会晤戴季陶返途中遭枪杀。

邵力子　原名景泰，字仲辉，号凤寿，浙江绍兴人。早年加入同盟会，并与柳亚子发起组织南社，提倡革新文学。1920年汉俊主持《星期评论》期间，曾与汉俊往来密切，并推荐陈望道为该刊翻译《共产党宣言》。后协助汉俊于《民国日报》副刊《觉悟》发文多篇，积极宣传马克思主义及革命观点。汉俊到汉任教后，亦协助其于《觉悟》副刊开辟“社会科学特刊”专栏，用以发表武昌大学历史社会学研究会之研究成果。1926年，退出中国共产党。后历任国民政府甘肃省主席、陕西省主席、国民党宣传部部长、驻苏联大使等职，主张国共合作。新中国成立后，历任全国人大常委会委员、政协常委、民革常委等职。

T

汤芗铭　字铸新，汤聘莘次子，湖北浠水人，曾在袁世凯麾下效力。1916年宣布湖南独立，自称湖南都督，并接受广州军务院任命的抚军一职。1922年接任湖北汉口商场督办，并聘请汉俊为总工程师。

W

吴禄贞 字绶卿，湖北云梦县人，近代资产阶级革命家，民族英雄。早年与孙武、傅慈祥、李书城等志同道合的爱国青年成为挚友，其在湖北等地的革命活动对年幼的汉俊影响深远。因书城之故，吴禄贞对汉俊“极爱之”，并资助旅费让其随兄赴日深造。武昌起义后，赴滦州约张绍曾等举兵反清，又赴石家庄与山西革命党联系，拟联合北方新军直捣北京。后被袁世凯秘密买凶杀害，年仅31岁。

万声扬 又名午亭，字武定，武湖对面湾人，曾在武昌“花园山革命机关”与汉俊兄长书城、李廉方、吴禄贞、耿伯钊诸人畅谈革命。1923年，介绍姨妹陈静珠与汉俊结为夫妻，并引起时人异议。武昌师大学潮以及大革命期间，多次协助汉俊从事革命活动。

维经斯基 又名查尔金、吴廷康，曾在1920年与汉俊等共同筹建上海共产党早期组织，并于1921年再次来华参加原定5月举行的中国共产党第一次全国代表大会（未能如期召开）。其间，起草了共产国际执委会主席团通过的对国民党一大发生重大影响的《关于中国民族解放运动和国民党问题的决议》。1927年6月归国后，脱离共产国际政治事务，专心从事教学研究工作。

X

薛文淑 汉俊兄长书城妻，原名吴阿藕，上海松江人。因家贫被金山朱泾镇一薛姓人家领养，改名薛文淑。1920年，随戏班回沪，因向往读书，冒昧至书城、汉俊家求助，获允后暂居其家，后与书城结婚。中国共产党第一次全国代表大会召开期间，应汉俊要求为会议提供了力所能及的照应。汉俊遇害后，积极参与料理后事，并照顾其遗眷。新中国成立后，毛泽东曾特别致信薛文淑，感谢她对中共一大所作出的贡献。

夏之栩　曾名子胥，浙江海宁人，中共早期领导人赵世炎之妻。早年就读湖北女子师范学校，在校期间受汉俊启发甚多，并在其指导下积极从事妇女解放运动，从此走上革命道路。1922 年，加入中国社会主义青年团。后被推为北京妇女国民会议促成会委员，以促国民会议的召开和“女子本身种种权利问题”。大革命失败后，任中共中央办公厅党务委员会秘书处负责人。新中国成立后，历任国家轻工业部办公厅主任、食品工业部部长助理、轻工业部副部长等职。

萧楚女　原名树烈，又名萧秋，湖北汉阳县人，中国共产党早期青年运动领导人之一。1920 年初，参加恽代英在武汉创办的利群书社，开始走上有组织的斗争道路。1922 年夏加入中国共产党，此后在川渝一带从事革命活动。1925 年 8 月，赴河南任中共豫陕区委宣传部长，主编党的机关报《中州评论》。其间，与“醒狮派”（国家主义派）学者文德展开笔战，反驳了“醒狮派”对汉俊及共产党的攻讦。1927 年蒋介石发动反革命政变后，被反动军警从病房拖走，关进监狱后秘密处决。

Y

俞秀松　又名寿松，字柏青，化名王寿成，浙江诸暨人，中国共产党早期杰出的革命活动家，杭州五四运动的领导人。1919 年至 1920 年，与汉俊同在《星期评论》社共事。与陈独秀、汉俊等共同筹建上海共产党早期组织，成为中国共产党创始人之一。1920 年 8 月，与汉俊、陈独秀等在新渔阳里 6 号发起中国社会主义青年团，后任中国社会主义青年团第一任书记。1939 年 2 月，因受王明、康生诬陷，在新疆被捕入狱，转押去苏联，在“肃反”扩大化中被杀害。

袁溥之　湖北省光化县人，早年就读于武昌女子师范学校，受汉俊指导颇多，并走上革命道路。1922 年，经陈潭秋等介绍，加入中国社会主义青年团。从武昌女子师范学校毕业后，经钱介磐介绍，正式加入中国共产党。1926 年，中共湖北省委在武汉召开代表大会，当选为中共湖北省委妇委书记，并立即主办《湖北妇女》刊物，促进了湖北的妇女运动。其间，曾参与讨论恢复汉俊党籍事，与会者一致赞成并报中央批准，未果。后被国民党反动派逮捕，监禁于安庆“模范监狱”。新中国成立后，历任北京煤炭管理干部学院校长、燃料工业部教育司副司长、广东省高等教育局副局长等职。

杨之华 又名杏花、文君、杜宁，浙江萧山人。1919 年冬，受《星期评论》主编沈玄庐之邀来沪，开始于该刊工作，并与汉俊同住三益里。其间，汉俊予其诸多帮助，不仅带她结识日本、朝鲜的进步学者，还介绍她到一位俄国朋友家进修俄文。1924 年，正式加入中国共产党。1925 年，任中共上海地委妇女部长、中共中央妇女部部长等职。1930 年，在上海协助瞿秋白等进行“反文化围剿”斗争。新中国成立后，历任全国妇联副主席、中华全国总工会女工部部长等职。

Z

詹大悲 原名培翰，又名翰，字质存，湖北省蕲春县人，记者、革命家。中国民主革命烈士、辛亥革命先驱。在上海居住期间，结识同为湖北老乡的邻居汉俊，彼此遂“成为研究马克思主义的好朋友”。1920 年，上海共产党早期组织成立后，因与孙中山关系较好，具有社会影响，开始以秘密方式执行党的任务。武汉国民政府成立后，任财政厅长，并与汉俊积极从事革命活动。1927 年，桂系军阀西征军到汉后，与汉俊藏身日租界，留守武汉继续从事革命活动。是年 12 月 17 日，被胡宗铎部所擒。同日，与汉俊共同牺牲于武汉。

赵春珊 原名瑞麟，湖北当阳县人，早年就读于武昌国立师范大学历史社会学系，为汉俊学生。其间，听汉俊讲授《唯物史观》和《社会学及社会问题》等课程，深受启迪，从此走上革命道路。京汉铁路大罢工期间，曾与汉俊共同出席京汉铁路总工会成立仪式。后经汉俊介绍，与李大钊晤谈。

张国焘　又名特立，江西萍乡人，五四运动学生领袖。1920年10月，参与创建北京共产党早期组织。中国共产党第一次全国代表大会前后，与汉俊相识，并因观点、立场相异，极力排挤汉俊。后曾一度被汉俊指涉贪污社会主义青年团经费。1928年赴苏联参加中共六大，会后作为中共驻共产国际代表留驻莫斯科。1931年初回国，任中央政治局常委，后进入鄂豫皖苏区，成为根据地事实上的领导者。1932年10月撤出鄂豫皖苏区后，带领红四方面军进入川北，与川陕边党组织创建川陕根据地，任西北革命军事委员会主席。长征期间，进行分裂党和红军的活动，并在卓木碉宣布另立"中央"。1937年在政治局扩大会议受到批判，后于翌年乘机逃出陕甘宁边区，投靠中国国民党，旋被开除党籍，不久加入军统从事反共特务活动。抗日战争胜利后，出任国民党政府行政院善后救济总署江西分署署长。新中国成立后，由香港移居加拿大。1974年著有长篇回忆录《我的回忆》。

张国恩　又名眉宣、梅轩，别名梅先，湖北黄安（今红安）人。1911年加入中国同盟会，追随孙中山走上革命道路。1919年，经詹大悲牵线，与汉俊结识，一见如故。汉俊特别向张国恩及董必武介绍了日本的物质文明和科学技术，并赠其日文版的《黎明》《新潮》《马克思资本论入门》等著作。在同汉俊交往中，更加坚定对马克思主义的信仰。1925年，与汉俊同为国民党湖北省党部执行委员，并共同开展革命活动。1927年，桂系军阀西征军到汉后，化名"王先生"逃亡。后重操律师业，对共产党人和家属以及其他革命者，常解囊相助。抗日战争期间，被汪伪政府任命为社会运动指导委员会湖北省分会主任委员，在外活动时"罹疾身亡"。

张东荪　原名万田，字东荪，笔名圣心，晚年自号独宜老人，浙江杭县（今杭州市）人。现代哲学家、政治活动家、政论家、报人。1920年汉俊主持《星期评论》期间，曾与其掀起笔战，举起了五四时期反对基尔特社会主义的旗帜。罗素来华后，大力宣扬基尔特社会主义观点，再度招致汉俊批评。大革命失败后，加入张君劢组织的国家社会党，出版《再生》杂志宣传国家社会主义观点，参与蒋介石的文化“围剿”。抗日战争期间一度被日本侵略者拘禁，后任国民政府国民参政会参政员。新中国成立后，历任中央人民政府委员、政务院文化教育委员会委员等职。

附录三

李汉俊著述、译作、讲演、出版物一览

一、著述

1.《怎么样进化?》,《星期评论》第 11 号，1919 年 8 月 17 日。

2.《日本的新运动》,《星期评论》第 11 号，1919 年 8 月 17 日。

3.《劳动代表》,《星期评论》第 13 号，1919 年 8 月 31 日。

4.《黑白的冲突》,《星期评论》第 13 号，1919 年 8 月 31 日。

5.《新文化运动的武器》,《星期评论》第 13 号，1919 年 8 月 31 日。

6.《可怜蠢材》,《星期评论》第 14 号，1919 年 9 月 7 日。

7.《中国的士大夫》,《星期评论》第 14 号，1919 年 9 月 7 日。

8.《他们也晓得尊重教育了》,《星期评论》第 15 号,1919 年 9 月 14 日。

9.《时局怎么样》,《星期评论》第 16 号，1919 年 9 月 21 日。

10.《谢米诺夫与张作霖》,《星期评论》第 16 号，1919 年 9 月 21 日。

11.《官僚对付言论机关的办法》,《星期评论》第 18 号，1919 年 10 月 5 日。

12.《对于英国大罢工的感想》,《星期评论》第 19 号，1919 年 10 月 12 日。

13.《调和者与神经病》,《星期评论》第 21 号，1919 年 10 月 26 日。

14.《最近上海的罢工风潮》,《星期评论》第 21 号,1919 年 10 月 26 日。

15.《I.W.W. 的沿革》,《星期评论》第 24 号，1919 年 11 月 16 日。

16.《少数人政治之危险》,《民国日报》副刊《觉悟》,1919 年 11 月 29 日。

17.《星期评论半年来的努力》，《星期评论》第26号，1919年11月30日。

18.《军国主义的末路如何》，《民国日报》副刊《觉悟》，1919年12月7日。

19.《谁是？谁非?》，《星期评论》第28号，1919年12月14日。

20.《徐树铮与谭能觉》，《星期评论》第28号，1919年12月14日。

21.《男女解放》，《星期评论》"新年号"，1920年1月3日。

22.《讽刺话（六）》，《星期评论》第32号，1920年1月11日。

23.《讽刺话（七）》，《星期评论》第32号，1920年1月11日。

24.《对于〈救国日报〉扩张的希望》，《救国日报》，1920年1月16日。

25.《排日问题》，《救国日报》"增刊"，1920年1月16日。

26.《美国撤兵日本增兵》，《星期评论》第34号，1920年1月25日。

27.《西比利亚的排日新气焰》，《星期评论》第34号，1920年1月25日。

28.《捷克军的间接排日》，《星期评论》第34号，1920年1月25日。

29.《可惜是对牛弹琴》，《星期评论》第34号，1920年1月25日。

30.《复辟运动的背后是谁》，《星期评论》第34号，1920年1月25日。

31.《美国与"社会党镇压令"》，《星期评论》第34号，1920年1月25日。

32.《改造要全部改造》，《建设》第1卷第6号，1920年1月。

33.《森户助教授问题与日本舆论》，《星期评论》第35号，1920年2月1日。

34.《朝鲜的独立精神何如?》，《星期评论》第35号，1920年2月1日。

35.《国民是不是应该分家的?》，《星期评论》第36号，1920年2月8日。

36.《工钱是这样增加吗?》，《民国日报》1920年3月3日。

37.《三益主义》，《星期评论》第41号，1920年3月14日。

38.《优待学生与优待劳动者的意义及可否》，《民国日报》副刊《觉悟》，1920年3月18日。

39.《文化运动的粮食供给》，《民国日报》副刊《觉悟》，1920 年 3 月 19 日。

40.《研究俄文印度文的必要》，《民国日报》副刊《觉悟》，1920 年 3 月 19 日。

41.《不好以耳代目》，《民国日报》副刊《觉悟》，1920 年 3 月 19 日。

42.《西比利亚日军的叛乱》，《民国日报》副刊《觉悟》，1920 年 3 月 19 日。

43.《原敬》，《民国日报》副刊《觉悟》，1920 年 3 月 20 日。

44.《求神救我》，《民国日报》副刊《觉悟》，1920 年 3 月 20 日。

45.《马君的死》，《民国日报》副刊《觉悟》，1920 年 3 月 20 日。

46.《阿富汗的道路》，《民国日报》副刊《觉悟》，1920 年 3 月 21 日。

47.《翻译专门书籍的机会》，《民国日报》副刊《觉悟》，1920 年 3 月 22 日。

48.《伊兰高原的情形怎样?》，《民国日报》副刊《觉悟》，1920 年 3 月 28 日。

49.《大家要注意研究历史地理》，《民国日报》副刊《觉悟》，1920 年 3 月 29 日。

50.《我的“考试毕业”观》，《星期评论》第 44 号，1920 年 4 月 4 日。

51.《强盗阶级底成立》，《星期评论》“劳动纪念号”，1920 年 5 月 1 日。

52.《浑朴的社会主义者底特别的劳动运动意见》，《星期评论》第 50 号，1920 年 5 月 16 日。

53.《社会主义与自由批评》，《民国日报》副刊《觉悟》，1920 年 5 月 19 日。

54.《究竟谁是谁非?》，《民国日报》副刊《觉悟》，1920 年 5 月 22 日。

55.《劳动者与“国际运动”》，《星期评论》第 51 号，1920 年 5 月 23 日。

56.《自由批评与社会问题》，《民国日报》副刊《觉悟》，1920 年 5 月

30日。

57.《星期评论刊行中止的宣言》，《星期评论》第53号，1920年6月6日。

58.《主张者底态度应当如此》，《民国日报》副刊《觉悟》，1920年6月24日。

59.《为什么要印这个报?》，《劳动界》创刊号，1920年8月15日。

60.《〈劳动界〉出版告白》，《民国日报》，1920年8月17日。

61.《金钱和劳动》，《劳动界》第2号，1920年8月22日。

62.《批评历史的态度应该怎样》，《民国日报》副刊《觉悟》，1920年9月10日。

63.《本社特别启示》，《劳动界》第7号，1920年9月26日。

64.《工人如何对付米贵?》，《劳动界》第8号，1920年10月3日。

65.《我对于罢工问题的感想》，《民国日报》，1921年3月5日。

66.《浙女师开除学生的理由?!》，《民国日报》副刊《觉悟》，1921年3月6日。

67.《没有劳动者的中国》，《民国日报》副刊《觉悟》，1921年3月6日。

68.《要挟》，《民国日报》副刊《觉悟》，1921年3月6日。

69.《法租界电车罢工给我们的教训》，《民国日报》副刊《觉悟》，1921年3月8日。

70.《跑到内地才睁开了眼睛么?》，《新青年》第9卷第1号，1921年5月1日。

71.《社会主义是教人穷的么?》，《新青年》第9卷第1号，1921年5月1日。

72.《进了步了!》，《新青年》第9卷第1号，1921年5月1日。

73.《日本人尽管放心就是了》，《新青年》第9卷第1号，1921年5月1日。

74.《读永安公司“非股东”全体职员启事》，《民国日报》副刊《平民》，1921年6月18日。

75.《〈新时代丛书〉编辑部缘起》，《民国日报》副刊《觉悟》，1921年6月24日。

76.《太平洋会议及我们应取的态度》，《共产党》第6号，1921年7月7日。

77.《汉俊答一伙友函》，《民国日报》副刊《平民》，1921年7月9日。

78.《妇女问题底关键》，《民国日报》副刊《觉悟》，1921年7月26日。

79.《中国共产党第一次代表大会》，致共产国际报告。

80.《妇女问题底重要性》，《民国日报》副刊《妇女评论》，1921年8月10日。

81.《冤哉枉也！——抨击张东荪先生的人们》，《民国日报》副刊《觉悟》，1921年8月14日。

82.《女子怎样才能得到经济独立》，《民国日报》副刊《妇女评论》，1921年8月17日。

83.《妇女弱点底由来》，《民国日报》副刊《妇女评论》，1921年8月31日。

84.《男女社交应该怎样解决》，《民国日报》副刊《妇女评论》，1921年9月14日。

85.《中国人为什么向日本政府请求博士学位?》，《民国日报》副刊《觉悟》，1921年9月30日。

86.《中国底乱源及其归宿》，《民国日报》副刊《觉悟》，1922年1月1日。

87.《我们如何使中国底混乱赶快终止?》，《民国日报》副刊《觉悟》，1922年1月1日。

88.《汉口人力车夫罢工底教训》，《民国日报》副刊《觉悟》，1922年1月3日。

89.《唯物史观不是什么?》,《民国日报》副刊《觉悟》,1922年1月23日。

90.《读张闻天先生底〈中国底乱源及其解决〉》,《民国日报》副刊《觉悟》,1922年2月2日。

91.《研究马克思学说的必要及我们现在入手的方法》,《民国日报》副刊《觉悟》,1922年6月6日。

92.《第三阶级底妇女运动》,《武汉星期评论》“妇女运动号”,1922年6月。

93.《第四阶级底妇女运动》,《武汉星期评论》“妇女运动号”,1922年6月。

94.《欢迎中国思想界的寒暑表兼晴雨计的梁启超先生》,《武汉星期评论》,1922年9月。

95.《浙江省平民自治宪法》,1922年11月。

96.《对于政府提交国会的工人协会法的批评》,《今日》,1923年8月25日。

97.《李汉俊致〈江声日刊〉信》,《江声日刊》,1923年10月31日—11月15日。

98.《李汉俊致张继煦、李廉方》,《江声日刊》,1923年11月14日。

99.《李汉俊致张继煦》,《江声日刊》,1923年11月14日。

100.《纪念“二七”的意义》,《江声日刊》,1924年2月11日。

101.《发刊旨趣》,《民国日报》副刊《觉悟》,1924年12月1日。

102.《生物学与社会学底成立史》,《国立武昌师范大学生物学杂志》第6卷1号,1924年12月。

103.《反帝国主义运动之意义》,《湖北妇女》第8期,1925年8月25日。

104.《十四年前的回顾》,《国民新报副刊》“孙中山先生逝世周年纪念特刊”,1926年3月12日。

105.《中国无产阶级及其运动之特征》,日本《改造》第8卷8号,

1926年7月6日。

106.《智识阶级应有的觉悟》,《民国日报》副刊《觉悟》,1926年9月1日。

107.《女子怎样才能得到经济独立》,《民国日报》副刊《觉悟》,1926年12月30日。

108.《湖北省改组委员会职员登记表》,1927年9月10日。现藏台北中国国民党党史馆,编号“汉12993.2”。

二、译作

1.《从虚伪的德谟克拉西到真正的德谟克拉西》(福田德三),《民国日报》副刊《觉悟》,1919年8月26日。

2.《世界思潮之方向》(山川菊荣),《民国日报》副刊《觉悟》,1919年9月5日。

3.《劳动者运动之指导伦理》(佐野学),《民国日报》副刊《觉悟》,1919年9月9日。

4.《矿山主的口供》(《泰晤士报》庭审材料),《星期评论》第17号,1919年9月28日。

5.《I.W.W.概要》(北泽新次郎),《星期评论》第33号,1920年1月18日。

6.《强盗阶级(The Robber Caste)——萧伯纳赞美波尔色维克》(李泽洛维奇),《星期评论》第46号,1920年4月18日。

7.《人力车夫》(E. Maharam),《星期评论》“劳动纪念号”,1920年5月1日。

8.《五一》(李泽洛维奇),《星期评论》“劳动纪念号”,1920年5月1日。

9.《道德底经济的基础》(罗丽亚),《建设》第二卷4—5号,1920年5—

6 月。

10.《俄罗斯同业组合运动》（俄罗斯人民通信社），《新青年》第 8 卷 1 号，1920 年 9 月 1 日。

11.《我在新俄罗斯的生活》（Wilfred K. Humphries），《新青年》第 8 卷 1 号，1920 年 9 月 1 日。

12.《女子将来的地位》（Bebel），《新青年》第 8 卷 1 号，1920 年 9 月 1 日。

13.《英国煤矿罢工底缘由及其社会革命的意义》（高桥龟吉），《东方杂志》第 18 卷 17 号，1920 年 9 月 10 日。

14.《苏维埃共和国底产妇和婴儿及科学家》（Lincoln Eyre），《新青年》第 8 卷 2 号，1920 年 10 月 1 日。

15.《法国“劳动总联合会”会章》，《新青年》第 8 卷 4 号，1920 年 12 月 1 日。

16.《欧洲文明底源流与近代文学底特色》（内崎作三郎），《民国日报》，1921 年 4 月 11 日。

17.《小小的梦》（John Galsworthy），《民国日报》副刊《觉悟》，1921 年 5 月 1 日。

18.《时间及空间底相对性：牛顿万有引力底否认》（石原纯），《东方杂志》第 18 卷 10 号，1921 年 5 月 25 日。

19.《劳动制度研究》（山川均），《共产党》第 5 号，1921 年 6 月 7 日。

20.《米袋和人（〈我等〉六月号如是闲作）》，《民国日报》副刊《觉悟》，1921 年 6 月 9 日。

21.《雰飏（Sturm）运动》（黑田礼二），《小说月报》第 12 卷 6 号，1921 年 6 月 10 日。

22.《相对论底法则绝对性》（石原纯），《东方杂志》第 18 卷 20 号，1921 年 6 月 25 日。

23.《犹太文学与宾斯奇》（千叶龟雄），《小说月报》第 12 卷 7 号，1921 年 7 月 10 日。

24.《后期印象派与表现派》（梅泽和轩），《小说月报》第 12 卷 7 号，1921 年 7 月 10 日。

25.《近代德国文学的主潮》（山岸光宣），《小说月报》第 12 卷 8 号，1921 年 8 月 10 日。

26.《“最年青的德意志”的艺术运动》（金子筑水），《小说月报》第 12 卷 8 号，1921 年 8 月 10 日。

27.《新希腊文学的近状》（Demetrius Asteriotis），《小说月报》第 12 卷 11 号，1921 年 11 月 10 日。

28.《民众艺术底理论和实际》（平林初之辅），《小说月报》第 12 卷 11 号，1921 年 11 月 10 日。

29.《意国文学家邓南遮》（村松正俊），《小说月报》第 12 卷 12 号，1921 年 12 月 10 日。

30.《波兰文学的特性》（千叶龟雄），《小说月报》第 13 卷 7 号，1922 年 7 月 10 日。

31.《犹太文学与考白林》（L. Blumenfeld），《小说月报》第 16 卷 12 号，1925 年 12 月 10 日。

三、讲演

1.《在韩人独立周年纪念会上的祝辞》，1920 年 3 月 1 日。

2.《强盗阶级和道德》，1920 年 5 月 19 日。

3.《日本劳动组合的情况与中国工人组合的步骤》，1922 年 1 月 22 日。

4.《国际劳工运动史》，1922 年 5 月 1 日。

5.《马氏学说之唯物史观》，1922 年 5 月 5 日。

6.《机械工业发达后之劳工问题》，1925 年 4 月 22 日。

7.《社会主义底派别》，1925 年 5 月 13 日。

8.《在“五卅”周年纪念大会上的演说》，1926 年 5 月 30 日。

9.《打倒列强除军阀、进行反帝反封建压迫》，1926 年 8 月。

10.《湖北全省总工会第一次代表大会开幕式上的训词》，1927 年 1 月 1 日。

11.《在武昌庆祝北伐胜利及国民政府中央党部迁鄂群众大会上的演说》，1927 年 1 月 2 日。

12.《在中国济难会湖北总会招待国民党第四次全省代表宴会上的致词》，1927 年 1 月 10 日。

13.《在湖北省农民协会第一次代表大会招待会上的致词》，1927 年 3 月 3 日。

14.《李汉俊先生演说词》，1927 年 3 月 4 日。

15.《恢复党权运动的政治意义》，1927 年 3 月 20 日。

16.《李汉俊在省党部纪念周之政治报告》，1927 年 4 月 12 日。

17.《在武昌中山大学学生会成立纪念大会上的演说》，1927 年 4 月 12 日。

18.《在湖北省中小学教师党义研究所期满仪式上的演说》，1927 年 4 月 28 日。

19.《在武昌妇女协会会员大会上的演说》，1927 年 5 月 15 日。

20.《我们随时随地要有牺牲的决心》，1927 年 5 月 22 日。

21.《在纪念“五卅”追悼南北死难烈士及济难运动周宣传大会上的演说》，1927 年 5 月 30 日。

22.《在国民党湖北省党部、汉口市党部暨武汉各民众团体欢迎北伐凯旋将领晚宴上的致词》，1927 年 6 月 17 日。

23.《帝国主义者国际间之相互冲突与其国内财政商业两派冲突之情形》，1927 年 6 月 22 日。

24.《在湖北省县市联席会议招待会上的答词》，1927 年 6 月 23 日。

24.《省县市联席会议之成绩》，1927 年 6 月 26 日。

25.《湖北省党部总理纪念周政治报告》，1927 年 7 月 4 日。

四、出版物

1.《马格斯资本论入门》，社会主义研究社，1920 年 9 月。

2.《社会底经济的基础》，1920 年 10 月（广告），未知是否刊稿。

3.《社会主义运动史》，1921 年 4 月（广告），未知是否刊稿。

4.《资本论》，人民出版社，1921 年 9 月（广告），未知是否刊稿。

5.《经济学批评》，人民出版社，1921 年 9 月（广告），未知是否刊稿。

6.《革命与反革命》，人民出版社，1921 年 9 月（广告），未知是否刊稿。

7.《价值价格与利润》，人民出版社，1921 年 9 月（广告），未知是否刊稿。

8.《太平洋会议及我们应取的态度》，人民出版社，1922 年 6 月。

9.《唯物史观讲义》，铅印单行本，1924 年 5 月。

10.《资本论解说》，上海民智书局，1927 年 10 月。

主要参考文献

一、报刊类

1.《新青年》(1915~1926)

2.《民国日报》(1918~1927)

3.《星期评论》(1919~1920)

4.《民国日报》副刊《觉悟》(1919~1926)

5.《救国日报》(1920)

6.《武汉星期评论》(1921~1924)

7.《上海公共租界工部局警务日报》(1920~1924)

8.《江声日刊》(1923~1924)

9.《申报》(1919~1927)

10.《时报》(1919~1927)

11.《东方杂志》(1919~1927)

12.《新闻报》(1919~1927)

13.《大公报》(1919~1927)

14.《益世报》(1919~1927)

15.《小说月报》(1919~1927)

16.《汉口民国日报》(1926~1927)

17.《广州民国日报》(1926~1927)

18.《布尔塞维克》(1927)

二、回忆口述类

1. 茅盾：《记李汉俊》，《笔谈》半月刊 1941 年第 3 期。

2. 周佛海：《往矣集》，古今出版社 1943 年版。

3. 本社编：《一大回忆录》，知识出版社 1980 年版。

4. 张国焘：《我的回忆》（第一册），现代史料出版社 1980 年版。

5. 包惠僧：《怀念李汉俊先生》，《党史资料丛刊》1980 年第 1 辑。

6. 董必武：《詹大悲先生事略》，《新闻研究资料》1980 年第 5 辑。

7. 李书城：《李书城致觉明的一封信》，《革命史资料》1981 年第 2 辑。

8. 茅盾：《我走过的道路》，人民文学出版社 1981 年版。

9. 甘子久：《怀念外公李汉俊烈士》，《长江日报》1981 年 6 月 21 日。

10. 刘弄潮：《我所了解的李汉俊》，《革命史资料》1982 年第 8 辑。

11. 李伯刚：《回忆李汉俊》，《党史研究资料》1982 年第 7 期。

12. 李伯刚：《李伯刚自述》，《党史研究资料》1982 年第 11 期。

13. 乐天宇：《我所了解的李汉俊同志的情况》，《潜江县志办公室文史资料》1983 年辑。

14. 赵春珊：《关于李汉俊先生》，《潜江县志办公室文史资料》1983 年辑。

15. 傅光培：《忆李汉俊烈士》，潜江县政协文史资料研究委员会编：《潜江文史资料》（第 4 辑），1987 年版。

16. 夏之栩：《回忆李汉俊老师》，《潜江文史资料》1987 年第 4 辑。

17. 李声馥：《我的父亲李汉俊》，《潜江文史资料》1987 年第 4 辑。

18. 薛文淑：《我对汉俊的点滴回忆》，《潜江文史资料》1987 年第 4 辑。

19. 袁溥之：《湖北省委讨论过李汉俊恢复党籍的问题》，《潜江文史资料》1987 年第 4 辑。

20.《俞秀松烈士日记》，《上海革命史料与研究》1992 年第 1 辑。

21. 张加恩：《李声馥老人访问记》，《洪山文史》1993 年第 5 辑。

22. 鲁林：《中国共产党历史口述实录（1949—1978）》，济南出版社2002年版。

23. 刘朋：《中共党史口述实录》（第一卷），中国古籍出版社2010年版。

24. 中国社会科学院近代史研究所编：《五四运动回忆录》，知识产权出版社2013年版。

三、著作类

1. 邓中夏：《中国职工运动简史》，人民出版社1953年版。

2. 王光远：《陈独秀年谱》，重庆出版社1987年版。

3. 李新福：《李书城传》，中国文史出版社1990年版。

4. 本书编辑组编：《董必武年谱》，中央文献出版社1991年版。

5. 张静如、梁志祥编：《中国共产党通志》（第二卷），中央文献出版社1997年版。

6. 陈秀萍：《俞秀松评传》，中共党史出版社1999年版。

7. 罗仲全：《中共一大代表李汉俊》，四川人民出版社2000年版。

8. [日] 石川祯浩：《中国共产党成立史》，岩波书店2001年版。

9. 中华民国史研究室编：《胡适往来书信选》（上册），社会科学文献出版社2003年版。

10. 田子渝：《中国共产党创始人李汉俊》，武汉出版社2004年版。

11. 李良明等编：《恽代英年谱》，华中师范大学出版社2006年版。

12. 上海市松江区地方史志编纂委员会编：《松江县续志》，方志出版社2007年版。

13. 范小方等：《戴季陶传》，团结出版社2007年版。

14. [美] 萧邦奇：《血路：革命中国中的沈定一传奇》，江苏人民出版社2010年版。

15. 唐正芒:《中国共产党史稿》(第三卷),四川人民出版社 2011 年版。

16. 谢红星编:《武汉大学校史新编》,武汉大学出版社 2013 年版。

17. 张玉萍:《戴季陶与日本》,北京大学出版社 2014 年版。

18. 马先睿:《〈星期评论〉与马克思主义在中国的早期传播》,人民出版社 2019 年版。

四、文集及资料汇编类

1. 中国社会科学院现代史研究室等编:《"一大"前后:中国共产党第一次代表大会前后资料选编》(二),人民出版社 1980 年版。

2. 中央档案馆编:《中共党史报告选编》,中共中央党校出版社 1982 年版。

3. 中华全国总工会工运史研究室等编:《二七大罢工资料选编》,人民出版社 1983 年版。

4. 皮明庥等编:《吴禄贞集》,华中师范大学出版社 1989 年版。

5. 唐文权、桑兵编:《戴季陶集》,华中师范大学出版社 1990 年版。

6. 中共一大会址纪念馆编:《中共一大代表早期文稿选编》(下册),上海人民出版社 2011 年版。

7. 中共湖北省潜江市委党史研究室等编:《李汉俊文集》,中共党史出版社 2013 年版。

五、研究论文类

1. 李丹阳:《李汉俊与中国工人运动》,《上海革命史资料与研究》2007 年号。

2. 李丹阳:《英国档案中与李汉俊有关的记载》,《上海革命史资料与研究》2008 年号。

3. 田子渝:《李汉俊被党除名之探讨》,《上海革命史资料与研究》2008 年号。

4. 李丹阳：《关于李汉俊加入同盟会及相关问题的探讨》，《上海革命史资料与研究》2012 年号。

5. 李丹阳：《李汉俊日本留学情况的实证研究（上）》，《中共创建史研究》2017 年号。

6. 李丹阳：《李汉俊日本留学情况的实证研究（下）》，《中共创建史研究》2018 年号。

7. 田子渝：《李汉俊是批判基尔特社会主义的最早斗士》，《湖北大学学报》（哲学社会科学版）2000 年第 2 期。

8. 徐云根：《终身的遗憾：李汉俊与陈独秀的关系》，《炎黄春秋》2009 年第 10 期。

后 记

为李汉俊作谱，是我多年来的心愿。早在博士求学期间，随着对《星期评论》杂志研究的愈趋深入，我对于该刊主编之一李汉俊产生浓厚兴趣。这个傲骨执拗又机智多思的现代知识分子，这位茅盾口中“品性、学问实有足多者”的五四学人，其身影在我涉猎中共创建史时挥之不去。怀着崇敬的心情，自2019年教育部课题结项后，我即着手开展了李汉俊年谱的资料准备和撰写工作，尝试展现这位在中共创建史上具有重要地位的马克思主义理论家的学术道路和心路历程。其间历时五载，虽经波折，终得付梓。

李汉俊年谱的编写并不容易。谱主李汉俊身处的是一个复杂诡谲的历史环境，并且在国共两党由合作到高度对峙的发展过程中，其角色不时发生转换。因此，在年谱史料的收集过程中，常常遇到同一事件多种记录的情况。这些涉及李汉俊的历史材料，有的大同小异，有的同中有异，有的异同参半，有的迥然相异。在这种情况下，为尽可能呈现李汉俊活动的真实情况，我对这些材料进行了对比互鉴和取舍筛查，将材料与事实相吻合的部分析出，连缀成文，用以叙事。如在阐述李汉俊脱党原因时，就将蔡和森所写的《中国共产党史的发展（提纲）》与李汉俊亲笔撰写的登记表内容予以对比筛查。对于真伪难辨者，则采取同时罗列的处理方式，即按照关联程度逐一列出，由读者及后人考订。

另外，年谱虽为一人之史，但绝非仅书一人之史，家史、国史与一代之史同样占据重要地位。为了完整揭示谱主李汉俊活动的因果关系，理解其思想发展变化与客观环境的联系，我在作谱过程中，既坚持以李汉俊个人为中心，又将其放在所处的复杂历史环境下，对与之有关的人物、事件、会议、国内外形势发展等加以研究，并于适当位置进行编排录入，以期形成全局性的历史眼光，便于读者更加立体全面地理解谱主活动，并对其历史地位作出评价。

本谱吸收了许多以往学界关于李汉俊生平和思想的研究成果，尤其是田子渝、李丹阳、徐云根等诸前辈的重要著述，为本谱的编写提供了重要线索，在此致以崇高的敬意与由衷的感谢。与此同时，本着有闻必录、关联优先的原则，本谱还搜集挖掘了诸多新材料，如《相对论底法则绝对性》《时间及空间底相对性》《十四年前的回顾》等李汉俊论著，以及《申报》《大公报》《新闻报》《时报》《益世报》等涉及李汉俊的第一手报道，皆为目前未公开见刊见书的内容。这些新史料的发掘和使用，有助于形成经得起检验的信史。

李汉俊一生坎坷，自幼即随兄赴日留学，直至大学毕业方才归国。由于留下的童年少年时期资料稀少，本谱在编写过程中存在“事远则略，事近则详”的情况，这是需要改进之处。加之编者能力所限，虽用心用情，本谱的编写仍留有诸多不臻之处，恳盼学界同人、前辈及读者批评指正。

马先睿

2024 年 9 月于成都

责任编辑：卓　然
装帧设计：汪　莹

图书在版编目（CIP）数据

中共一大代表李汉俊年谱 / 马先睿 编著 . — 北京：人民出版社，2024.12
ISBN 978 – 7 – 01 – 026349 – 6

I. ①中…　II. ①马…　III. ①李汉俊（1890—1927）– 年谱　IV. ① K827=6

中国国家版本馆 CIP 数据核字（2024）第 028657 号

中共一大代表李汉俊年谱
ZHONGGONG YIDA DAIBIAO LIHANJUN NIANPU

马先睿　编著

人民出版社 出版发行
（100706　北京市东城区隆福寺街 99 号）

中煤（北京）印务有限公司印刷　新华书店经销

2024 年 12 月第 1 版　2024 年 12 月北京第 1 次印刷
开本：710 毫米 × 1000 毫米 1/16　印张：22.5
字数：300 千字

ISBN 978 – 7 – 01 – 026349 – 6　定价：87.00 元

邮购地址 100706　北京市东城区隆福寺街 99 号
人民东方图书销售中心　电话（010）65250042　65289539